The Commitment

誓います

結婚できない僕と彼氏が学んだ結婚の意味

ダン・サヴェージ
大沢章子 訳

みすず書房

THE COMMITMENT

Love, Sex, Marriage, and My Family

by

Dan Savage

First published by Dutton, Penguin Group USA, New York, 2005

Japanese translation rights arranged with Dan Savage
c/o Wales Literary Agency, Seattle
through Tuttle-Mori Agency, Inc. Tokyo

母に捧げる

目次

第Ⅲ部　急展開

第 I 部

Proposals

プロポーズ

第1章
ロード・トリップ

前にも同じ瞬間を生きたことがある、という感覚にまた襲われる。

たぶん、離婚調停の法廷に入ったときのジェニファー・ロペス同様、僕も現実にこの瞬間を前にも経験しているからだ——嫌というほど、もう十年近く。だからボーイフレンドのテリーと一緒に車に乗り込もうとすると恐怖心がぞわぞわと湧いてくる。これまでもずっとそうだったように、シートベルトを締めた途端に、テリーのせいであの頭痛に苦しめられることになるとわかっているから。それはズキズキする頭痛で、おかげで本も読めず、眠れず、ありとあらゆることができなくなる——この苦しみを終わらせる唯一の望みの綱の、手の込んだ殺人もしくは自殺を夢想すること以外は。

助手席に乗り込むなり、車に常駐するディスクジョッキー——テリーのことで、前世は杭打ち機のオペレーターだったか、来世にそうなるかのどちらかだ——が、単調なダンス「ミュージック」を耳元のスピーカーから爆音で鳴り響かせるに決まっているのだ。近年はダンス・ミュージックよりひどいものを聞かされていたが、ただしそれは我慢ならない音楽ではあるものの、一人のゲイの男としてある種の遺伝的親和性を感じる音楽、つまり同胞の音楽ではあった。でも、この頃よく聞かされているザ・ホワイトストライプスやザ・フェイント、グランド・セフト・オーディオといった、爆音を奏でるロックバンドは明らかにその類じゃない。アイスランドのいかれた歌手ビョークが、車内で聞かされる一番嫌な音楽だった頃が懐かしい。

テリーは、ザ・ホワイトストライプスもザ・フェイントもグランド・セフト・オーディオもそれほど好きじゃなく、だから僕と同じくらい苦痛を訴えている。ロックを聴きたがっているのは、後部座席のチャイルドシートに縛りつけられている新顔の自称音楽通だ。六歳になる僕たちの息子D・Jは、かなり洗練された音楽の趣味をもっている――しかもお気に入りは最近のバンドだけじゃない。四歳のときに――なんと四歳で！――スケートボードのDVDのサウンドトラックに使われていた曲を聴いたD・Jは、クリスマスにブラック・サバス〔ハードロックバンド。一九六八年結成〕のアルバム『ウィ・ソールド・アワ・ソウル・フォー・ロックンロール』〔「俺たちはロックのために魂を売った」〕をサンタさんにお願いした。サンタがやってきて、それ以来ブラック・サバスは車内で聴くお決まりの一枚となり、いつも最大のボリュームで流される。

車内で。

僕の、

耳の、

すぐ、

そばで。

D・Jがこんなふうに育った責任は僕にある。僕は仕事に行く親にならざるをえず、仕事に行く親とは請求書の支払いがしたくてたまらない人間のことで、あの悔恨に満ちた「ゆりかごの猫」の瞬間を味わうことになる親のことだ（「あの子は歩いてるかい？」）〔ヒット曲「ゆりかごの猫」には子どもが歩き出したのも知らずに仕事にかまけてきた父親の無念を唄う歌詞がある〕。ボーイフレンドのテリーは、感受性豊かな僕たちの息子と二人きりで家で過ごし、幼稚園や親同士が決めたお遊びの約束への送り迎えや、スーパーへの行き帰りの車内で、彼の膨大なCDコレクションの中の選りすぐりの曲を爆音で流し続けた。僕はテリーがD・Jに与えた傷をなんとか修復しようと、平日の夜や休日にできる限りのことをした。『メリーポピンズ』や『チキチキバンバン』、それにもちろん『オズの魔法使い』なんかのDVDをせっせと持ち帰った。でも僕が与えたミュージカルなど、テリーの恐ろしく騒々しい大河にひっそりと垂らされた一滴にすぎなかった。やがてすべてが無駄だったことが、D・Jの四歳の誕生日のほんの二ヶ月前に明らかになった。テリーがダフト・パンクのCDを取って来てくれないならチャイルドシートに座らない、とD・Jが駄々をこねたのだ――それもただのダフト・パンクではなく、よりによって『ディスカバリー』――このフランスのバンドによるレトロ・ディスコ／テクノ・ビーツだ。ダフト・パンクのそのCD、知ってるよね？　うん、僕もよく知らない。

僕は息子の音楽の趣味を知って落胆した。僕の父親が僕の音楽の趣味にがっかりしたように。D・Jが五歳のとき、子ども部屋に入るとブラック・サバスの「アイアンマン」に合わせてエアギターをかき鳴らしながらベッドの上で飛び跳ねているD・Jに遭遇した。それを見た僕は、十三歳のときにブロードウェイミュージカル『キャバレー』のオリジナルサウンドトラックに合わせて子ども部屋でハイキックをし、踊り狂っているところへ入ってきた僕の父親とまったく同じ顔をした。戦慄の表情、そのすぐあとに続く諦めの表情。これがありのままの俺の息子なのだ――一瞬ぞっとしたあとに、父親も僕もそう考えることにし、実際それは、僕や父親にどうこうできることではなかった。

音楽のセンスに問題のあるボーイフレンドや息子と同じ車に乗り込むことにそこまで恐怖を感じている人間が、車でのアメリカ横断旅行を承知するわけがないと思うかもしれない。でもD・Jが六歳になった年の夏に、テリーはまんまと僕を丸め込み、僕らが暮らすピュージェット湾の芸術家気取りの島から、ミシガン州のミシガン湖畔の芸術家気取りのリゾートタウン、ソーガタックへのおよそ千五百マイルの車の旅を承知させてしまったのだ。その前の年に僕たちはソーガタックで一週間の休暇を過ごした。別荘を借り、僕の母親と義理の父親を呼んで一緒に過ごした。とても楽しかったから毎年行こう、ということになった。

車でミシガンまで往復するということは、十二日間車の旅をするだけのことだ。飛行機ではなく車で行きたいと告げたとき、テリーはそう言った。いつもの「二人きりの夜の外出」中のことで、これは子どもができても僕らがうまくいっている秘訣の一つだと確信している。子を持つ親の世界に足を踏み入れてから出会った何人かの大人たちとは違って、僕たちは、子どもができてからディナーや映画に二人きりで出かけたことがないと自慢げに話そうと思わない。そもそもなぜ二人が一緒に子どもを育てたいと思うほどお互いに惹かれているかを思い出せる唯一の時間は、二人だけで過ごしているときなのだ、ということに僕らはわりあい早い段階で気づいた（今の文章は読み返す必要があるかも）。だから、親は片時も子どものそばを離れてはならない、という世間の常識に反して、子どもが来てからも二人きりで夕食や映画に出かける時間を作り、時には週末に二人で出かけたりもした。

ミシガン州に出かける六週間前に、シアトルにある、ポストインターネット時代の低級なレストラン（トリュフが少なく経済的なメニューが多い）の一つで向かい合っていたときに、テリーは車での旅の話を切り出した。「ただ」、十二日間、一日九時間車に乗っていればいいだけだ、とテリーは僕を納得させようとした。今年はソーガタックの夏の貸別荘を二週間予約してあり、飛行機ではなく車で行くことにより、僕が仕事を休まなければならない期間が倍になる「だけのことだ」と。五年間、ずっと家にいる親をやってきたテリーは、休暇についてやや常軌を逸した感覚を持つようになっていた。僕が編集に関わっているシアトルのウィークリー新聞『ストレンジャー』の出版人である上司に、二週間の夏の休暇を楽しむ場所への行き帰りのために、あと「たったの」二週間休みをもらいたいと告げることは、テリーの考えではたいしたことじゃなかった。休暇が二週間であれ四週間であれ——どれほどの違いがある？　二百五十週連続で休んでいるテリーには、長すぎる休暇申請とは思えない、というわけだ。車内で一日に「たったの」九時間過ごすだけ——言い換えればブラック・サバスの『ウィ・ソールド・アワ・ソウル・フォー・ロックンロール』（収録時間　七十四分）を百回連続で聴くこと——については、僕には文句を言う権利はないとテリーは考えていた。まず第一に、運転はずっとテリーがするわけで、これは僕が免許をもっていないせいだ。それにテリーは二週間——つまり三百三十六時間連続で——ミシガン州で僕の家族と過ごすことについて一言も文句を言っていない。そうだろ、とテリー。

「いや言ってるね」と僕。「文句を言っていないという言い方で文句を言ってる。僕の家族と過ごすことには当然文句があるけど、言わないようにしているだけだと暗に言っている。テリー、きみのはバンクショット〔ボールをバックボードに当てて決めるシュート〕の文句で、それも文句に変わりはない」

　テリーはなんとも言えない顔で僕を見た——首を片方に傾け、口をへの字に曲げ、目を細めて——どう見ても文句があることを示す非言語的表現。僕は反論しなかった。十年近くテリーと暮らしてきて学んだことがあるとすれば、ときどきはボーイフレンドに勝ちを譲ることの大切さだ。そしてこれはテリーがどうしても勝ちたい争いだった。テリーの家では休暇は車で出かける習慣だった。家族でイエローストーン国立公園やラッシュモア山、グレシア国立公園に出かけたりした。僕たちがこの先毎年夏の休暇をソーガタックで僕の家族と一緒に過ごし、僕の家族が夏にはいつもやっているように楽しむ——つまり食べたり飲んだりして過ごすわけで、うちの家族は冬でも春でも秋でもそんなふうに楽しむ――というのなら、行き帰りは絶対に車にする。

それで決まり。

それに、車で行けば犬を連れて行くことができる。

その犬――おっと、待った。D・Jのチョコレート色のトイプードルにはちゃんと名前がある。実際、彼がツリーの下の箱から飛び出してまっすぐD・Jのところに駆けていったクリスマスのその朝、その犬は異なるいくつかの名で呼ばれた。そのうちの一つは――神に誓って言うがこれは作り話なんかじゃない――ピエール。耳を疑うような、お手軽で安易なジョークに思えるが本当だ。モーリス・センダックの絵本にピエールという名の生意気な男の子が主人公の短い話があって、D・Jはその話が大のお気に入りで……だから新しい犬をピエールと名づけようよ、と。テリーと僕は驚き慌てて顔を見合わせた。父親二人はホモで、飼い犬はピエールという名のプードル？　D・Jにピンクのワンピースを着せて学校へ行かせるほうがまだましかもしれない。

「ちょっとどうかな」とテリーは言った。「ピエールだとピー〔幼児語。おしっこ〕みたいだ。犬におしっこシーシーから取った名前をつけたと友だちに思われたいの？」

D・Jは嫌だと答えた。僕はどうしても我慢できずにテリーにだけ聞こえるように小声で指摘した。D・Jが友だちからどう思われるか気にするなら、そもそもプードルを買ってやるべきじゃなかったんじゃないか、名前がどうとかいう以前に、と。テリーは僕の母親や義理の父親、それにD・Jにも聞こえるくらい大きな声で、もうプードルがどうこう言うのはよせ、と言い返した。僕たちが無理やりプードルを買い与えたわけではなかった。Ｄ・Ｊが自分で犬の品種を選んだのだ。一番仲のいい友だちがトイプードルを飼っていて、だから同じのを欲しがった。自分がゲイっぽい犬を欲しがっているなんて夢にも思っていなかった。

ピエールを却下したあと、Ｄ・Ｊと並んで床にあぐらをかいて座りながらテリーが言った。「この小さなスティンカー〔臭い動物、嫌なやつ。子どもや配偶者への親称としても使う〕のために別の名前を考えよう」

Ｄ・Ｊはにっこりした。

こうして犬の名はスティンカーに決まった。スティンカー、サンタが僕らに届けてくれた六百ドルするチョコレート色のトイプードル。略称スティンクス〔stinksには世間を騒がすことという意味がある〕。このプードルのおかげで、僕は周囲の人たちからどう思われているか気になって仕方がない。

でも子どもを愛する者はその子のペットも愛せ、だ。五歳のとき、僕は自分が育ったシカゴのアパートの前の狭い裏通りの先にあるパン屋のアルファで猫をもらってきた。猫には、コマーシャルに出てくる気難しい猫の名をとってモリスと名づけた。父親は、最初はモリスを嫌っていたがやがて受け入れた――彼の感じやすい息子は猫を愛していて、彼は息子を愛していて、だからやがて彼は猫も愛するようになった。スティンカーについては僕も同じ経過をたどった。はじめはスティンカーが犬だという理由で嫌っていた。僕には犬アレルギーがあって、犬に誘発される喘息発作の長年の苦しみは、人の心に激しい嫌悪の情をじわじわ植えつけていく。また彼がプードルであるのも気に入らなかった。息子にプードルを買い与えたことについて世間の人々からどう言われるかを恐れた。でも息子は自分の犬を可愛がっていて、僕は息子のことが可愛く、だから今では僕も息子の犬を可愛がっている。ああでも、ときに嫉妬を感じることはある。テリーはスティンカーを革紐につないで引きずり回し、彼を連れてしつけの訓練に通い、吠えるたびにちょっとした刺激を与える首輪をつけることさえある。そしてテリーは、僕にはそのどれ一つとしてやったことがない。でも僕の嫉妬心は、夜の子ども部屋でD・Jがスティンカーにささやきかける声を聞くと消えていく。あるいは、夜中にD・Jの様子を見に行くと、ベッドのD・Jに寄り添うようにしてスティンカーが眠っていたときも。またある日突然、息子がスティンカーのフルネームはスティンカー・ファーマー・ブラウン・ピアースで、自分はスティンカーのパパだと宣言したときにも。ね、可愛いったらないだろう？

なんの話だったっけ？

そうそう。テリーと僕は、ミシガンに車で行くかどうか議論していた。でも、それがいただけないアイデアである理由を並べ立てようとしたそのときに、車で行く、行くといったら行くんだ、とテリーが宣言した。

「それで決まりってこと？」。僕は答えを知りながら問いかけた。

「決まりだ」とテリーが答えた。

こうして僕はロード・トリップに賛成した——といっても計略的な偽りの賛成だ。出発予定日の二週間前に、僕は切り札を出した。ミシガン州まで車で往復するということは、アメリカ中で最もゲイやレズビアンを歓迎しない地域のいくつかを車で通過する——そしてもちろんそこで眠り、食べ、トイレにも行く——ということなのだ。あの辺りは、赤い州〔共和党支持の強い州〕の中でもとびっきり恐ろしい地域なんだぞ、と告げたのだ。

「テリー、モンタナ州やサウスダコタ州を車で通過するゲイのカップルの旅は、もはやロード・トリップなんてものじゃない」と僕は言った。「それはもう死出の旅だ」。ミシガン行きの飛行機のチケットを買うならまだ間に合う。「偏見に凝り固まったやつらとサービスエリアのトイレで世間話することになるよりも、三万フィートの上空からやつらに手を振るほうがいいと思わない？」

「きみはときどき信じられないほど臆病になるよね」とテリー。

テリーの言うとおりだった。僕はひどく臆病になることがあって、モンタナ州を車で通過すると考えただけで咳き込んで毛玉を吐き出してしまったほどだ〔猫などは飲み込んだ毛の玉をときどき吐き出すことがある〕。テリーはそうじゃない。テリーは、ワシントン州東部のアイダホ州との境に近いスポケーンという地味で活気のない町の出身だ。少年時代に田舎暮らしをたっぷり味わってきたテリーは、サウスダコタのような地域を僕みたいに怖がらない。僕は都会育ちで、大人になった今もどこであれ、『ニューヨークタイムズ』紙の配達されない場所では落ち着かない気分になる。でもテリーに言わせると、デイヴィッド・ブルックス〔保守派の政治・文化批評家。『ニューヨークタイムズ』のコメンテーターを務める〕が誰で、彼が自分たちや自分たちの「価値観」にどれほど敬意を払っているかを知らない人だらけの場所に行かないなら、それは休暇ではないということだった。

たしかに、僕のサウスダコタ州への恐怖心は、心の奥底の臆病さの表れだと認めよう。でも弁解のために言っておくと、サウスダコタの人々を間違いなくクソを垂れ流すほど怯えさせる数々の「大都会の」事象を僕は恐れない――地下鉄や男色、それに肉体改造なんかだ。それでも、勇気を奮い起こして都会の保護領域から出て行くたびに、田舎でのテリーの落ち着きぶりを見て自分を恥じることになる。オレゴン州の田舎を車で走っていたあるとき、たまたま通りがかったカウンティ・フェア〔農産物や家畜の品評会〕で材木伐採人の競技会が行われていた。テリーは車を停めて見ていこうと言った。「ミスター・材木伐採人コンテスト」と呼ぶべきだと僕が主張したこの競技会の参加者たちの多くは、ゲイの男の夢想のリストから抜け出したようなストレートだった——汗だくで筋肉隆々、上半身裸で作業用ジーンズ姿の男たちが木を切り、丸太の山を飛び越え、チェーンソーをバトン代わりにリレーを走る——が、僕はその光景を楽しめなかった。チェーンソーを手にした驚くほどハンサムでマッチョな男たちのすぐそばで、僕は気持ちを落ち着けようと苦心していた。テリーは？　すらりとした長身で色白の、ぴったりとしたTシャツを着て長い髪をしたテリーは？　堂々たるものだった。僕が、車までダッシュしなくてはならなくなった場合に備えて逃走路を確認していたとき、テリーは階段状の観覧席にもたれかかり脂っこいキャンディバーを食べながら好みの伐採人に声援を送っていた。

犬もろともソーガタックを目指す行程の半分ほど来た頃に、テリーは車をモンタナ州のビリングスで停めた。僕の発案なら絶対に訪れない町だ。チェックインしたホテルの窓からは、空っぽのショーウィンドウや崩れかけた倉庫が立ち並ぶ素敵な街並みが見える——おそらくビリングスは、インディアナ州のゲーリー〔全米有数の犯罪多発都市〕以西で最も気の滅入るダウンタウンをもつ街だ。D・Jはベッドに倒れ込んですぐに寝入ってしまった。犬が部屋のドアを引っ掻き始め、それは外に出てしなければならないことがあるというサインなのだが、テリーはすでに布団にくるまっていて懇願の目を僕に向けてきた。犬を飼うことを承知したとしても、僕は犬の散歩には行かない約束だったろ、と僕は言った。それに、長年の犬に誘発される喘息発作は効果的な嫌忌療法となっていて、結果僕は犬が大嫌いなのだ。犬という犬が、たとえフサフサの毛を持たない、無邪気で小さなプードルでも。過去になんの被害も被っていない種類の犬でも。

「頼む」とテリー。「一日中運転してたんだ。疲れてるんだよ。今回だけでいいから」

家では、ただ裏口のドアを開けて庭に出してやるだけ。暗闇にまぎれて犬はやるべきことをする。このビリングスのホテルでも似たようなことができるんじゃないかという考えが心をよぎった。どうやら客は僕たちだけのようだったし。廊下は暗く、人気《ひとけ》がなかった……部屋のドアを開けてやりさえすれば、勝手に……いや、それはまずい。

犬は今にも飛び出しそうで、テリーは切り札を出した。僕は一日中運転してきた——犬の散歩ぐらい、い、い、い、い、い、い、いならきみにもできるだろ、う。

人は、モンタナ州ビリングスのダウンタウンで、夜中の十一時半にチョコレート色のトイプードルを散歩させて初めて、本当に命がけで何かを成し遂げたと言える。ビリングスのダウンタウンに見るべきものはほとんどなく、目につくのは酔っ払いと浮浪者、暴漢だけ。だから、ホテルの周りで息子のプードルを散歩させている臆病そうなゲイの男は、どうしたって地元の人たちの注目を集めてしまう。スティンカーはビリングスのならず者たちを恐れてはいなかったが、おそらくそれは、彼にはならず者たちがほとんど見えず、その声もまったく聞こえなかったからだ。そう、スティンカーには目が一つしかない。それに耳も聞こえない。脳にも障害がある。

話せば長くなる。でもこの本を買ってくれたからには聞いてほしい。

去年の夏のある晴れた日、テリーが車で家に帰る途中、カーウィンドウから顔を出し、両耳を風にはためかせていたスティンカーが、突然車外に放り出された。プードルはその小さな顔から地面に着地し——デリケートな読者はこの後の一節は読まないほうがいいかもしれない——頭蓋骨が粉々に砕けた。テリーが地面からすくい上げてみると、プードルは両耳と口、そして鼻からも血を流していた。片目は眼窩から飛び出ていた。

天の助けか三人のヒッピーの女の子たちが車で通りかかり、テリーが車から飛び出してきて犬を抱き上げるのを見ていた。三人はテリーとスティンカーをまとめて自分たちのバンに押し込み、大急ぎでこの地区の動物病院へと向かった。ほんの百メートルほど先だったんだけど。獣医はテリーに自宅に戻って電話連絡を待つように言い、ヒッピーの女の子たちには――彼女たちに祝福あれ――テリーの取り乱しようでは自宅まで運転して帰るのは無理だと判断する力があり、そこで自分たちの車でテリーを家まで送ってくれた。

家に着くと、ヒッピーの女の子たちはハイにしてあげるとテリーを誘った。テリーは断り、たぶんそれは間違いだった。僕の職場に電話してきたテリーがあまりに取り乱していたので、最初はD・Jに何かあったのだと思った。携帯電話を耳に押し当てたまま慌てて外に飛び出したところで、怪我したのは犬で子どもではないとわかった。

その頃テリーとD・Jは、難しい時期を迎えていた――癪には触るが五歳の子どもならごく普通の生意気な態度のせいだ。D・Jはテリーを慕っているかと思えば反抗した――家で子どもをみている親に課せられた悩みだ。テリーは、子どもをたしなめたり、声を上げて怒ったり、しつけたりの大半をしなくてはならず、だからD・Jが大人の我慢の限度を試そうとするとき、その大人はたいていテリーだった。一方でD・Jはテリーを崇拝もしていて――外見もテリーに似ていた。父親同様、ぴったりとしたTシャツを好み、くすんだブロンドの髪を長く伸ばしているところも父親そっくりだった。でも、その事故が起きた週は、二人はうまくいっていなかった。D・Jはずっとテリーなんか大嫌いだと言っていた。「そんなときに僕はあの子の犬を殺してしまった！」とテリーは電話口ですすり泣いた。「D・Jは一生僕を憎み続けるだろう！」

D・Jの犬の死を告げる獣医からの電話を受けることなどテリーにはとても無理だと考えた僕は、獣医に電話して受付係に犬の様子を尋ねてみた。動物病院の受付係は、患者の個人的な医療情報をご家族以外の人に教えることはできません、と素っ気なく答えた。

僕は、自分の粉々になった脳みそを歩道から拾い集めるのに手間取って、しばらく何も言えなかった。

「もう一度言ってもらえますか?」と僕はようやく言った。

犬の診療記録に記載されているのはテリーの名前だけだ。僕がテリーの直近の家族――つまり夫か妻――でない場合、僕に医療情報を伝えることは、彼らの病院の秘密保持の方針に背くことになる、というのだ。

「嘘だろう?」僕は怒りを爆発させないように精一杯努力しながら言った。緊急時にテリーのために医学的意思決定をする権利を認められない日が、いつか来るのではないかとずっと不安に思ってきた。でもゲイのカップルであることを理由に、飼っているプードルの緊急事態に差別されるとは思ってもみなかった。「ねえ、犬の話じゃないか――犬を連れて行ったヒステリックなファグを覚えているよね?〔「ファグ」は同性愛の男性に対する蔑称。筆者は皮肉を込めて使っている〕あれは僕のボーイフレンドだ。しかもあの犬は法的には彼の犬でさえない。僕の息子の犬だ。そして犬を買ってやったのは僕。で、言っとくけど、この僕が、僕の犬の個人的医療情報を、少しでも関心を示しているあらゆる人間に開示していいと言ってるんだ。冗談じゃない!」

受付係は頑として譲らなかった。結婚している人たちが享受している権利のなかに、息子のプードルの医学的状態についての真相を知る権利が含まれているなんて誰が考えるだろう?

「わかった、結構。教えてくれなくていい」と僕。「だったら僕が家に帰るまでは、家に電話してボーイフレンドに犬が死んだと伝えたりしない、とだけ約束してほしい。彼は感情的になっているから、一人でいるときにきみが電話して犬が死んだと伝えたら、首をつってしまうだろう。電話はしないと約束してくれ――それならできるだろう?」

それはできる、とのことだった。
僕が半狂乱のボーイフレンドが待つ家に帰ったとき、犬は依然として生死の境をさまよっていた。しかしスティンカーには夜を徹しての看護が必要で、それはつまり六十マイル離れた動物病院に彼を移さなくてはならないということだった。Ｄ・Ｊを友だちの家で遊ばせてもらうよう頼んでから、二人で犬を受け取りに獣医のところまで行った。獣医は僕たちに――おっと、失礼、テリーに――動物病院までの道中は犬を抱いていく必要があると説明した。出血した血液が脳に逆流しないように、犬の頭をつねに持ち上げておく必要がある、と。飛び出していた片目は眼窩に戻され絆創膏で止められていたが、両耳からの出血はまだ続いていた。よだれも出ていた――垂れ流し状態の大量のプードルのよだれ。犬の血が混じった犬のよだれが。

こうして僕たちは動物病院へ向かった。テリーは泣きじゃくりながら車を走らせ、その間僕は、車を運転しない犬嫌いの僕は、スティンカーを膝に乗せ、その頭を高く持ち上げて胸に押しつけていて、血の混じったプードルのよだれのシミがシャツの上にゆっくりと広がり続けていた。スティンカーは見えるほうの目で僕をじっと見つめていた。この状況でほろりとしないのは、性根が腐りきったやつだけで、性根の腐り具合が中途半端な僕は、優しい声で死ぬなよ、と犬に語りかけた。その日、僕のグリンチ並みに狭い心がふだんの三倍も大きくなっていたとは思わないが〔グリンチはドクター・スースの絵本に登場する意地悪な緑色の生き物の名前〕、息子のちっちゃなトイプードルがなんとか入り込めるほどには大きくなっていた。僕はスティンカーに愛してるよと告げ、Ｄ・Ｊのためにもどうかよくなってくれ、きみの命を救うために必要なことは何でもするからと言った。

必要なのは三千ドルだった。

重症の犬を動物病院で降ろしてから五日後、僕たちは片目で（飛び出したほうの目は取り除かねばならなかった）耳の聞こえない（トラウマのせいだ）、脳に少しばかり障害のあるD・Jのトイプードルを引き取った。動物病院から連れ帰ったスティンカーの顔が左右対称ではないのを見て、D・Jが嫌がるのではないかと心配だった。でも海賊ごっこを喜ぶ年頃になっていたD・Jは、片目の犬の飼い主になったことをむしろ大喜びした。スティンカーは僕たちが呼んでも聞こえないし、走っていて壁に激突することもしょっちゅうで、見えない目の側から近づくと飛び上がって驚くが、彼は僕の息子の犬で、僕は息子を愛していて、だから僕は犬のことも愛している。

　でもビリングスでのその夜は、僕は自分の置かれた状況について客観的な判断を下した。真夜中近くに赤首的〔米国南部の教養のない白人労働者を揶揄する表現。人種差別や偏狭な考え方、保守性などの特徴をもつという含みがある〕な州の赤首的な街の赤首的な地区で、精神に錯乱をきたした不具のトイプードルを散歩させている一人のゲイの男——僕が生き延びられる見込みは薄い。ああ、僕だって自分はそれほどゲイっぽく見えないと思いたい。必要なときにはストレートで通ると思いたい。ストレートに見せかけることは、あらゆるゲイの男が必要に迫られてときどきやることだ。ホモだと公表していても、母親がどんなにその事実を受け止めて克服していても、誰よりも目立つファグでさえも自分の同性愛的傾向を取りざたされたくないと思うときがある。たとえばサービスエリアのレストランや海兵隊入隊初日には。あるいはモンタナ州ビリングスのダウンタウンにいると気づいたときはいつでも。でもトイプードルを散歩させていては、どんな男もストレートには見えない。

　プードルを散歩させる羽目になって困惑しているストレートの男を演じることが、唯一ではないにせよ、おそらくは最善の、選択可能な偽装法だと思いついた。プードルを見て僕を痛めつけてやろうと考えたあらゆる人が、僕のわざとらしい困惑の表情を見て思い直してくれることを期待した。「これは僕のプードルじゃない」。自分の表情が路上ですれ違うすべての酔っ払いや浮浪者、暴漢にそう伝えていることを願った。

ホテルから二ブロック離れたオートバイ乗りのたまり場らしきバーの外で、犬はモンタナでの完璧な排便スポットを見つけられずにうろうろしていた。そのとき強面の男と目が合ってしまった。僕は困ったように小さく肩をすくめて見せた。「いい思いをしたけりゃ、やるべきことをやらないとね」。すくめた肩にはそんな意味を込めた。「あんたもきっと、いくつもの尻を——女の尻を——手に入れるために似たようなことをやってきたんだろ？　な、ストレートのお仲間さん？」。でも仲間であるはずのストレートの男はそのジェスチャーを真に受けなかった。肩をすくめる動作で、困惑しながらも自分が置かれた苦境をユーモアを込めて眺めている、さっさと帰って誰かといいことをしたくてたまらない男を表現したいと思っていたが、ただ便秘に苦しむ男に見えただけだった。そして便秘には、アナルセックスの遠回しな表現以外にどんな意味があるだろう？　ちょうどそのとき、バイク乗りがたむろするバーの目の前で犬がウンチをしてくれなければ、おかげでゲイっぽくプードルを散歩させているケツをその男に向けて慌ててホテルに逃げ帰ることができなければ、今頃僕は死んでいたことだろう。

僕はモンタナ州ビリングスの夜を危うく生き延び、翌朝車で出発する頃には落ち着いた気分になり始めていた。もちろん行程上には他にも不安な箇所はあった——ワイオミング州やノースダコタ州は特に（あのときはまるでアフリカのサファリに来ている気分だった。つまり車の中にいる限りは安全だ）。でもテリーの予言どおり、僕たちが地元の誰かに危害を加えられることはなかった——食事のひどさを別にすれば。見渡す限り畑が広がっているというのに、野菜を食べる機会はまったくなかった。

僕の不吉な予告にもかかわらず、家族旅行——自分たち三人のことを図々しくも「家族」と呼べばだが

（『ニューヨークタイムズ』の特集ページに書いた記事の中で、僕たち三人に家族という名称を使ったところ、あるキリスト教保守派の団体から僕がその言葉を使う権利を疑問視する声が上がった）——は好調な滑り出しを見せた。一人の男の子とその二人の父親、そして男の子が飼っている片目が不自由で耳が聞こえず、脳にも障害を負ったプードルは何者にも悩まされずにアメリカ横断の旅を続けられそうだった。自分たちも、車で旅するあらゆる家族と何ら変わらない気がしてきた。サウスダコタ州の中心部にあるスケートボード場で、D・Jを運動させるために車を停めるまでは。

テリーは、一年近く前から僕らが暮らすヴァションの島やシアトルのスケートボード場にD・Jを連れて行っていて、子どもは上達が早かった。すり鉢状のスケートボード場で、ティーンエイジャーの少年たちより上手くスケートボードを乗りこなすD・Jを見ながら、テリーと僕は、あたりで唯一の、夕方の日差しを避けられる日陰に置かれたピクニックテーブルに腰を下ろした。スケートボード場の通りを隔てた真正面に教会があり、二人でD・Jが日差しを浴びて疲れるのを待っていると、扉が開いて結婚式の一団がぞろぞろと姿を現した。米粒が投げられることはなく、喜びに満ち溢れているようにも見えない。待ち受けていたリムジンに新郎新婦が乗り込み、車がスピードを上げて出ていく、ということもなかった。日陰から眺めていると、体格のいいカメラマンが参列者たちをいくつものグループに分けて、順に階段の上に並ぶよう指示し始めた。最近の結婚式の例に漏れず、その場で行事を楽しむことよりも、行事を記録することのほうが優先されていた。最初に新郎新婦の写真が何枚か撮影された。次に新郎新婦と新郎付き添い役の代表と新婦付き添い役の代表。そのあと、新郎新婦と両家の親たち。そのあとは新婦一人で。次に新婦とその付添人たち。それから新郎とその付添人たち。新婦と花持ち役の少女。新郎と指輪持ちの少年。

僕たちは日陰にいたが結婚式の一団はそうではなかった。みな疲れ切った様子で、カメラマンは、何人かの非協力的な招待客たちにキレそうになっていた。ようやく解放されると、数人の新郎付き添い役と新婦付き添い役たちが通りを渡ってきて僕たちと同じ日陰に入り、タバコを吸いながら暑さに愚痴をこぼし合った。彼らはさっさと披露宴に行きたがっていた。ところがカメラマンは早まって解散の号令をかけてしまったようで、新郎付き添い役と新婦付き添い役に戻ってくるよう大声で呼びかけた――教会の階段まで、日差しの中へ。もう一巡撮影するからと。汗が染み込んだタキシードや合成繊維のドレスに身を包んだ若い男女は、不満の呻き声を上げ、タバコをもみ消し、重い足取りで通りを渡って行った。

「あんなくだらないまねをせずに済むのはありがたいよ」とテリーが言った。D・Jがスケートボードで戻ってきて、ボードを蹴り上げ右手でキャッチした。

「もう行ける?」とD・J。

「もちろん」とテリーが答えた。

第2章
物議をかもす

二日後、サウスダコタ州スーフォールズの親水公園で二つのことに気づいた。まず、アメリカ合衆国に蔓延する肥満の現実を否定する人はみな、サウスダコタ州スーフォールズの親水公園に来たことがないのだ、ということ（アメリカの親水公園のオーナーたちは、莫大な水代と塩素代を節約できているにちがいない。波のプールの一番深いところでD・Jと一緒にプカプカ浮きながらテリーが観察したところによると、驚くほど大量の水がかさ上げされていたとのことだった。僕らの周りで浮かんでいるノースダコタの人々が一斉にプールから上がれば、水位が百八十センチは下がるだろう）。二つ目は、この旅行中も、僕らはゲイの結婚についての議論から逃れることはできない、親水公園にいるときでさえも、ということだ。

テリーとD・Jがお揃いのSPEEDOの水着〔SPEEDOの水着の性質については一〇三頁に記述がある〕でバシャバシャ泳いでいたとき、公園の音響システムから大音量で流れていたロック専門のラジオ番組が中断して短いニュースに切り替わった。僕たちは突然、連邦上院議員リック・サントラムの声がウォータースライダーの上から流れてくるのを聞くことになった。このペンシルヴェニア州の後任上院議員は、上院に提出した同性婚を禁止するための憲法修正案について論じ、ゲイの結婚をテロになぞらえた。「立ち上がり、結婚制度を守る。これこそ究極の自国の安全保障（九・一一以降、米国政府が実施する、テロリストから自国を守るための行動のことを指す）ではありませんか？」と。D・Jが水しぶきを立ててプールを進んで行くのを追って、マゾヒスティックな父親たちである僕らはラウドスピーカーのほうへ近づいていった。

「我が国の将来が危険にさらされていると言わざるをえません」。ゲイを獣姦者に例えたことで有名な上院議員は述べた。「結婚制度の将来が危ぶまれる状況だからです」

ようするに……

結婚を望む同性のカップルは、サントラムの考えでは、飛行機をハイジャックしてオフィスビルに激突させるテロリストと同程度の不道徳者だということになる。僕はその日、親水公園で、あの九月十一日、ゲイの人たちもあの飛行機に乗り合わせたり、あのオフィスビルで働いたりしていたことを、サントラム上院議員は知っているのだろうか、と考えていた——オフィスビルとは米国国防総省《ペンタゴン》を含む、飛行機が突っ込んだ三つのビルのすべてのことだ。ゲイのカップルであるダニエル・ブラントホルストとロナルド・ガンボアは、三歳になる養子の息子、デイヴィッドとともにユナイテッド航空175便に乗っていた。テロリストがワールドトレードセンターの南棟に突っ込ませた飛行機だ。彼らは、九・一一の攻撃で一家全員が犠牲となった唯一の家族だった。米軍軍属の管理コンサルタントのシェイラ・ハインはペンタゴンの自分のデスクで亡くなった——そのとき彼女の指には、十八年間彼女のパートナーだったペギー・ネフから贈られた金の指輪がはめられていた。ゲイの男性であるマーク・ビンガムは、ユナイテッド航空93便に乗り合わせた勇気ある乗客たちの一人だ。ハイジャックされたこの飛行機は、乗客たちが犯人たちの立てこもるコックピットになだれ込もうとしたとき、ペンシルヴェニア州郊外の草原に墜落した。93便はおそらく米国連邦議会議事堂に突っ込む予定だったのだろう。サントラムの声が流れてきたそのとき、もしも彼が親水公園に姿を現していたら、素手で流れるプールに沈めてやったところだ。

ゲイのアメリカ人の多くがそうだったように、僕も九・一一以降すべてがそれまでと変わってしまうだろう、と疑いもなく信じていた。コックピットのドアを外部からの侵入を防げるよう早急に改善する必要がある、ということから、サウジアラビア人はわれわれにとって世界一素晴らしい友人ではないかもしれないという認識に至るまで、あの朝僕たちの国が学んだ多くの教訓の一つに、ゲイやレズビアンがアメリカの市民生活にすっかり溶け込んでいることはもはや否定しようのない事実だということがあった。ハイジャックされた三機のすべてにゲイの人々が乗っていた。ツインタワーの両方の棟にゲイの人たちがいた。騒然となったペンタゴンで懸命に仕事をしていた、レズビアンだと公表している人たちがいた。キャンター・フィッツジェラルド〔ツインタワー北棟の九十五階に入っていた投資会社〕のゲイの社員たちは、ウィンドウズ・オン・ザ・ワールド〔百六階と百七階にあったレストラン〕のゲイの従業員たちとともに非業の死を遂げた。イスラム・ファシストのテロリストたちが西洋社会を「退廃的」だと嫌う理由の一つは、同性愛への寛容さだ。二〇〇一年の九月十二日、僕は二〇〇一年九月十一日に多くのゲイやレズビアンのアメリカ人の命が失われたことにより、リック・サントラムのようなアメリカ人も、僕たち同性愛者は脅威でもなんでもないと気づくのではないかと期待した。なにはともあれ、我が国の敵の敵であるということは、僕たちゲイに有利に働くはずだ。

けれどそううまくはいかなかった。ゲイやレズビアンに関しては、キリスト教保守派の人々と首都ワシントンにいる彼らの支援者たちは、オサマ・ビンラディンや彼のイスラム・ファシストの仲間たちとぴったり足並みをそろえている。

親水公園でリック・サントラムの声を聞いた瞬間、ふたたび緊張感が高まった。僕はアメリカの中部地域《ハートランド》にはあまり好感をもっておらず、それは鉄条網の柵のあちこちにブッシュまたはチェイニーのプラカードがかかっていてもいなくてもそうだったが、車の旅が長くなるにつれて、自分たちがそれほど人目を引いている気がしなくなっていた。周囲に溶け込んでもいなかったが特に目立ってもいない、と思えた。親水公園でサウスダコタの住人たちから批判的な目で見られたり詮索されていると感じなかったのは、僕自身が彼らのことを批判したり詮索したりするのに忙しかったからだ。これほど大勢の病的に太った人々が一箇所に集まっているのを、いまだかつて見たことがなかった――「肥満を受け容れる」をテーマとする集会に行ったことがあるにもかかわらず。でも、比較的落ち着いていた僕の心の平安は、リック・サントラムの声を聞いた途端に打ち砕かれた。この家族旅行中も、僕たちはゲイの結婚についての議論から逃れられそうになかった。サウスダコタ州に滞在している期間さえも。サウスダコタでは特に。

あの夏、同性婚が物議をかもした二〇〇四年のあの夏は、アメリカのどこにいたとしてもその議論から逃れることはできなかっただろう。その年の春、サンフランシスコ市長が市庁舎に同性のカップルたちを招いて結婚式を行わせた（市長は同性婚を禁じる州法は違憲との見解を示し、同性カップルへの結婚証明書の交付を命じた）。すぐに、オレゴン州やニューヨーク州、そしてニューメキシコ州で、背教的な公務員たちが同性のカップルを同様に結婚させた。僕たちがソーガタックへと出発する数ヶ月前には、マサチューセッツ州で実際に合法的に結婚する同性カップルが現れ始めた（マサチューセッツ州で同性婚が合法と認められたのは二〇〇三年十一月。翌年五月に、マサチューセッツ州ケンブリッジでアメリカ初の合法的に結婚した同性カップルが誕生した）。ゲイのカップルが結婚する権利を勝ち取ろうとする訴訟がニューヨーク州やカリフォルニア州、ワシントン州で起き、その一方で、他の十一の州で保守派の人々によってゲイの結婚を禁じる住民発案が提出された。その夏、イラクではすべてが順調だったので（略奪や斬首、道端の地雷や行方のわからない爆薬等々を勘定に入れなければ）、ジョージ・ブッシュは、ゲイの結婚だけでなく同性カップルに対するあらゆる形の権利の付与――シヴィル・ユニオン、ドメスティック・パートナーシップ、その他一切――を禁ずる合衆国憲法修正案を通過させる努力に時間をつぎ込むことができた〔二〇〇四年二月にブッシュが承認した結婚に関する合衆国憲法修正案は、結婚は男女によるものと規定したが、シヴィル・ユニオンに関しては州の裁量で認める余地を残していた〕。結婚に関する合衆国憲法修正案の文言は非常に漠然としていて、法律の専門家でも、この法案が通った場合、はたして同性カップルはディナーの予約をすることが可能なのかどうかも判断がつかないほどだった。

　二〇〇四年の春には、僕たちも多くのホモと同様、注目の的となっている事態を楽しんでいたが、夏の初めにはゲイの結婚をめぐる議論が終息することを願うようになっていた。朝ラジオをつけると、ゲイの恋愛関係が気分がいいとは言い難い表現で語られているのを必ず耳にする毎日が、何ヶ月も続いていた――僕たちが聞いているのはクソNPR〔非営利の公共ラジオネットワーク。論調がリベラル寄りとされている〕だ。ほとんどが聞くに堪えない内容ばかりで、中傷を笑って聞き流すのにも限度があり、ゲイリー・バウアーの容姿を茶化す言葉はすぐに尽き、高額な小切手を送った民主党の大統領候補者が同性婚についてはっきりと反対意見を述べるのを聞いていられるのも限りがあった。

　自分の子どもが『インクレディブル・ハルク』のパジャマを着てキッチンのテーブルの前に座っているときは、子どもが朝食を食べながら、ときどき食べるのをやめてグラグラになった乳歯をゆすり、その間ずっと自分の両親の関係が、慎み深く善良なすべてのものへの脅威であると説明されるのを聞いているときは、我慢の限界はなおさら早くやってくる。六月の十五日頃に、僕たちはこの議論に注意を払うのをやめた。車で移動中にNPRが「この異論の多い問題について、賛成派、反対派の両方」にインタビューを始めたら、テリーはブラック・サバスかシザー・シスターズ〔ニューヨーク出身のバンド。五人のメンバーのうち三人がゲイ〕のCDをプレーヤーに押し込むようになり、僕も文句はなかった。とうとう僕は、ゲイの結婚について論じた新聞の特集ページも――自分で書いているものさえも――読む気がしなくなった。夏の休暇に出発するとき、これで数週間は同性婚についてのクソ忌々しい意見を聞かずにすむと期待していた。

同性婚についての議論がなぜあれほど僕を嫌な気分にさせたのかわからない――テリーと僕は結婚したいと思っていたわけでもないのに。結婚に付随する法的利益はすべて手に入れたいと思う――お互いの最近親になりたい。緊急時にお互いのために医学的判断を下せるようになりたい。もちろん飼い犬のためのものも含めて。家で子どもの世話をしているテリーは、僕が突然死した場合には僕の社会保障制度の恩恵を受けられることを望んでいる。でも自分たちが結婚の誓いを交わしている姿はどうしても想像がつかない。イデオロギー的な理由で結婚に反対しているわけじゃない。一部の極左のホモのように、自分たちが結婚制度を認めていないからといって他のゲイやレズビアンが結婚する権利まで否定されるべきだとは考えていない。ゲイは、伝統的な家族制度を破壊するためにこの世に生まれてきたとも思わない。ゲイのセックスには（素晴らしい）たくさんの意味合いがあるが、多くの性的に急進的な人たちが主張しているような革命ではない。

それに、テリーも僕も昔ながらの家族の形の愛好者だ――我が家は大部分の家庭より因襲的だ。同性愛者としての男色は別にして、僕らの家の中で行われていることのほとんどは、社会保守主義者たちに性夢をもたらすものばかりだ。来る日も来る日も大人たちと顔をつき合わせる生活とおさらばしたがったテリーのおかげで、僕たちの息子は保育所というものを知らない。普通ならこれを聞いた社会保守主義者はご満悦のはずだ。彼らは保育所を忌み嫌っている。でも、D・Jは保育所で過ごさない時間の大半を同性愛者だと公言している男とぶらぶら過ごしていて、ジェリー・フォルウェル牧師〔キリスト教福音派のファンダメンタリスト。南部のキリスト教原理主義者を取りまとめ、政治的に大きな影響力をもっていた〕に言わせると、それは子どもをだめにすることだった。

だとしてもフォルウェル師、僕たちの家ではかなり厳密に役割を決めてそれを守っている。あなたが法によって義務づけられていると言いたがっている男女の役割とかなり似通った役割だ。ボーイフレンドが料理と掃除をする（彼は好きでやっている！　僕が押しつけているわけじゃない！）。僕は芝生の手入れをし、狭い軒下から腐敗臭漂うネズミの死骸を取り除く（どちらも嫌な仕事だ！　テリーに押しつけられた！）。洗濯は僕の仕事ではなく、テリーは彼のビザカードの支払いをしなくていい。僕たちは、僕がこれほど思いやり深くなければ名指ししているはずの、あの未婚で子どものいない、皺だらけの年寄りくさい保守派の口うるさいババアに比べればずっと伝統的な生活スタイルを守っている（ええい、構うもんか、アン・コールター〔弁護士。保守系政治解説者、作家としてテレビ、ラジオ番組に出演〕のことだ）。でも、伝統的な家族の形を楽しみ、結婚に付随する法的な利益を享受したいと考えているにもかかわらず、今すぐお揃いのタキシードを着て、教会の通路を祭壇に向かって仰々しく進んでいきたいとは思わない。ゲイの結婚は合法とされるべきだと信じているが、義務だとは思わない。

サウスダコタ州一大きい親水公園から帰る頃にはD・Jはヘトヘトに疲れ果て、チャイルドシートのバックルをしっかり閉める前にもう眠っていた。ミズーリ川に架かる橋を、サウスダコタ州スーフォールズからアイオワ州スーシティへと渡る車中で、テリーと僕は結婚について熱心に語り合った。連邦上院議員のリック・サントラムのような大物のクソ野郎や、ゲイリー・バウアーのような小物のクソ野郎、そして危険な影響力をもつクソ野郎であるジェームス・ドブソン〔福音派キリスト教指導者。保守的な家族観を推奨するフォーカス・オン・ザ・ファミリーの代表〕をイラつかせることができると思うと結婚もいいなと思える、という点では二人とも同意見だったが……それにしても。保守派のクソ野郎を苛立たせることができる、というのは、どんなことをする場合でもひどすぎる理由だ。それに僕たちはそもそもホモで——リック・サントラムの神経を逆なでするために今以上に努力する必要はなさそうだ。毎朝朝食を食べるまでに、すでに六つの異なる理由でサントラムをイライラさせている。僕がベッドで目覚めると隣にはボーイフレンドがいて（イラつかせる理由その1）、彼にキスし（その2）、その後階下に降りて行って『ニューヨークタイムズ』を読む（その3）。子ども（その4）が起きたら、彼のために朝食を用意し、僕は仕事に出かける。職場ではセックスに関するコラムを書き（その5）、ときどき、リック・サントラムがどれだけ嫌な野郎かについてのウェブサイトを更新する（その6）。サントラムを苛立たせる？　結婚しなくても達成済みだ。

でも、下手に検閲すると、何であれ、見るな、読むな、聞くなと言われたものへの興味がかえって高まるのと同じで、右派（保守派）の人々がゲイ同士の結婚を禁じようとヒステリックになればなるほど、ホモには結婚が魅力的に見えてきている。できないと告げられることが、大勢のホモたちをそうしたいと願わせている。

大勢のホモたちの話だ、僕が一緒に暮らしているホモではなく。後部座席でぐっすり眠るD・Jを乗せた車でアイオワ州を高速で走り抜けながら、テリーは、たとえリック・サントラムの頭を爆発させられるとしても、自分が結婚するなんて考えられないと強く言った。でもテリーは、来るべき僕らの十周年の記念になる何かをしたいとは思っていた。何か象徴的なことを、控えめな形の何かを、お互いへの本気度《コミットメント》の印としてするのがいいだろう、と。

「タトゥーという手はいつでもある」とテリーが言った。

つき合って間もない頃、僕の二の腕には「テリー・ミラーのもの」、テリーの腕には「ダン・サヴェージのもの」とタトゥーを入れようと冗談で言い合ったことがあった。出会ったときには、二人ともどんなタトゥーも入れていなかった――そしてそれはある意味奇跡だった。一九九〇年代の初頭、僕らは若く、愚かで、シアトルの街でしょっちゅう飲んだくれていたことを考えれば。九〇年代をシアトルで過ごした愚かな若者で、少なくとも一つの、ときにはいくつもの悔やまれるタトゥーを入れずにすんだ者はほとんどいない。

タトゥーの利点は、とテリーが説明した。お揃いの「○○のもの」のタトゥーを入れるために、友人や家族をわざわざタトゥーショップに招いて見守ってもらう必要がなく、テリーが嫌いな、見世物じみたまねをしなくて済むことだ、と。

「欠点は」と僕がつけ足した。「タトゥーは結婚の誓いよりももっと不運を呼び込みやすい」

同性婚の合法化に賛成で、昔ながらの家族の形が好きでたまらないゲイの男二人が、いったいなぜ結婚を望まないのか？　ボーイフレンドはむしろ愉快そうに、結婚したくないのは――彼の言葉をそのまま引用する――「ストレートのまねをしたくないからだ」と言った。初めてこの言葉を口にしたとき、たしかテリーは、背中におぶった赤ん坊が落ちないようにバランスをとりながら僕の洗濯物をたたみ、コンロの上の料理の鍋をかき回していた。

僕が結婚しない理由のほうはもう少し筋が通っている。自分たちの素敵で楽しい関係のことで世間を大騒ぎさせることは、厄災を引き寄せる行為で――それはストレートのカップルに限らず（離婚専門弁護士の多さを考えてみればわかる）、ゲイのカップルにも言えることだと思ったのだ。はるか昔の一九九〇年代に、ボブ・パリス、ロッド・ジャクソンという名のたくましい二人のボディビルダーが「結婚」して二人のラストネームをハイフンでつなぎ、コーヒーテーブル向きの何冊もの「芸術的な」写真集のためにポーズをとって一財産作った。二人は素敵で楽しいゲイの「結婚」の回想録を共同執筆し、そこにはボブとロッドの素敵なゲイの結婚式への招待状から取った、次のような忘れがたい言葉も紹介されていた。

これを僕たちの運命にしよう
共に愛し、共に生き、
共に一日を始めることを。
永遠に互いの人生を分かち合うことを。

この「結婚した」ゲイのボディビルダーのカップルは、もちろんその後離婚した。

また、オプラ・ウィンフリー・ショーに出演したエレン・デジェネレス〔コメディアン・女優。出演番組中でレズビアンだとオープンにした〕とアン・ヘッシュ〔女優。バイセクシャルであると公表していた〕のことも忘れられない。自分たちはお互いの「妻」だとまくし立てていたが、それは一緒になってから、なんと、たったの四日目のことだった。あるいは、『ラリー・キング・ライヴ』〔著名なブロードキャスター、ラリー・キングがホストを務めるCNNのトークショー〕で臆面もなく永遠の愛をぶち上げておきながら、その後すぐに別れたメリッサ・エスリッジとジュリー・サイファー（そしてデイヴィッド・クロスビーの精液の即効性の高さ）のことも〔メリッサはロックスター、ジュリーはフィルム制作に携わるカップルで、彼女らの子どもの父親は一九六〇〜七〇年代を代表するロック・ミュージシャンのデイヴィッド・クロスビー。彼の夫人を含む四人で番組に出演した〕。もっと最近の惨事を挙げようか。ゲイの俳優であるB・D・ウォンは、パートナーのリッチー・ジャクソンとの間に子どもをもつことにした経緯を本に書き、本のプロモーションツアーが終わった瞬間にパートナーと別れた。ゲイの喜劇俳優、ボブ・スミスは『ボブ、すべてを語る』と題する回想録の最終章を、ついに理想の男性に巡り合った経緯についての希望に満ちた話で締めくくった。彼の次の本は、理想の男性との別れについて書かれていた。『アメイジング・レース』〔視聴者参加型TV番組。二人一組で、決められた所持金、限られた荷物で、さまざまな課題をクリアしながら目的地を目指すレース〕のあるシーズンに参加していたチップとデールと名乗る驚くほどイケメンのゲイのカップルは、自分たちを結婚しているカップルと認めてほしいと言っていた。しかし賞金の小切手を現金化してから十一秒で別れてしまった。

この本には、いやどんな本にも、自分たちの関係のことで世間を大騒ぎさせておいて別れてしまった著名なストレートのカップルすべてを挙げる余地はないが、公平さとバランスを考えて、思いついた例をここに挙げておく。ビリー・ボブ・ソーントンとアンジェリーナ・ジョリー。ブラッド・ピットとジェニファー・アニストン。ヘンリー八世とキャサリン・オブ・アラゴン。リサ・マリー・プレスリーとマイケル・ジャクソン。ウェールズ公チャールズとその縁戚に当たるダイアナ妃。ロナルド・レーガンと最初の妻。ボブ・ドール〔共和党の政治家〕とその最初の妻。ニュート・ギングリッチ〔保守派政治家。一九九五～九九年まで下院議長を務めた〕とその一番目と二番目の妻。元共和党下院議員のボブ・バーとその一番目から三番目までの妻たち。ラッシュ・リンボー〔右派の代表的ラジオ・パーソナリティ〕とその四人目までの妻たち。ジェニファー・ロペスと数え切れないほどの男たち。トム・クルーズとその最初の妻。彼女の名前は歴史に埋もれた。トム・クルーズとその二番目の妻、ニコール・キッドマン。トム・クルーズとその次の妻。

そして、ライザ・ミネリとデイヴィッド・ゲストの国中の関心を集めた悲劇を誰が忘れられるだろう？

デイヴィッド・ゲスト　僕たちは決して離れない。離れて暮らすなんて耐えられない。これは本当に、最高に素晴らしい恋だ。僕は彼女の鼻が気に入っているんだ。世界で一番かわいい鼻だと思うね。

ライザ・ミネリ　デイヴィッドったら！

デイヴィッド・ゲスト　二人は心から愛し合っている。僕たちの知人で結婚式に参列してくれた人たちは、二人の深い絆をその目で見たはずだ。

これは、二〇〇二年の五月十七日の『ラリー・キング・ライヴ』でのやりとりで、ミネリが離婚訴訟を起こしたのは二〇〇三年の十月二十二日のことだ。

男が男と結婚することが合法だったとしても自分たちが結婚するかどうかわからない、とも思う。僕は験担ぎが過ぎるし、テリーはダンスフロア以外では見世物じみたまねをしたがらない。それこそ彼が結婚したがらない本当の理由だと確信している――「ストレートのまねはしたくない」なんて理由ではありえない。僕たちは、知り合いのストレートの人々の大部分よりもずっとストレートっぽい。テリーが嫌がっているのは、知人全員の前で誓いの言葉を交わさねばならないことだ。僕の場合は、どんな神であれ、僕らが加護を求めることに決めた神（僕はローマ神のアンティノウス〔ハドリアヌス帝の寵臣。ナイル川で溺死し、その美しさを悼んで神として祀られた〕にする）の前で一生添い遂げると誓わねばならない点で、そこが問題だ。それはかなり……縁起が悪い。墓石がぎっしり立ち並ぶ広大な墓地を口笛を吹きながら闊歩するようなものだ――なにしろ、この世で一番繁盛している墓地とは、離婚したストレートのカップルたちが結婚式のアルバムを埋葬に行く墓地なのだ。口笛を吹きながら墓地を闊歩する？　いや違う。結婚とは、ストロボライトで飾り立てられた平台型トラックの荷台に立ち、ＤＪが音楽を鳴り響かせ、大勢のセクシーなゴーゴーダンサーたちが腰をくねらせる横で、拡声器に向かって口笛を吹きながら、巨大な墓地の中で前進後退を繰り返すことだ。

だいたい、僕が他人の結婚式に出るとろくなことがない。大人になって初めて僕を結婚式に呼んでくれたカップルは一年も経たないうちに離婚した。一番最近出席した結婚式の新郎新婦は半年以内に別れた。テリーと二人、シアトルで催された同性カップルの誓いのセレモニーに参加したが、この二人も別れてしまった――二人はレズビアンで、レズビアンは別れないものと決まっているというのに！　僕以外の人たちが将来の約束を交わす場に僕がいるとなぜか悪運を呼び込む。自分が誓う側になった場合だけ運が良くなるとはどうしても思えない。

「僕たちは別れない」とテリーが強く言った。

僕たちは、ウィスコンシン州マニトウォックとミシガン州ラディントンを結ぶ、ミシガン湖を一日二往復するカーフェリーに乗るために、だだっ広い殺風景な駐車場で時間をつぶしていた。D・Jがスケートボードで辺りをゆっくり流しているのを眺めながら、テリーと僕は日陰の縁石に腰掛けて話していた。テリーがまた、お揃いのタトゥーを入れる案を持ち出した。きみにとってはいいだろうね、と僕は言った。人に知られずにできるから。でも僕はよくない。人には知られなくても、悪運を呼び込む行為には変わりない。

「きみは、僕たちが別れると思ってるの？」とテリーが尋ねた。

「いや、もちろん思ってない」と僕。「でも、どんなカップルも別れるとは思っていないもんさ。僕の両親だって別れることになるとは思ってもいなかったんだ。とにかく、災厄を招きそうな気がして嫌なんだ」

「じゃあ、僕の気持ちはどうなるんだよ？」と言いながら、テリーが僕の肩に腕を回した。「〝テリー・ミラーのもの〟は、まさに僕のきみへの気持ちだっていうのに」

「〇〇のもの」は、たしかに結婚の真の意味をうまく捉えている。「僕の妻」、「わたしの夫」。どれも所有を表す言葉じゃないか？　所有権を主張する言葉じゃないか？　古き悪しき時代、女性はずっと父親の所有物で、父親から別の男に譲り渡されると、今度は夫の所有物になった。今や女性たちは夫の所有物ではなくなったが――少なくとも西洋社会では――配偶者は自分の個人的所有物であるという観念は今も僕たちの文化に根強く残っている。より平等主義的な形をとってはいるけれど。社会的、性的に妻は夫を所有し、夫は妻を所有する。家族によって譲り渡されるのではなく、現代の花嫁や花婿は互いに自らを相手のために差し出す。自立への思いはすべて脇へ追いやって。

「タトゥーはやりすぎな気がする」と僕は言った。

「うん」とテリー。「やりすぎなほどセクシーだろ」

ああ、たしかに、と僕も認めた。それなりの場面では「きみは僕のものだ」的な台詞はそれはそれはセクシーになる。結婚制度によって男女関係に所有関係が定着した、というのが、左派の人たちが結婚制度を批判する理由の一つとしてしばしば挙げられるが、相手から求められている、というのは素晴らしいことじゃないか？ セックスとはそもそも、相手から求められることじゃないか？

「腕を見るたびに、自分は求められていると思えるなんて素晴らしいと思わない？」とテリー。

「喧嘩しているときは、腕を切り落としてしまいたいと思うことになるだろうけどね」と僕は指摘した。

「でも僕らは腕を切り落としたりしない」とテリーが反論した。「別れもしない。いい加減にしろよ。びくびくするな。タトゥーを入れに行こう」

「それはいい考えじゃないと思う」と僕は譲らなかった。

僕が結婚やタトゥーを嫌がるのは、どちらも同じ理由からだ。もしもあなたがXに価値を認めていて、YをすることがXをダメにすると知っていたり疑っているなら、Yをやめておくのが賢明だ。そう、Xとは僕たちの関係のことでYは結婚、もしくはそれよりは危険が少なく、恐ろしくもない別の選択肢、タトゥーのことだ。もしも僕たちが暮らす州で同性婚が合法と認められていたなら、僕だって甘んじて結婚したことだろう。それによって結婚がもたらすセクシーな恩恵の数々が保障されるなら、スーツを着て誓いの言葉をつぶやくことさえしただろう。でも、苦労しても手に入れられるのは不運を呼び込む可能性と、僕たちが暮らす州に持ち帰ればなんの価値もなくなる紙ペラ一枚であるなら、カナダかマサチューセッツ州まで行ってテリーと結婚してくる気にはなれない。ではタトゥーによって得られるものは？　縁起の悪さだけで一枚の紙切れもなし——ああ、神様。それにいったいどんな意味があるというのです？

第3章
内なる敵

それに、親族の中に一人、ゲイの結婚に断固反対している人間がいる、というちょっとした問題もある。自分でも結婚したいのかどうかよくわからない男同士のカップルだというのに、テリーと僕は、この人並み外れて頑固な人間に、もちろん、男性は男性と結婚できるし、女性も女性と結婚できるとわからせようと、とてつもなく長い時間を費やしてきた。僕の母親までが説得を試みた。でも彼は意見を変えようとしない。男の子は男の子と結婚しないし、女の子は女の子と結婚しない、と言い張っている。もしテリーと僕が結婚するなら、自分は結婚式には出席しないとまで言い切った。

この頑固者の親族とは？　家族で唯一の共和党支持者である僕の父親だろうか？　キリスト教原理主義に目覚めたテリーの兄？　テキサス州に住む、僕の妹のボーイフレンド？

D・Jに聞いてみな。

ゲイの両親として子どもを育てていて経験する皮肉な巡り合わせの一つは、性別役割とは無縁の家庭で育った自分たちの子どもが、社会と関わるようになると「遊び」を通して他の子どもたちから性別役割を厳格に教え込まれることだ。D・Jの、性別役割を期待する頑迷さの予兆に最初に気づいたのは、車の後部座席のD・Jから、テリーと僕は本当は愛し合っていない、と言い渡されたときのことだ。どうしてそう思うんだい、と僕たちは尋ねた。「だって結婚してないじゃない」とD・Jは当たり前のように言った。「愛し合っていない人たちは結婚できない。二人は結婚していなくて、結婚できない。だから愛し合ってないってことなんだ。本当にはね」

この子どもらしい循環論法が口から転がりだしたとき、D・Jは四歳だった。僕たちはこの情報のネタ元を探り当てた。それは五歳の女の子で、大人になったらワシントン州の上院議員かプロのSMプレイの女王様役になりそうな可愛らしい小悪魔の種だった。彼女の両親が離婚したとき、両親はたった一人の娘にパパとママはもう愛し合っていないから結婚を続けられないんだと伝えた。その言葉は、彼女の心の小さな石磨き機の中を飛び跳ね続け、別の子どもを傷つける機会を窺っていた。自分の両親はもう愛し合っていなくて、だから結婚を続けられなかったの、と彼女はD・Jに教えた。ということは、結婚できないD・Jの両親は愛し合っていないということになる。

僕たちは、この思い込みを抜き去るために最善を尽くした。たいていの男性は女性と結婚するし、たいていの女性は男性と結婚するが、男性は男性と結婚できるし、女性と女性も結婚できるんだ、と説明した。『ニューヨークタイムズ』日曜版の「サンデースタイルズ」〔家庭・生活面〕に掲載された同性カップルの結婚の記事は必ず見せるように心がけた。同性婚のニュースについて家庭内で報道規制を敷くまでは、夕方のニュースで流れる同性カップルの結婚の様子も一緒に見た。

今、D・Jは僕たちも結婚できると認めているが、それでも結婚すべきじゃないと言い張っている。もしも本当に結婚しても、結婚式には絶対行かない、と頑なだ。結婚式の後のパーティには行く――ケーキが出るなら――でも結婚式に出る気はまったくない、と。僕たちも愛し合うことはできると認めるが、男同士では結婚などしないものであり、『ニューヨークタイムズ』に載るどんなゲイの結婚のニュースを見せられても考えを変える気はないと言う。六十四歳になるカトリック教徒の僕の母親が、婚姻は七つの秘蹟の一つだと教えられて育ったにもかかわらず、結婚は生殖器の結びつきではなく愛と責任で成り立つものだと信じている一方で、六歳になる僕の息子――ゲイのカップルに育てられ、洗礼を受けた日以来、教会に足を踏み入れたことがない――がどういうわけか結婚とは男の子と女の子がぴったり一つに組み合わさることだと信じるようになったのは奇妙な話だ。

なぜそうなったのか？

D・Jの性別役割《ジェンダー》に関する因襲的な見解は家庭で身についたものではない。D・Jは、慣習的に男の子らしいとされているもの――車、トラック、ロケット――に昔からずっと興味を持っているが、その昔はおもちゃの好き嫌いと性別を結びつけて考えたりはしなかった。サンドウィッチを手に持てば必ずピストルの形になるようにかじる子だったが、四歳になるまでは、D・Jが男の子らしいものを好んだのは、たまたま好きだったのが男の子らしいとされるものだった、というだけのことだ。ピストルを好んだのはピストルが好きだったからで、男の子はピストルが好きと決まっているからではなかった。四歳になるまでは、男の子は、女の子は、こう行動するものだとか、こんな服を着るものだ、あるいは男は誰と結婚するものだ、なんて言わなかった。遊び友だちには女の子もいたし男の子もいた。性別などD・Jにはなんの意味もなかった。

そしてある日、僕たちはD・Jをさっさと幼稚園（保育園とは違うので間違えないように）へ送り出し、そこで彼は性別役割の集中レッスンを受けた。D・Jの耳にその害毒を流し込んだのは教師たちじゃない。D・Jを通わせたのは、僕らが暮らす左寄りの地区にある進歩主義的なモンテッソーリ教育法〔子どもの自主性を尊重する児童教育法として有名〕を取り入れた幼稚園で、教会の地下にある南部バプティスト教会〔プロテスタント系キリスト教の最大宗派〕の幼稚園じゃなかったから。教師たちは、男の子は男の子らしく、女の子は女の子らしく、と教える暇があれば、釘を配りたいと思っていた〔モンテッソーリ式教育法の一つに、釘を使って手先の器用さを養うものがある〕。いや、D・Jを洗脳して性別役割期待の世界へと向かわせたのは、他の子どもたちだった。「ジングルベル／バットマンスメルズ」の替え歌の歌詞と一緒に子どもたちがD・Jに教えたのは、男の子と女の子は敵対する二つのグループだという考え方だった。登園初日から男子対女子の戦いが始まり、大人に口を挟む隙はほとんどなかった。休み時間になると、子どもたちは、どのおもちゃや遊びが男の子らしいか女の子らしいかについての、タルムード学者さながらの議論を戦わせ、そうでないときは男の子たちが女の子を追い掛けて校庭を走り回っていた。男の子が女の子を追いかけるのに飽きて、男の子のおもちゃで遊ぶためにどこかへ行こうとすると、女の子たちがちょっかいを出しに来て、また追いかけっこが始まる。これに十五年の歳月と恥毛、それにビール樽をつけ足せば、スターブレイク・モンテッソーリ・スクールは金曜の夜の男子学生クラブハウスとほとんど見分けがつかなくなる。

で、D・Jは結婚について、ほかの子どもたちから何を学んだのか？　それは男の子と女の子がすることだ、というのがクラスメート全員一致の意見だった。男の子にとっては気が進むことではない、ということも。結婚は武器であり、実際に男の子を捕まえたら、それをするぞと脅すものだった。追いかけっこの最中に形勢逆転したければ女の子はただ結婚の「け」の字を口にすればよかった。結婚は核爆弾並みのバイキンだった。その脅し文句が持ち出されるや否や、男の子たちは尻尾を巻いて逃げ出し、女の子たちがそのあとを追いかける。まるで、突然電場が反転し、逆走し始めた磁気を帯びたピンボールの一団のように。

そういうわけで、D・Jにしてみれば、自分の二人の父親たちが、どちらも男の父親たちが、お互いと結婚しようと考えるなんてとうてい理解しがたいことだった。男の子というものは、人形やドレス、お姫様が出てくる物語に興味がないのと同じように、結婚にも興味がないはずだった。結婚は女の子のものだった。我が家には女の子はいないんだから、そもそもなぜそんなことが話題になるんだ？　と。

同性愛者による養子縁組に反対する人たちは、同性カップルに育てられた子どもは混乱したジェンダー認識を持つ大人に成長すると主張する。一組の男女の日常的なやり取りを見て育つことによってのみ、子どもは男女がどのように関わり合えばよいかを学べるのだと言う。性別役割は教えられて身につくもので、生得的なものではないと信じている人は、この反対理由になるほどと思うかもしれない。実際にはゲイまたはレズビアンの両親に育てられた子どもたちは、異性愛の両親に育てられた子どもたちに比べてゲイやレズビアンに育ちやすいわけではなく、つまり僕たちの子どもは九割がた以上異性愛の大人に育つ。もしも性別役割が育ちによってのみ決まるもので、生得的なものではまったくないのなら、同性愛者に育てられたストレートの子どもは、大人になったときに競争上の重大な不利を被ることになる。

でも、社会保守主義者たちは性別役割は教えられて身につくものだと本気で考えているのだろうか？

一九七〇年代に、フェミニストたちが性差は社会的に構築された概念だと言い出した。親たちが女の子にトラックを、男の子に人形を与えればヴェトナム戦争を終結させ、アパルトヘイトをなくし、クジラを救える、と。男女に差はない――とフェミニストらは主張した――女性のほうがさまざまな面で生まれつき勝ってはいるけれど（より同情心が厚く、制圧的でなく、人の気持ちがわかり、支配的でなく、コンセンサスを大切にし、攻撃的でない等々）。保守主義者らは嘲り笑った――性差は社会的構築物なんかじゃない、と鼻を鳴らした。性差は生来のものであり、育ちではなく生まれによるものであり、男と女はもともと違う。性別役割を批判することによって、左翼はまたもやアメリカの家庭を崩壊させようと企んでいるのだ、と。

リベラルな考えをもつ進歩主義的な親たちはフェミニストの味方につき――振り返れば、フェミニストはこれまでも多くの点で正しかった、だから今回も彼らの主張を信じよう――息子には人形を、娘にはトラックを与えた。でも男の子たちはすぐにトラックで遊び始め、女の子たちはすぐに人形で遊びだした。やがてわかったのは、性別役割にはたしかにどこか生来的な部分があるということだった。性別役割は、家父長制度によって密かにもくろまれた、女の子たちを隷属させ、男の子たちにトラウマを植えつける企みではなかった。男の子のほとんどは従来「男の子用」とされてきたおもちゃを本能的に欲しがり、女の子のほとんどは従来「女の子用」とされてきたおもちゃに本能的に手を伸ばすように見えた。男の子にピストルを与えなくても、彼らは棒切れをピストル代わりにするだろう。女の子に人形を与えなければ、彼女らはトラックに洋服を着せるだろう。

皮肉なのは、レズビアンやゲイのカップルに育てられた子どもたちは混乱した性《ジェンダー》認識をもつ大人になると今日主張している社会保守主義者たちが、一九七〇年代には性差は生まれ持ったものだと声高に論じていた――しかもそれは百パーセント正しかった――ということだ。彼らが同一の社会保守主義者なら、一世代前のフェミニストの母親たちや感受性の鋭い父親たちの意見を論破した生まれ持った性差の感覚をもってすれば、同性の両親によって育てられた子どもが感じるだろう自身の性についてのどのような戸惑いも、克服できると考えるはずだ、と誰もが思うだろう。ところが違った。保守主義者らは、フェミニストの両親によって人形を与えられた男の子は、人形の両足を引きちぎり、それを人に向けて「バン！」と言うだろうと言ったその口で、二人のゲイの男性に育てられて大人になった男は、大人の女性の本物の両足をどう扱えばいいかわからない、と主張している。

同性カップルが養子を迎えることに反対している人たちは、事態をまったく逆さまに捉えている。実際D・Jの性差の認識はちっとも混乱していない――少しは混乱してくれたらよかったのにと思う！　彼がこれほど強くジェンダーを意識していなければ、性別役割についての予断をここまで頑なに押しつけてくることはなかったろう。僕たちの結婚式にも喜んで出席しただろう。もしも結婚するとしたらの話だ。その気はないが、それにしたって。

いやちょっと待った。うちの家族にも女の子はいる、、。ソーガタックで家族全員に会えるのが楽しみだね？　という問いかけに、D・Jは即答でそれを思い出させた。「僕の家族全員、、、は来ないよ。僕のママを忘れてないよね？」

もちろん僕らはきみのママを覚えてるさ、と僕は答えた。どうして忘れることができるだろう？

メリッサは、予想外の妊娠で七ヶ月を迎えたときに、養子縁組エージェントの予備審査を通過した養父母候補者の中から僕とボーイフレンドを選んだ。当時メリッサは十九歳のストリートキッドで、茶色の髪を長く伸ばし、唇にピアスを付け、半ダースほどのタトゥーを入れていた。僕らは彼女が二番目に選んだ候補者だった。最初に選んだのはストレートのカップルだったが、彼らは、妊娠初期に飲酒したと認めているホームレスのティーンエイジャーの赤ん坊をオープン・アダプションでもらいたいとは思わなかった。オレゴン州のポートランドで、どんより曇った午後にメリッサに引き合わされてから六週間後、僕たち三人は病院の回復室にいて代わり番こに僕たちの息子を抱っこしていた。その小さな赤ん坊がみるみる大きくなって、ブロンドの髪に青い目をしたカリスマ的なスケートボーダーに成長した。

子どもを養子にした夫婦のなかには、代名詞をやたらに使って（「わたしたちの息子」とか「僕の子」のように）子どもは自分のものだと示そうとする人たちがいる。「今は僕たちの子だ。もう彼女の子ではなく」と言わんばかりに。でもオープン・アダプションで養子をもらうことは、すべての複数形の代名詞を、最大限の複数の意味で使うことを快諾することだ。少なくとも子どもに関わることについては。僕が「僕らの」息子と言うとき、そこにはメリッサも含まれる。僕たちはD・Jの常勤の両親かもしれないが、メリッサもまた彼の親であり、敵意を秘めた代名詞を使ってもその事実は変えられない。

でもその日、病院に来ていない親が一人いた。D・Jが生まれた年の前年の夏、メリッサは数週間バッカスとつき合っていた。メリッサが妊娠に気づいたとき、バッカスはもうどこかへ消えていた。僕たちがD・Jを養子にしたとき、バッカスは自分が父親であることも、ゲイのカップルが自分の息子を養子にしたことも知らなかった。だからD・Jの一歳の誕生日の直前に、バッカスがニューオーリンズにいるとわかったとき、そしてそれは彼のストリートネームを考えれば格好の場所だったが〔ニューオーリンズの謝肉祭のパレードに出場するバッカスの山車が有名〕、僕たちは警戒した。でも実は、バッカスは僕たちがメリッサに約束したのと同じことを望んでいるだけだとわかった。一年に何度か写真を送ることと、ときどきD・Jに会いに来ることだ。D・Jは生物学上の父親に会い、彼の本当の名はジェイコブで、会った場所はバーボン・ストリートからちょっと入ったところのホテルで、彼が僕たちに初めて連絡を取ってきたときから数週間後のことだった。トラックドライバーをやめてテキサスで暮らすジェイコブの実の父親が、電話で「俺の孫の面倒を見てくれてありがとう」と言ってきてからは、その父親にも写真を送るようになった。ジェイコブとの間でも彼の父親との間でも、ゲイ云々が問題になりそうな気配はなかった。一度も話題にのぼらなかった。

オープン・アダプションにしたほうが、海外でのクローズド・アダプションによるよりも早く赤ん坊を迎えられる保証はなかった。実際、エージェントから、ゲイの男同士のカップルである僕たちは、長く待つことになるかもしれないと警告されていた。その意味が身にしみてわかったのは、強制参加だったエージェント主催の二日間のオープン・アダプションについてのセミナーで、話をしに来ていた二人の生みの母親たちが、赤ん坊のために「良きクリスチャンの家庭」を見つけることを最優先に考えていると口を揃えて言ったときだ。それでも僕たちは、とにかくオープン・アダプションをやってみようと決めた。親になるときには、子どもの生物学上の両親にもその子の人生に関わってもらいたかった。

結局のところ、僕たちは長く待たずに済んだ。提出書類をすべて書き上げてから数週間後に、エージェントから電話がかかってきた。メリッサと初めて会った日、エージェントは三人でお昼を食べてきたらと勧めた——メリッサの飼い犬のジャーマン・シェパード、ウィッシュを入れたら四人だ。メリッサのお腹の赤ちゃんを含めれば五人になる。僕たちは感傷的な質問を連発した——でもすぐに失敗だと気づいた。冷静で用心深いメリッサは事実にしか興味がなかった。彼女は妊娠していて、赤ん坊を連れてストリート生活をすることはできず、だから養子縁組を選んだ。メリッサは自分の気持ちを言葉にするのを嫌うが、エージェントから与えられる試練——週に一度のカウンセリングや僕たちとの何度かの面談——はやり遂げるつもりで、それは彼女もオープン・アダプションを望んでいたからだ。子どもの人生に自分も関わりたい、とメリッサは言った。

僕たちは、運良くD・Jが生まれた日にメリッサのもとに駆けつけることができた。そしてその二日後、メリッサがD・Jを手放す瞬間にもメリッサの病室にいた。D・Jを家に連れて帰る前に、ついに家族になれるその前に、僕たちはベッドで泣きじゃくる母親の腕の中からD・Jを文字どおり奪い取り、立ち去らねばならなかった。

これまでの人生で、一番辛いことだった。

D・Jを養子にしたとき、僕は三十三歳で、深い悲しみとはどういうものかよく知っているつもりだった。そのときどんな思いがして、それがどんな姿をしているかを。でも何一つわかってなかった。あなたは深い悲しみがどんな姿をしているか知っているだろうか？　自分では育てられないとわかっている生後二日の乳児を、育ててくれると信じたカップルに託して病院のベッドですすり泣くティーンエイジャーの姿だ。

ホームレスのストリートキッズの多くと同じように、メリッサも巡回生活を送っていた。夏の間はポートランドやシアトルで過ごし、夏の終わりから秋口にかけてデンバー、ミネアポリス、シカゴ、そしてニューヨークへと移動する。冬から春までは、ニューオーリンズやフェニックス、ラスヴェガス、あるいはロサンジェルスで過ごす。それからスタート地点であるポートランドに戻り、また同じことを一から繰り返す。D・Jを養子にしてから数年間は、メリッサは夏の間は必ずシアトルで過ごすようにしていて、みなで集まることができた。シアトルにいないときは電話で連絡を取ってきた。メリッサからの電話はたいてい短かった。彼女が僕らにどうしてる？　と尋ね、こちらも彼女にそっちはどう、と返し、そのあとD・Jを電話に出す。メリッサはあまりしゃべらず、D・Jは何を言えばいいのかわからなかったが、D・Jにとっては母親から電話があるということに意味があった。たとえ一瞬の無言の絆を感じ合えるだけでも。

D・Jが三歳になる頃に、定期的にあったメリッサからの電話が来なくなり、シアトルにも姿を見せなくなった。たまに電話をかけてくるときは、たいてい良くないニュースが伝えられた。あるときは、ボーイフレンドがアルコール中毒で死亡した翌日にかけてきた。二人はニューオーリンズの歩道で眠っていて、朝起きたら彼が死んでいた。別のボーイフレンドがまたヘロインを使い始めた、と電話をかけてきたこともあった。やがてぷっつり電話が途絶えた。電話がかからなくなってから半年後、僕は病院に問い合わせの電話をかけ始めた。その後は死体保管所にも。ニューオーリンズの郡立の死体保管所の係員にメリッサの特徴を聞かれ、僕は深く考えずにこう答えかけた。「えーっと、寡黙なほうで――」。係員は笑った。「うちのジェーン・ドゥ〔本名不詳の場合に使われる仮名〕たちは全員その特徴をもっています」

メリッサの不在が問題になり始めたのは、D・Jの四歳の誕生日を間近に控えた頃だった。僕は「父親の」仕事をしていた。夜中に客用寝室の壁紙を剥がしているところへD・Jが椅子を引きずって入ってきた。彼の友だちのヘイブン〔ディズニーのウィスカー・ヘイブン物語に登場するロイヤルペット〕は、母親のメリッサがお泊まりに来たときに選んでくれたぬいぐるみだ。壁紙を上から下へとすじ状に剥がしていくのを眺めながら、D・Jは黙って座っていた。「ヘイブンにはママがいて」とD・Jが穏やかな声で言った。「僕にもママがいる」。D・Jは、本当は質問したいことを事実のように述べる成長段階にさしかかっていた。その文章が正しいことを僕たちに認めてほしかったのだ。まるで、現実についての自分の解釈が僕たちのものと合致していることを確かめて、自分が正しいかどうかを知りたがっているようだった。「そうだね」と僕は答えた。「きみにもママがいる。ヘイブンと同じだ」。D・Jはさらに続けた。「ママの名前はメリッサ。僕はママのお腹から生まれた。僕は公園でママと遊ぶ」。そう言うと、僕を見て質問した。「今度はいつママに会える?」

「この夏には」と答えて、僕はそれが嘘にならないことを祈った。

でもその夏、僕たちはメリッサに会わなかった。その秋も、そして次の春も。

養子となった子どもたちは、いずれは自分たちがなぜ養子にもらわれたかを知りたがるようになり、遅かれ早かれ質問をし始める。「血のつながった親たちは、どうして自分を手放したのか?」「自分は愛されていなかったのか?」「なぜ彼らは自分を捨てたのか?」。クローズド・アダプションで養子となった子どもたちがこの質問をし始めると、養父母に答えられることはそれほど多くない。なぜなら彼らは答えを知らないから。僕たちがオープン・アダプションを選んだのは、一つにはそう質問されたときにD・Jに答えられるようにしたかったからだ。母親を謎の存在にしたくなかった。でも謎の存在とはならなかったものの、彼の母親は時に息子を悩ませる特性をたくさんもつ存在となった。しかも養子の多くは、おそらく十八歳とか二十一歳ぐらいで血のつながった母親について調べたり考えたりするものだが、D・Jはそれを三歳や四歳でやらねばならなかった。一番最後にメリッサが訪ねて来たとき、D・Jはなぜ母親が臭うのか知りたがった。メリッサはめったに風呂に入らないし着るものの洗濯もしない。それは世間と距離を置くための彼女なりの方法の一つだ。メリッサはホームレスで——シャワーを浴びるバスルームも着ているものを洗う洗濯機も持っていないと説明し始めると——D・Jはひどく驚いた。どうしてあんなばかなまねをしてしまったんだろう? 子どもにとって、家がないこと以上に恐ろしいことはないのに。その後何ヶ月も、D・Jはママもここに来て一緒に住めばいいのにと言い続けた。客用寝室で寝ればいい。おばあちゃんが遊びに来たときは、メリッサは僕のベッドで寝ればいい。自分は床で寝るから、と。

ようやくメリッサから連絡が来た。死んだのではなく、考えが足りなかっただけだった。時間が経つのを忘れていて、とメリッサは言った。雨が多くなり寒くなる前に首尾よくシアトルに着くことができなかった。電話をしようと思ったときはいつも夜遅すぎるか、自分が酔っ払いすぎていた。この頃は飲まないと気分が悪くなるようになった、とメリッサが言うのを聞いて、そろそろ路上生活を卒業して酒も薬もやめにしたらどうかと言ってみた。メリッサが首を横に振る気配が伝わってきた。メリッサが、D・Jの養父母として、ストレートのカップルではなく僕らを選んだ理由の一つは、僕たちが彼女の両親を思い出させなかったからだ。養子縁組を希望するストレートのカップルの多くは僕たちよりも年上で、何年間も不妊治療を受け続けたがうまくいかず、四十歳か四十五歳、あるいは五十歳になって養子をもらおうと決意した人たちだった。僕たちは三十二歳と二十五歳のカップルで、メリッサの兄弟でも通るほど歳が近かった。親みたいに振る舞い始めるのはやめて、とメリッサは言った。自分でもういいと思ったときにやめるから、と。メリッサは声をあららげたりはしなかった。ただ、僕たちはお互いの考えを理解し合っている、ということを確かめたかっただけだ。

長い年月は過ぎたが、ほとんど何も変わっていなかった。D・Jの母親であるメリッサは、ストリートキッドからホームレスの大人へと痛々しい変貌を遂げてはいた。でも年をとったこと以外は——なにしろ路上生活は人を早く老けさせる——メリッサから聞く路上生活の様子はいつも同じだった。目を覚ましたら道ゆく人に小銭をねだり、犬のための食べ物と自分と友人のためのアルコールを買い、その辺をぶらぶらし、警官に見つからないように逃げ、のらくら暮らしていることを理由にときどき逮捕され、よそへ移動する。ボーイフレンドたちは死に、他のストリートキッドたちも姿を消すか路上生活から足を洗った。ずっと変わらずそばにいるのは飼い犬のウィッシュだけ。メリッサはウィッシュがいるから生きられ、ウィッシュもメリッサがいるから生きていた。大きな犬を連れているせいで、ヒッチハイクや列車の飛び乗りが困難になり、それは彼女の移動手段ではあったが、小柄なメリッサにとって、犬はある意味彼女を守る存在で——それに犬はメリッサを質問攻めにしないし、批判することもない。

路上生活を続けることは、じわじわ自殺するようなものだと誰かが言っていた。六年間メリッサを見てきて、それはかなり的を射た意見だと思う。D・Jのためにも、僕たちはメリッサが長い時間をかけた自殺の企てから生還することを強く願っている。前回二人で話したとき、メリッサは崖っぷちから引き返してくるのではないかと感じた。彼女は今、ヴァージニア州で何人かの友人とアパートで暮らしていて、ファストフード店でサンドウィッチを作る仕事についている。メリッサが路上での暮らしを過去形で語るのを聞き、僕は希望を持っていいと思った。おそらくいつか、メリッサと一緒にソーガタックでの二週間の夏の休暇を過ごせる日が来るだろう。その時ようやく、D・Jの家族全員が集まれたことになる。

シカゴ育ちで、ソーガタックまでは車でほんの二時間で行けたにもかかわらず、子どもの頃にこの有名な夏のリゾート地を訪れたことはなかった――実を言うとどんな夏のリゾート地にも行ったことがなかった。うちの家族はカトリック教徒で、つまり大家族で、だから文無しだった。夏になってミシガン湖畔のビーチに出かけたくなったら、青白いケツを振り振り東へ半マイルほど歩いてシカゴのビーチのどれかに出かけた。そこで行き止まりになる通り――アルビオンとかプラットとかハリウッドとか――の名をつけたビーチに。大学時代は、休暇のほとんどをシカゴで過ごし、ボーイの仕事の傍らビーチに出かけた。大学卒業後は、休暇は大都市でバーと男を渡り歩いて過ごした。僕が、活気のない小さな町であるソーガタックにようやく初めて出かけることになったのは、D・Jの五歳の誕生日の直後のことだった。そしてそこに行くことになったのは、息子の提案、というか息子にとってそれが必要だったからだ。

素直に認めよう。ゲイの両親をもつ子どもたちは――異人種カップルや、離婚した親、障害のある親、頭にターバンを巻いている親等々をもつ子どもたち同様――いつの日か自分の家族は他の子の家族とは違うと気づくことになり、その認識は深いトラウマとなりうる。そしてそれは、世間でも言われているように、問題ない。というかそれを問題視するべきじゃない。子どもたちが偏見によって心の傷を負わされるのがほぼ確実と思われるカップルたち――マイノリティのカップルたちや異人種カップルたち――が子どもを産むなと命じられたり、子どもたちを人種差別から守るために白人の子どもを養子にしろと強要されることはない。ユダヤ人は、子どもたちに洗礼を受けさせれば、彼らを反ユダヤ主義から守ることができるとは言われない。むしろ子どもたちに心の傷を負わせる偏見が問題だとされていて、マイノリティの両親は自分たちと子どもたちの避けられない運命、つまり(1)子どもたちが、自分は他の子どもとは違うと気づき(2)偏見にさらされること、に備えている。

でも同性カップルに対しては、政治的右派が二重基準を押しつけようとしている——なかでも悪名高いのは保守派コラムニストのキャスリーン・パーカーで、彼女は、「他の子の親と何ら変わりない親を持つ権利」という子どもの人権を新たに発見した。同性カップルに関しては、問題なのはゲイの両親がこの世に存在することで、同性愛嫌いの偏見ではない、と言うのだ。自分たちの子が何らかのいじめに遭うと知っているのに、そもそもなぜ子どもを持とうなんて自分勝手なことを考えられるのだ、とパーカーは疑問を呈す。でもどんな子どもにも辛いことはある。パーカーだって知っているはずだ（かつて彼女はシングルマザーとして頑張っていたのだから）。そしてどんな子どもも自分たちの幼少期について何らかの点で不満をもっている。僕は両親のカトリック信仰によって心の傷を負わされたが、だからといって、カトリック教徒の若いカップルは、子孫に真夜中のミサの苦痛を味わわせないために子どもを持つべきではない、と主張するつもりはない。子どもはみんな人生のどこかの時点で、あるいは複数の時点で、自分の家は特殊だと感じる問題に遭遇する——でもその時こそ親が親らしいことをするときだ。子どもに嘘をつくわけにはいかないから、子どもが苦しんでいるときは問題をはぐらかすべきじゃない。親は行動を起こさなくてはいけない。

それこそ、ある日D・Jが癇癪を起こしたときに僕たちがしたことだった。一度の癇癪が、僕らをはるばるソーガタックへと向かわせた。癇癪は予測できたはずのものであり、回避できたもので、僕はむざむざそれを引き起こしてしまった自分を責めて眠れぬ夜を過ごしている。五歳の誕生日直前に、D・Jはこの広い世界に二人の父親をもつ子どもが自分一人なのはどういうわけかと聞いてきた。寒い冬の朝にD・Jの好きな朝食――ベーコンとトースト――を三人で食べていたときのことで、おニューのスパイダーマンのパジャマを着た息子は天使みたいだった。動揺している様子はなかった。母親譲りの、いつもの落ち着き払った口ぶりだった。テリーが、世の中には二人のお父さんをもつ子どもは大勢いるよ、きみの家族と同じような家族はたくさんいるんだ、と請け合った。D・Jはベーコンをもう一切れ食べ始め、一見落着、と僕らは思った。

「どこにいるの？」とD・Jが静かに問いかけた。

「どこにいるって誰が？」と僕。

「パパが二人いる他の子はどこにいるの？」

テリーが「何か言えよ！」という目を送ってきた。僕は「きみが何か言え！」という目を返した。

「その子たちはどこにいるの？」とまたD・Jが言った。もう食べてはいなかった。

「うーん、そうだね、その子たちは――」僕が言葉に詰まったのを察知して、D・Jがさえぎった。

「その子たちはどこにいるの？」

すでに涙声になっていた。

「どこにいるの？　ねえ、どこにいるんだってば？」

大失敗だった。

親になったあと、テリーと僕はシアトルにある子どもを持つ同性カップルのためのサポートグループに参加しないかと誘われた。でも丁寧に断った。実際、僕らは昔からあちこち顔を出したがるたちじゃなかった。どんなクラブにも入っていないし趣味もない。僕は世間話が苦手で、テリーはもっとひどい。養子をもらう前に、僕らが依頼した養子縁組エージェントが主催する、養子縁組希望者のためのサポートグループの会合に一度だけ参加したことはあるが。やっているスポーツ（自転車、水泳）から、選んだ仕事（物書き、陶芸）、余暇の楽しみ方（読書、読書）に至るまで、どれをとっても僕らは二人とも孤独を愛する人間だ。それが二人がうまくいっている理由の一つでもある。僕らはお互い、いつどんなふうに相手を放っておけばいいか知っている。

人づきあい全般が苦手だという自覚の元、僕たちは近隣の他の親たちの役に立とうと柄にもなく頑張った。ベビーシッターをかって出た。子どもたちのお泊まりも引き受けた。プレイデートのお膳立てもした。するとD・Jを取り巻く小さな遊び仲間ができてくるにつれて、D・Jは、自分と同じように養子となった子どもたちや、両親が離婚した子どもたち、そして異なる人種の子どもたちとも知り合うようになった。でもなぜか、他の同性カップルの親に出会うことはなかった。この地域には他にも子どもを育てている同性カップルはいた――テリーが師と仰ぐ、同じヴァション島で暮らす陶芸家はレズビアンで子どもを育ててもいたが、彼女の子どもは高校生だったし、僕らが出会った子どもを育てているゲイのカップルの子どもたちはD・Jよりずっと年下で、だから彼らとゆっくり一緒に過ごしたことはなかった。

さっきも言ったように、僕らはしくじった。無理をしてでも子どもを育てている他のゲイの両親に会っておくべきだった。誘われたあのサポートグループに参加しておくべきだった。ゲイの父親たちと一緒に出かけるべきだった。彼らの子どもがどんなに大きくなっていようと。なのに漫然と過ごし、いつかはD・Jと同じくらいの年の子を持つゲイの父親たちに出会えるだろうし、べつに焦らなくても、と考えていた。そのやり方がD・Jの癇癪に直結した。だからその夜、D・Jが寝た後でテリーと僕はパソコンの前に座り、検索エンジンに「ゲイ　家族　団体」と打ち込んだ。八秒後、僕らはChildren of Lesbians and Gays Everywhere＝COLAGE（ゲイとレズビアンの子ども協会）の説明を読んでいた。毎年二つのリゾートタウンで、ゲイファミリー・ウィークを主催している団体だ。一つはマサチューセッツ州のプロヴィンスタウンで催され何百世帯ものゲイの家族が集まってくる。もう一つはミシガン州ソーガタックで開かれるもので、集まってくるゲイの家族はせいぜい数十世帯だ。プロヴィンスタウンは巨大なゲイのメッカで、そこで暮らす友人も大勢いた。でもソーガタックに軍配が上がったのは、巨大なゲイのメッカはしばしば露店のゲイバーのような感じがし、僕はそれほどゲイバーが好きじゃなかったからだ。僕にとってのゲイバーは、多くのユダヤ系アメリカ人にとってのイスラエルのようなものだ。祖国があるのは嬉しいが、そこに住みたいとはあまり思わない。

でも、ソーガタックを選ぶ決め手となったのは、僕の母親の肺だった。

D・Jが癇癪を起こしてから半年後、母は前回シアトルに滞在中に始まったさまざまな症状についての最終的な診断を下された。しつこい咳がいつまでも治らず、息切れや喘息発作のような症状に悩まされていた。症状はスティンカーが家に来たクリスマスの日から始まっており、最初母はD・Jの犬へのアレルギー反応だと思っていた。でも自宅に戻った後も症状は何ヶ月も続き、母親は何人もの医師や専門医の門を叩いた。とうとう開胸肺生検を受けることになり、その結果突発性肺線維症と診断された。恐ろしげな病名なのは恐ろしい病気だからだ。治癒する見込みはなく、最近までは効果的な治療法もなかった。突発性肺線維症と診断された人の多くの余命はたったの五年。でも母親は診断されたのが早期だったため、試験的な薬物療法を受けることになった。癌ではないから、治療は一連の化学療法だ。薬は病気の進行を遅らせるだけで治療薬じゃないから、母は一生薬を飲み続けることになる。

診断が下ってから最初の数ヶ月間、母は飛行機の旅に不安を感じていた――機内の汚れた空気が肺に良いわけがないからだ。ソーガタックにすれば、彼女と義父は車で来て僕らと合流できる。今や母の命にも限りがあることがはっきりし、そうしょっちゅう会えないことも考えて、テリーと僕は、D・Jをおばあちゃんと過ごさせることは、彼を二人のゲイの父親をもつ他の子どもと過ごさせるのと同じくらい重要だという結論に達した。

で、他のゲイの父親たちは？　とても少なかった。プロヴィンスタウンのゲイファミリー・ウィークが、ソーガタックのゲイファミリー・ウィークよりもゲイの父親たちに人気なのは間違いない。ソーガタックに集まるのはミシガン州の小さな町で暮らすレズビアンの母親たちがほとんどだ。しかもプログラムの内容も僕たちには最悪だった。すべてのイベント――ビーチ・パーティ、ピザ・パーティ、アイスクリーム懇親会――が形式ばらないものだった。名札も紹介もなく、無理やり交流を促されることもない。社交的で外交的なタイプ――テリーも僕もそうじゃない――でなければ誰かと親しくなるのは難しく、だから僕らはほとんどの時間をファミリーキャンプ場で僕の母親や義理の父親と過ごしていた。時折、キャンプに来ている他の客たちが、ご両親を呼ぶなんて素晴らしいと声をかけてくることはあったが、たいてい会話がそれ以上広がることはなかった。それでも、D・Jは子どもをもつ同性同士の親を自分の目で見ることができた――その中には二人の息子を育てる男同士のカップルもいたが、息子の一人はD・Jの遊び友だちとしては大きすぎ、もう一人は幼すぎた。

でもソーガタックをとても気に入ったのは、翌年もまたそこを訪れた理由は、実はゲイのファミリーキャンプじゃなかった。サヴェージ一族のファミリーキャンプができそうだったからだ。一年目にソーガタックで家族と過ごしたのが楽しかったから、もっと長い期間、もっと大勢の親戚が集まればもっと楽しいにちがいないと考えた。そこで二年目はさらに大きな家を二週間借りて、僕の母と義理の父だけでなく、僕の兄弟三人全員とそのパートナーと子どもたちもミシガン州に呼び寄せた。長兄のビリーとガールフレンドのケリーが来ることになり、次の兄のエディと妻のマイキー、その幼い息子のデルシン、そしてエディの最初の妻との息子で十五歳になるマーズも一緒だった。妹とローラと同棲中のボーイフレンドのジョー、それに二人の息子で二歳のコーディも来ることになった。全員が泊まれるようにソーガタックの「丘の上」のヴィクトリア朝様式の家を借り、そこはカフェやレストランやバーなんかが集まる街のこぢんまりしたメインストリートまで歩ける距離だった。

ソーガタックに親族全員を招待したことには、たんなる家族の再会以上の意味があった。この年のミシガンでの休暇は、D・Jに僕ら以外のゲイやレズビアンの両親を見せる機会となるだけでなく、おそらく異性愛者の大人となるだろう彼に、そのとき選択できるあらゆる家族の形を見せる機会ともなりそうだった。その二週間、僕らはソーガタックのその家を、ストレートのアメリカ人が築きうるさまざまな男女の関わり方を示す生きたジオラマに変えようとしていた。中年になって再婚した夫婦が一組（母とジェリーだ）、再婚同士の複合家族が一組（エディとマイキー）、結婚せず同棲もしていない子どものいない異性愛のカップルが一組（ビリーとケリー）、そして結婚はしていないが同棲していて、血のつながった子どもが一人いる異性愛のカップルが一組（ローラとジョー）。

自分が六歳のときは離婚なんて聞いたことがなかったし、まして同棲や複合家族、私生児なんて言葉は知るはずもなかった。ついでに言えば、同性カップルという言葉も聞いたことがなかった。はたしてD・Jはこれをどう受け止めるだろう。

第4章
一つ屋根の下

「タトゥー？」

母親と義父は、僕たちより半日早く夏の貸別荘に到着していた。僕らの車がそのばかでかいヴィクトリア朝風の家に着いたときには、二人はすでに貸別荘業者に電話して、温水浴槽のお湯が冷たいことやキッチンの汚れ、それにエアコンが壊れていることへの苦情を伝えていた。家は広く――ガタがきているとはいえ、寝室が五つとバスルームが二つあった――親類縁者全員が二週間快適に過ごせそうで、それが重要だった。でも最初の夜は、D・Jとその両親である僕たち、そしておじいちゃんおばあちゃんだけで過ごすことにしていた。そして母の二度目の夫であり、結婚してサヴェージの一族となった男の中で唯一手先が器用なジェリーのおかげで、D・Jは別荘に着くなり、すぐに温かくなる温水浴槽でバシャバシャやり始めた。おかげでテリーと僕はもっと重要なことに集中できた――荷物を開けることやベッドルームを調べること、そしてマルガリータを作ることなんかに。

テリーが一個目のライムを薄切りにし終わらないうちに母親が、あなたたちはいつ結婚するのと尋ねた。彼女の冗談――というていのものだ。テリーはいつもの返事を返した。母親が前にも聞いたことがある答えを。「結婚はしませんよ、ジュディ。ストレートのまねはしたくないんで」。すぐに、キッチンカウンターを挟んだテリーと母親の、まるでプロテニスプレイヤーのカップルがネットを挟んで気楽にボールを打ち合っているかのような、下稽古を十分積んだセリフの応酬が始まった。母は優しく微笑みながら、ストレートの人たちは結婚制度ができるずっと前から子どもを育ててきたのよとテリーに念押しした。

「人は森に棲むサルだった頃から赤ん坊を育ててきたんだから」と母は言った。「それに比べると、結婚の慣習はごく最近できたものなの」

「てことは、僕らのサルっぽい甘い関係は、思っていた以上に伝統的なものなんですね」と返しながらテリーはマルガリータを母親に手渡した。明らかに話題を変えたがっている様子で、ミシガン州のマルガリータ・ミックス〔テキーラと混ぜてマルガリータ様のカクテルを作るためのジュース〕はばか高い、と文句を言い始めた。この町に来る途中で買ったマルガリータ・ミックスは二瓶で三十ドルだった。シアトルでは、一瓶四ドルだというのに。

「夏の休暇で客が大勢来るのを当て込んでるんだろう」とテリーが言った。「カクテル・ミックスを高値で売りつけるつもりなんだ」

僕も流れに乗ってビールの値段について私見を述べるか、もう少し論争になりにくい話題、たとえば医師の力を借りた自殺や幹細胞研究、または異性愛者である僕の妹が、同棲中の、二歳になる彼女の息子の父親でもある男といまだに結婚していないという事実へと話を逸らすべきだった。でも僕は長時間の車の旅で疲れていたし、モンタナ州ビリングスでプードルを散歩させたことによるＰＴＳＤからまだ抜け切れていなかった。来るべき僕らの十周年の記念にタトゥーを入れようと思っている、と母親に告げてしまった言い訳として、僕が思いつくのはせいぜいこれくらいだ。

「タトゥーって？」と母は言った。「どんなタトゥー？　どこに入れるの？」

「今考えてるのは、テリーの腕に〝ダン・サヴェージのもの〟、僕の腕に〝テリー・ミラーのもの〟と入れる案なんだ」

僕は愛想笑いをした。

母はうなずいた。

テリーが僕を蹴ったが、カウンターの向こう側にいる母親からは、この家庭内暴力を目撃することはできなかった。母は顔に薄笑いとしかめっつらの入り混じった表情を貼りつけたまま、ゆっくりとうなずき続けた。これは、子どもたちが成人して以来、彼女が戦略的に採用している表情だ。もはや子どもたちにどうしろと命ずることはできないが、この表情によっていくばくかの威厳を保つことはできた――あるいは支配しているという幻想を。

「タトゥーとは素敵な思いつきね」と母は言うと手にしたマルガリータを素早くすすった。「お兄ちゃんのタトゥーはとても役立ったものねえ」

一本、試合終了。

母親の三人の息子のうち、三十代になってもタトゥーを入れていないのは唯一僕だけだった。長兄のビリーはシカゴ・カブスのロゴのタトゥーを左肩に入れていた（右腕よりも心臓に近いから、と兄は言う）。次の兄のエディは五つのタトゥーを入れていて――今なお増え続けている。でも母が言っているのがどちらの兄のどのタトゥーのことなのかはよくわかっている。米国空軍に入隊する直前の、ティナという女性と出会って結婚するその少し前に、エディはジェニーという名のタトゥーを腕に入れた。ジェニーはたったの十六歳で、歌にもあるとおり恋をするには若すぎた〔ロックバンド、モトリー・クルーの『Too Young to Fall in Love』〕。当時エディは二十一歳だったがジェニーの両親は二人の恋を許した。娘のそれまでのボーイフレンドとは違って、エディは町の不良グループの一員じゃなかったから。真面目なカトリック教徒の家の息子で逮捕歴もなく、父親は元刑事だ。でもタトゥー——バラとハート、それに巻物に書かれた彼女の名——は、愛の証《しるし》としては結局早すぎる、軽率なものとなった。基礎訓練キャンプ中のエディのもとにジェニーから手紙が届いた。他に好きな人ができたと書かれていた。

静かにマルガリータをすすっている母は、エディの「ジェニー」のタトゥーの話を持ち出したとき、自分が何をしているのかはっきりわかっていた。僕たち、つまり僕と母親は縁起担ぎという共通の遺伝子を持ち合わせている。母親のほうが明らかにカトリック教的だったが。人生がうまくいっているとき、すべてが順調に見えるとき、僕たちが考える正しい受け止め方は、感謝し、その幸運がずっと続くと期待しているそぶりは一切見せないことだ。これはいわば、身を守るためのへつらいだ。良きカトリック教徒は思い上がらない。物事がこの先もずっと自分にとって喜ばしいように進むと期待したその瞬間に——自分は与えられた幸運を受け取るにふさわしい人間だと考え始めた途端に——神はすべての旧約聖書をあなたのケツに叩きつけ、悪意に満ちた何かを、とんでもないことを、あなたがまったく望んでいないことをする。できものを与え、悪魔に頼んであなたの子どもたちや家畜を殺させ、オハイオ州をジョージ・W・ブッシュに差し出す。

善良でリベラルなカトリック教徒である母は、長生きしていつか女性聖職者の叙任を祝いたいと考えている。あの邪悪で血塗られた、イタリアブランドのカトリック信仰は彼女の好みじゃない。最悪を予測し、最善を祈りながらも、なんとか明るさと陽気さを保っている。そしてこれまでのところ、その方法は功を奏している。彼女は四人の子どもを授かり、僕らは全員まだ生きている。そしてそれは、子どもたち全員が死んでしまう数え切れないほどのシナリオの妄想に、これまで大量の時間をつぎ込んできたからだと、母は信じている。母親は、子どもたちが生きながらえると図々しく考えないように気をつけていて、子どもたちにも同じように考えるよう勧めている。神の存在を信じている二人の子どもには、最悪を予測して最善を祈りなさいと教えている。神の存在を信じない二人の子どもにも、最悪を予測して最善を祈りなさいと言う。母親は「思い上がらない」し、僕らもそうするべきじゃない、と母親は言う。そんなことをしたら至高の社会病質者を怒らせてしまう。

つまり母親の考えでは、僕らの「素敵なゲイの恋」の記念にお揃いのタトゥーを入れることは、エディの「ジェニー」のタトゥー同様、最高に思い上がった行為となる。ビリーのカブスのタトゥーは問題ない。タトゥーを入れたというだけで、カブスが永遠にワールドシリーズで優勝できなくなったとしても、ビリーはずっとカブスのファンであり続けるだろうから。エディは、最初の結婚で授かった息子の名――マーズ――のタトゥーを腕に入れているがそれもセーフだ。エディがずっとマーズの父親であることは変わらない事実だから。この世には、執念深い神にさえ変えられないこともある。でも、ボーイフレンドの名――あるいはガールフレンドの名――のタトゥーを腕に入れることについては？　神はそれに対して何らかの行動を起こせるし、起こそうとするにちがいない。そうせずにはいられないだろう。神がエディとジェニーの恋に介入してめちゃくちゃにしたように、もしも僕らがお揃いのタトゥーを入れるという厚かましいまねをすれば、神はダンとテリーの仲に介入し、めちゃくちゃにしてしまうだろう。

優れたコミュニケーション能力の持ち主である僕の母親は、居間のソファへと歩きながらマルガリータのグラスを数回ゆすって見せる動作一つで、これらすべてを僕らに伝えた。

僕は、結婚するほうがタトゥーを入れるよりずっと思い上がった行為に見えると反論し、その理由を次々と挙げていった。別れてしまったゲイのカップルは大勢いる、と僕は言った。素敵なゲイの恋について大騒ぎした挙句に破綻した有名なゲイのカップルがたくさんいるじゃないか。異性愛のカップルだって大勢離婚してるだろ！　エディの最初の結婚もそうだ、と僕は母に言った。母さんの今の旦那の最初の結婚も、母さんの最初の結婚だって。

「今言った全部についてよく考えてから、結婚は思い上がった行為じゃない、結婚にリスクはない、と言ってくれ」、と僕は責めた。「結婚はタトゥーより危険な行為だよ」

「そうね、ダニー。たしかに結婚は危険な賭けだわ」と母は答えた。「でもタトゥーとは違って結婚指輪は外せる。もちろん外す前提じゃないけど外すことはできる。それに結婚指輪を外せば心の傷は残るだろうけど、タトゥーを取り除いたり隠したりすると目に見える傷が残る。破れた恋を永遠に思い出させるものがね。前の夫なら会わないようにできるし、そうしたら忘れてしまえる。でもタトゥーは自分がいかに間抜けだったかを目の前に突きつける証拠なの。兄さんに聞いてみるといいわ」

「でも僕たちは別れない」と僕は感情的になって反論した。「どうしてタトゥーがだめなの？」

「どうしてもっと大人になって自分たちの息子のことを考えてやらないの？」母はそう言うとハンドバッグに手を伸ばした。封筒を引っ張り出し、中から新聞の切り抜きを取り出した。母はいつもはさみを片手に新聞を読み、子どもたちに関係がありそうだったり、興味を引きそうだったり、恐怖を与えそうだったりする記事を切り抜き、その切り抜きを、差出人欄に「マッド・クリッパー《切り抜き魔》」とだけ書いた封筒に入れて僕たちに送りつけてくる。

「これ読んだ？」と母は尋ね、こちらが答える間もなく記事の内容を読み上げ始めた。「この訴訟でわれわれは、民事婚とそれに伴う保護制度をまったく享受できない相当数の子どもをもつ両親の問題に直面している」。これはマサチューセッツ州最高裁の言葉で、傍点をつけたのは母だ。

「まさにあなたたち二人のことよ！」と言いながら、母は嬉しそうに切り抜きを振ってみせた。

ここでちょっと母の車のことを話しておきたい。抽象的な言い方をすると、彼女の車は僕らの車よりずっとゲイっぽい。リアウィンドウにはレインボーステッカー〔LGBTであることの表明やそれへの支持を意味する〕が、バンパーにはレズビアンとゲイの親・家族・友人の会（PFLAG）のステッカーが貼られている。母は、義父と暮らすまだ自治体組織になっていないイリノイ州マッケンリー郡で、ゲイの可視化のために彼女にできることをしようと心に決めている。去年の夏には、ピックアップトラックに乗った二人の田舎者が、六十代の母とその夫をゲイのカップルだと勘違いし、「ファゴット！」叫びながら車を追い回して道路から追い出そうとした。この体験の後、母は自分には僕らの結婚式で泣く権利があると考えるようになった。

テリーはマルガリータのピッチャーを手に取り、僕の母の後ろを横切りながら目を大きく見開いてみせた。「おいおい、きみの母さんは今回の滞在では早くもいつになく語気が荒いぞ」とその顔は言っていた。そしてそのとおりだった。いつもの母なら、命令口調は夜更けのトランプゲームまで温存している。今回の滞在は、明らかに違うものになりそうだった。母には考えがあった。

「『国が、その子の両親の性的指向を認めないという理由でその子どもから国の福祉を受ける機会を奪い、彼らに不利益を与えることは、我が国の法律では、理にかなったことではなく』と母はさらに読み続けた。『そして実際許されてもいない』」

「その最高裁に祝福あれ」とテリー。

「あなたたち二人も、結婚に気が進まないという理由でD・Jに〝不利益を与える〟べきじゃないわ」と母は言った。「あなたのお父さんとわたしは、二十三年の結婚生活の末に離婚したけれど、でもねダニエル、あなたが子どものときには国の福祉と結婚がもたらす安心感を享受してたのよ」

「僕らが暮らす州ではそもそも僕らはなんの権利も認められていないんです」とテリーが指摘した。「だからたとえ結婚しても、子どもは不利益を被り続けることになる」

「不運を呼び込むだけだよ、母さん」と僕も加勢した。「結婚なんて縁起が悪いだけで、利益は一つもないんだ」

「だったら差別のない州に引っ越すべきだわね」と母。「さもなけりゃ、今の州に留まって結婚し、世の中がよりよく変わる手助けをなさい。たとえ今は、象徴的な行動でしかなくても。それでもD・Jは安心感を得られるんだし」

そのD・Jが僕らの結婚に断固反対している、という事実を持ち出そうとしたとき、ちょうどジェリーとD・Jがデッキから入ってきた。テリーが立ち上がり新しいマルガリータを作るためにカウンターに向かった。再度話題を変えようとして、テリーはまたミシガン州のマルガリータ・ミックスがどれだけ高いかを愚痴り始めた。普段のテリーは、クレジットカードの支払い額がどんなに嵩もうと気にしないが、なんとか話を逸らそうと必死だったのだ。一本十五ドルのマルガリータ・ミックスがもう二本目だ。この分では、とテリーは指摘した。マルガリータ・ミックスが今回の旅行における唯一最大の出費になるだろう。

テリーが僕の母のグラスにもう一杯マルガリータを注いでいたとき、タオルにくるまったD・Jが気持ちよさそうにおばあちゃんに寄り添った。ドリンクミックスが高すぎるとテリーが文句を垂れるのを聞いていた義理の父親が、ゴミ箱から空になったドリンクミックスの瓶を拾い上げた。眼鏡越しにラベルの文字を確かめると、ジェリーはすぐに高値の謎を解き明かした。

「こいつはマルガリータ・ミックスじゃない」と言うとジェリーはケラケラ笑った。「こいつはマルガリータだよ、テリー。すでにテキーラが入ってるんだ」

テリーは慌ててジェリーから瓶を奪い取るとラベルを読んだ。そして口をあんぐり開けた。どうりで、母が勢いづいていたわけだ。テリーが母親のために作っていたのはダブルのマルガリータで――つまり普通の四倍か、いつものテリーのカクテルの作り方を考えれば、おそらくはもっと濃いマルガリータだったということになる。

「やっちまった。ジュディ、ほんとにごめんなさい」と言いながらテリーは母親の顔をのぞき込んだ。片手にマルガリータの瓶を持ち、もう片方の手を自分の胸に押しつけながら。

そんなに酒の強くない僕の母は、笑いながら首を振った。グラスを持ち上げ――その午後三杯目の四倍の濃さのマルガリータだ――乾杯の形に掲げて「ごきげんよう」と言った。

「あなたたちが来る前に二つおもしろいことがあったのよ」母はソーセージと焼きとうもろこしの皿を回す子どもたちや孫たちに言った。「一つ目は、昨日テリーが最愛の母親を酔いつぶれさせようとした。二つ目は、ダンとテリーがお互いの身体に相手の名のタトゥーを入れようと思ってると言い出したの」

「どこに？」ローラが息子のコーディのためにポークソーセージを切ってやりながら尋ねた。

「腕さ」と僕が答えた。「テリーの腕には〝ダン・サヴェージのもの〟、僕のには〝テリー・ミラーのもの〟と入れる」

「ほっとしたよ」とビリーが口を挟んだ。「母さんは、お前たちがおでこにタトゥーを入れようとしてるかのような口ぶりだったから」

「やめとけ」とエディが自分のジェニーのタトゥーを指差しながら言った。エディは何年か前に、ジェニーの名を隠すために帯状につながる黒いハートのタトゥーを入れていたが、今でも名前は読み取れた。

「つき合って十年の記念に何かしたいんだ」とテリーが反論を試みた。「それでタトゥーを考えた。タトゥーのどこが悪いんです？」

「結婚のどこが嫌なんだ？」。この時、僕らを結婚させたがっていたのは母親ではなく兄のエディで、彼は兄弟の中で唯一結婚の経験があった。

「俺はこう思う」とエディ。「スコップと穴を掘れる土地があれば、配偶者を始末することはできる。でもタトゥーは永遠に消えない」

マイキーがホットドッグパンをちぎって夫の頭に投げつけた。

「深く掘ってね」とビリーのガールフレンドのケリーが言った。「焦ると墓穴が浅くなっちゃうから。墓穴が浅いと犬に掘りかえされたり、ハイキング客が足を踏みこんだり、腐乱した死体が飛び出したりするのよ」。ケリーは、シカゴに越して来る前にアイオワ州の日刊紙の編集の仕事をしていて、アメリカの中部地域《ハートランド》と呼ばれるその地で暮らしていたときに、配偶者の処分法についていくつか学んだのだ〔保守的で伝統的な価値観が支配的な地域として知られ、アイオワ州は離婚率が低い〕。

「アイオワの生活の知恵は他にもある？」とエディが尋ねた。

「バーで出会う殺し屋は全員デカよ」とケリーが答えた。

「タトゥーがどうしていけないんだい？」とビリーが母親に質問した。「入れたほうが一人前の男らしく見えるよ」

「でも兄さんたちには効果なしじゃない」とローラがビリーとエディのほうをフォークで指しながら言った。

「誰々のもの？　ぞっとするわ」と母が言った。「テリーはダニーのものじゃないし、ダニーもテリーのものじゃない。二人はお互いの奴隷じゃないんだから」

「時にはそんなこともあるんじゃない？」とビリーが僕のほうに視線を送ってきた。

十五歳のマーズがコールスローを食べながらニヤついた。

「ウィリアム」と母が兄のビリーを睨みつけた。

「ジェリー・フォルウェル牧師は他人の人生を代理経験することを必要としてる」とビリーが言った。「ゲイが品行方正になって変態的なセックスをするのをやめたら、誰がフォルウェルの欲求を満たせると思う？」

「頼むから、そういう話は、小さな子たちやティーンエイジャーがいないところでしてちょうだい」と母が割り込んだ。そしてその場の全員に、僕たちが結婚しない理由を手短に伝えた。エディとローラは僕の理由、つまり縁起担ぎについてはわかると言ったが、母がテリーが結婚を渋る理由を持ち出すと、ビリーが不服の声を上げた。

「僕だって〝ストレート〟らしいまねをしたいと思ったことは一度もないぞ」とビリーはテリーに言った。「そして僕がうまくやれている秘訣を教えようか？　〝ストレート〟らしいまねをしてないことだ。つまり、子どもをもたず、一緒に暮らさず、昔ながらの性別役割も守っていない」

僕の家族が僕らの結婚や肌に刻む愛の証について議論している間、テリーは笑顔で食事を続けていた。テリーが怒っているかどうかはわからなかった。テリーの家では、個人的な決断が食事中に家族会議にかけられることはなかった。夕食の席で、他人のセックス・ライフが笑いぐさにされることは決してなく、兄弟が気軽にけなし合うことも、妻が夫にホットドッグパンのかけらを投げつけることもなかった。僕はテリーが焼きとうもろこしを食べる姿を観察していた――ふだんのテリーは、彼の他のこだわりが健全なものに見えてくるほどの、意固地なまでの几帳面さでとうもろこしを食べる。一すじずつ順に食べていき、入念に穂軸をきれいにしていく——でも彼は僕の頭上のどこか一点をずっと見つめたままだった。

「大丈夫?」と言いながら僕はテリーの腕に触れた。

途端に部屋が静まり返った。全員が向き直ってテリーを見た。サヴェージ一族はついにやりすぎてしまったのか?

「この家《うち》の騒がしい面々とはもう十年来のつき合いだ」とテリーが答えた。「もう慣れてるよ。むしろ気の毒なのはマイキーだ」

その我が家の騒がしい面々が僕は昔は苦手だった。

シカゴで育った少年時代、どこへ行っても血縁や結婚によってつながった親族に出くわした。今なら、シカゴのような大都会で暮らしていながら、行く先々で自分と同じDNAをもつ誰かに出くわすことに一種のおもしろさも感じられる。でもティーンエイジャーのときはそうはいかなかった。十五歳のときに自分はゲイだと気づいたが、家族に打ち明ける勇気はなかった。一方で町のゲイがたむろする場所に出かけたい気はあった。でもそこらじゅうにいるとんでもなく大勢のサヴェージたちが——それにシュナイダーたちやホラハンたち、ヒルトたちも——問題だった。ゲイのたむろする地区をふらふら歩いている姿を、バスに乗車中の親類の誰かに目撃されるかもしれなかった。こっそりゲイバーに入れたとしても、こそこそ出てくるところを叔父が見ているかもしれない。本屋のゲイコーナーに立っているところを、祖母やいとこ、叔母や甥、あるいは叔父——最悪の場合は!——両親に見られるかもしれなかった。なんの呵責もなくゲイでいられるための唯一の道は、とホルモンづけのイラついた僕の脳は考えた。家族から人間の力で可能な限り遠くへ離れることだ、と。

もちろん、十五歳の子どもはみなそう考える。でも僕の想いは人一倍強かったと思う。その当時は、カトリック教徒である自分の大家族にカミングアウトするという選択肢は考えられなかった。そんなことをしたら間違いなくホットドッグパンではなくゲンコツで殴られ、勘当されると思っていた。逃げ出したいという僕の衝動はまったく理にかなったもので、思春期の過剰反応なんかじゃなかった。僕は逃げなければならなかった。そして、ただ脅すだけの多くのストレートの子どもたちとは違って、実際に逃げたという事実が、当時の自分の状況を僕がいかに緊急事態だと捉えていたかをはっきりと示している。他の兄弟は三人ともシカゴの大学に進学したが僕だけは自宅から何百マイルも離れたイリノイ州南部の大学に進んだ。そのあとさらにケンタッキー州、ヴァージニア州、イギリス、ドイツ、ウィンスコンシン州へと逃れ、シアトルに落ち着いた。家族から遠く離れて暮らすことでようやく、親類縁者がうじゃうじゃいる町では決してできなかったこと（おしゃれ、薬、女装）をし、行けなかった場所（ゲイバー、クラブ、パーティ）へ行くことを自分に許すことができた。

ところが皮肉にも、僕は大学に通うために家を離れる前に家族にカミングアウトし、最初の夏はギクシャクしたものの、その後はみな進んで僕を支えてくれるようになった。だから逃げる必要はなかった。シカゴにいても好きなだけめかし込んだり、薬をやったり、女装を楽しんだりできたはずだった。ところが逃げる必要はなくなっても、逃げたいという強い思いは残った。隠れホモとして過ごした年月——だいたい十二歳から十八歳まで——の間に、僕は両親や兄弟、祖父母、叔母、叔父、そしていとこたちの姿を見るだけで、見破られて拒絶されるのではないかという、苛まれるような不安を感じるようになっていた。あまりにも長い間、この町からさっさと逃げ出しさえすれば自由になれると思い込んでいたせいで、それは自己達成的予言となった。逃げ出したあとも、その思いは消えなかった。大人になってからも、休暇で故郷に帰るとたいていいつも一日か二日で落ち着かなくなり、ベルリンやマディソン、あるいはシアトルでの自分の生活に戻りたくてたまらなくなった。

ところがある日、逃げ出したいという衝動が消えてなくなった。

D・Jが十八ヶ月を迎えた夏のことだ。僕たちは妹のアパートに一週間滞在していて、妹のバスルームの便器に座っていたときに目の前の壁に掛けられた額縁つきのポスターが目に入った。「人生に必要なことはすべて守護天使から学んだ」とそこには書かれていた。「寂しいときはいつも、とびきり素敵な天使がお茶をしにやってきます」「人を受け入れる心のゆとりを持ちましょう。そうすれば天使たちも訪れやすくなります」「結局のところ、わたしたちはみな訓練中の天使なのです」。トイレの中の僕と仲良くしてくれる天使は、ポスターに描かれたケルビムだけじゃなかった——羽根つきの虫がたくさんいた。陶器の天使、石鹸でできた天使、刺繍の天使、ステンドグラスの天使、天使の形の常夜灯、天使が描かれたボックスティッシュ、まだまだあった。便器に腰掛けながら、僕は重度の遂行不安の症状を発症した。神々しい天使たちに見守られながら糞を垂れるのは簡単なことじゃなかった。

そのトイレから出た直後に、これまでの衝動が消えてなくなっているのに気づいた。ふーむ……

十二歳から三十三歳までの僕なら、妹の家のトイレで天使たちと顔を突き合わせ、糞を垂れようとしている最中に安っぽい感傷とグリーティングカード流のスピリチュアルなきれいごとをたっぷり浴びせられたら空港まで全力疾走していたことだろう。「僕は彼らとは違う！」と僕の頭の中の十代の隠れホモは叫んだことだろう。でもその数日後、車に乗り込み空港へ向かっていたときに、僕はテリーにシカゴで家族ともっと過ごしたいと言った。いつかシカゴにずっと帰れる日が来るだろうか、とさえ考えた。僕にとって家族はもはや脅威ではなくなり、彼らの突飛な振る舞いも当惑させられるものではなく、魅力に感じられるようになっていた。

テリーは笑みを浮かべて僕の足を軽く叩いた。

「そんな日はこないよ、ハニー」とテリーは言った。「夏の休暇をシカゴで過ごす。それはいい。でも冬をシカゴでだって？　それは約束してない」

ソーガタックでの二週間に、D・Jが熱愛される孫から伯父叔母を熱愛する甥へ、また従順な年下のいとこから偉そうないとこへと変身を繰り返す様子を観察していると、おなじみの感情が忍び寄ってきた。罪の意識だ。ソーガタックでの休暇に兄弟を招待することによって、僕は六歳のD・Jの前に、僕が彼と同じ年だった頃の「家族の暮らし」がどんなふうだったかを再現して見せた。三世代にわたるD・Jの家族が一つ屋根の下に集まり、同じ家で、十四人が二つのバスルームを分け合う暮らしをした。

毎夜全員でダイニングテーブルを囲む光景を見て一番はっとさせられたのは、D・Jの前に開陳された賑やかなモザイク画――一夫多妻以外のすべてのカップルの形の選択肢がそこにはあった――ではなく集まった人数の多さだった。ヴァション島の自宅では、夕食のテーブルを囲むのは僕たち三人だけだ。ソーガタックでは、十四人が夕食のテーブルにつく。そしてこの十四日間、D・Jがどこへ行こうと――居間、バスルーム、キッチン、玄関ポーチ、庭、ソーガタックのダウンタウン――少なくとも一人の親戚とは間違いなく出くわすことになった。そしてD・Jが一人の伯父から別の伯父へと水を切って飛ぶ石のように渡り歩くのを見ていると、D・Jと同じ年頃の自分を見ている気がした。

僕が子どもの頃、叔父たちや叔母たち、祖父母は僕の日常の中にいた。二〇〇四年の二週間の夏の休暇の間、D・Jの毎日の生活の中に伯母・叔母たちや伯父たち、いとこたち、そして祖父母がずっと存在していたように。一九一八年、僕の曽祖父母のジェームズとマーガレットのホラハン夫妻は、シカゴ北部のアイルランド系カトリックが暮らす地区、ロジャーズ・パークのグレンウッド・アヴェニュー、六四三三番地にツーフラット住宅を購入し、六千ドルを支払った。シカゴ以外の街の住人にとっては、ツーフラット住宅とは一階と二階がそれぞれアパートになった、平屋根のレンガ造りの建物にすぎない。でもシカゴの住人にとっては、ニューヨーク市の住人にとってのブラウンストーンを全面に使った住居〔米国東部の都市で裕福な人々が住む家〕であり、サンフランシスコの住人にとってのヴィクトリア朝風の建物に等しい。つまり快適で伝統的な建物であり、昔は手の届くものだった。二つのアパートにはそれぞれベッドルームが三つとバスルームが一つあり、裏手には屋根と窓で覆われたポーチが、表にはサンルームがあった。表側には二つのアパートをつなぐ階段がついていたが、実際に誰かが使っているのを見た覚えがない。みんな裏側の階段で行き来していた。夏には裏のポーチで過ごした。当時は、六歳の子どもが角の店までたった一人でお遣いに行く時代で、両親にタバコを買いに行かされることさえよくあった。

曽祖父母が六四三三番地のアパートの二階に越してきたとき、彼らには六人の子どもがいた。そこに住んでいる間にさらに二人の子どもが生まれた。階下のアパートは八人の子どもを持つカトリック教徒の一家に貸していた。今自宅で計算している読者のために言っておくと、つまり一九二〇年代から一九三〇年代にかけて、六つの寝室と二つのバスルームを、四人の大人と十六人の子どもで分け合って暮らしていたということだ。一九五〇年代の初めに、ジェームズとマーガレットの娘の一人——僕の祖母にあたるマリジョー——が夫のエドとともに一階のアパートに引っ越してきた。マリジョーが生まれ育った家に戻ってきたときには、すでに二人子どもがいて——僕の母親であるジュディと母の弟のウォルター——その後六四三三番地で暮らす間にあと四人の子どもを持つことになる。ジョーイとジミー、ペギー、そしてジェリーだ。つまり僕の母が六四三三番地で過ごした少女時代、階上には母の祖父母が暮らしていた。やがて祖父母のジェームズとマーガレットは近くのエッジウォーター・ビーチ・アパートメントに部屋を買い、八人の子どもたちのなかで一人だけ結婚しておらず修道会にも入っていなかったケイティを連れてそちらへ引っ越した。空き家になった二階に、母の叔父の一人が六人の子どもを連れて越してきた。またもや指折り数えている人のために言っておこう。かくして十二人の子どもと四人の大人が、寝室が六つとバスルームが二つの家にひしめき合うことになった。刑務所でも混み合いすぎだと判断されるだろう。

大人になった若い頃の母は、六四三三番地を出るとき、二度と戻ってこないと自分に誓った。二十年前に母の母のマリジョーがアパートを出て行くときに誓ったのと同じ言葉だ。ところが一九六〇年代の終わり頃、僕の両親はイリノイ州のスコーキーという、シカゴの市に隣接する郊外で暮らしていた。僕の父はシカゴ市警察に勤務することを志望しており、それには市内居住要件があり、採用された父はすぐさまシカゴ市内にアパートを探さねばならなかった。ちょうど六四三三番地のアパートの二階が空いていて、両親は四人の子どもを連れてそこに移り住んだ。母の両親はまだ下の兄弟たちと一緒に一階に住んでいた。今の時代の基準で言えば、子どもが四人いれば大家族かもしれない。でも過去二代のホラハン一族に言わせるとそれは小さな家族だった。七十年間、うちの一族がグレンウッド通り六四三三番地にそのアパートを所有してきた歴史の中で、僕の家族がそこで暮らした一番少人数の家族であり、僕たちがそこの空間を広々と使っていることは――このアパートに「たったの」六人しかいないなんて、と大叔母たちはよく驚嘆したものだ――兄弟三、四人で寝室を共有して育った叔父や叔母たちの目には、退廃そのものに映った。

小さな子は誰でもそうだが、僕も、みんな自分と同じように暮らしていると思っていた。子どもはみんなな、おじいちゃんおばあちゃんや叔母さん叔父さんたちと、一つ屋根の下で暮らしているものだと思っていた。四〇年代、五〇年代、六〇年代、七〇年代と六四三三番地で撮影された写真を見ていくと、どの写真でも、ぎっしりと並ぶ人々の数の多さに驚かされる。今のヴァション島の僕たちの家で撮った写真がスカスカに見える。どの写真にも二人しか写っていないからだ。テリーとD・Jが家の前でスケートボードで遊んでいる写真。僕とD・Jがキッチンの床の上でかぼちゃに模様を彫り込んでいるところ。スティンカーとD・Jがベランダのブランコに乗っている姿。六四三三番地で撮影された写真とヴァションの家で撮った写真を見比べていると、家族とこんなに遠く離れて暮らしていることに罪悪感を感じてしまう。でもD・Jにとってはこれが普通なのだ、と僕は自分に言い聞かせる。D・Jは子どもはみんな自分と同じように暮らしていると思っている。同じ年頃の僕がそうだったように。D・Jにとっては、祖父母や叔母、伯父たち、そしていとこたちと過ごす時間よりも、友だちと過ごす時間が多いのが当たり前なのだ。

「タトゥーのことは本気なのか?」

エディが僕の隣の砂の上にどさりと腰を下ろした。僕たちはソーガタックのオーヴァル・ビーチに来ていて、見渡す限り砂の丘とハコヤナギの木立が広がっていた。テリーが泳ぎに行っている間、マーズがD・Jを波にプカプカ浮かせてやっていた。エディのまだ幼い息子はパラソルの下で昼寝しており、マイキーはサンドウィッチを作りに家に戻っていた。

「俺の〝ジェニー〟のタトゥーを入れてくれたやつがなんて言ったか知ってるか?」とエディが尋ねた。

僕は首を横に振った。「バイク乗りで、デブのジョーって呼ばれてた男だったけど、そいつが俺の目を見てこう言った。『腕に女の名前を彫るのは間抜けなどあほ野郎だけだ』ってね。でもそのデブは、俺からちゃっかり金はふんだくった」

僕は笑った。

エディは両腕を頭の後ろで組んで仰向けに寝転んだ。

「お前は俺が知ってる中でもまっとうな人間の一人だ」とエディは言い、真面目な口調になった。「だからそんなお前までタトゥーを入れようと考えてると聞いて、ちょっとショックなんだ」

うちの家族についてエディが描いている物語の中では、僕は良い息子で、間違いなど一度も犯したことがなく、両親に一切面倒をかけなかった子どもだった。タトゥーはエディが僕に割り振った良い子の役柄にそぐわなかったのだ。僕だって間違いを犯したことはある、と僕は説明しようとした。十代と二十代をシカゴで過ごしたエディとは違って、僕は家族から遠く離れた場所で間違いを犯す幸運に恵まれた。その多くはロンドンでの出来事で、トラファルガー広場でしょっちゅう酔いつぶれていたし、それにベルリンでは、そう、そこでは、その、良い息子なら愛する母親に知らせて心配させるようなことは絶対にしない類のことをしていた、とだけ言っておこう。僕がしでかした間違いの大半を家族は知らないから、それらの間違いが、エディが犯した間違いがずっとエディに取り憑いているように、僕に取り憑くことはない。

エディの考えでは、英文学の教授であるビリーは賢い息子で、僕は思慮深い息子だ。そして彼自身は、タトゥーと、最初の結婚と、短期間の空軍勤務により、放蕩息子ということになる。でももちろん現実はもっと複雑だ。僕らは三人とも、それぞれが時によって賢く、思慮深く、そして放蕩者で、しかもみんな失敗してきた。それでもエディは、自分が過去にしでかしたのと同じ間違いを僕がしようとしていることが信じられずにいた。彼が思い描いている物語に合わないからだ。

「賢い兄ぶるのは柄じゃないが、この問題についてはそうさせてもらう」とエディは言った。「タトゥーはやめとけ。お前とテリーがずっとうまくいくことを俺も望んでるけど、先のことはわからない。だろ？」

エディは、別のいくつかのタトゥーを指差して言った。「タトゥーはクールだ」さらに続けた。「全部で五つ、いや六つ入れてる。でもな、消すことはできないんだ」

エディが「ジェニー」のタトゥーを入れるという間違いを犯したとき、大学生だった僕は家を離れていた。だからその日のことを教えてくれたら、僕も自分がしでかした間違いを一つ教えると言ってみた。

「じゃあお前からだ」とエディ。

僕は、ベルリンでの格別に悲惨な一日のことをかいつまんで話した。それはベルリンの壁が崩壊した直後のことで、そこには一人のドイツ人ともう一人のフランス系カナダ人がいて、何もないだだっ広いアパートの一室で、バンジーコード〔荷物を荷台に固定するのに使うゴムロープ。両端にフックがついている〕のようなものが使われた。常軌を逸した冒険やギョッとするほど愚かな行動について語る場合の常で、後からそのときのことを語ろうとするとどうしても自慢げに聞こえてしまう――なんとか生き延びた過去の愚かな失敗談が自慢の種になるのはどういうわけだろう？――僕はエディに、自分がやらかしたことや、バンジーコードによる焼けつくような痛みが消えるのに六ヶ月もかかったことを自慢しているわけではない、と念のためにつけ足さねばならなかった。

そして、僕が誰にも言わないと誓うと、今度はエディの番だった。

「家に帰ると、母さんが俺の腕の絆創膏を見てこう言った。『そこに〝ママ〟と書いてあるほうがまだましだわね』」エディは笑った。「みんなが俺を間抜けだと言い、それは正しかった。知ってのとおりさ。俺は間抜けだ。でも人を好きになってやったことだから、それを恥じちゃいない。後悔もしてない。あれは俺の人生のとても楽しかった時で、それを思い出させられるのは嬉しいことだ」

「まるで僕にタトゥーを勧めてるみたいだな」と僕は言った。「テリーはバンジーコード好きのドイツ人じゃない。でも彼との時間はとても楽しいんだ」

「永遠に、決して別れないなら、やれと勧めるさ」とエディ。「しかしそれはわからない。俺の〝ジェニー〟のタトゥーは若くて愚かだった自分の若い頃を思い出させる。そして若くて愚かなのはいいことだ。だがお前が〝テリー〟のタトゥーを入れて二人がうまくいかなくなったら、そのタトゥーは、人生のもっと分別があるべき時期に愚かなまねをしてしまったことを、思い出させるだけだ。もう四十近いんだろう？　俺の言いたいことわかるだろう？」

エディは、別のタトゥーを指差した——「マーズ」、上の息子の名が大きなハンマーの下に書かれていた。

「そのうちまたタトゥーを入れるつもりだ」とさらに続けた。「どこかに〝デルシン〟と入れる。お前も〝D・J〟のタトゥーにしたらどうだ？」

「で、どうして二人は結婚しないの？」

その夏の休暇中に、この質問がテリーと僕以外に向けられたのはこれが初めてだった。今回問い詰められたのはビリーで、ビリーは僕の結婚していない異性愛の兄弟二人のうちの一人だ。そして問い詰めたのは僕だった。

「いったいどうしてケリーと結婚しないの？」

「彼女と結婚しないのは、もしも彼女が結婚したがる女なら、こんなに長くつき合おうとは思わないからさ」とビリーは答えた。

「へえ、なんだか循環論法みたいだな」

「いや、まるで違う。循環論法じゃない。これは自己達成的な予言だ。そして僕にはそれが効く」とビリー。

その日はほとんどずっと雨降りで、母親とジェリーが孫たちをまとめて面倒見てやろうと言ってくれたおかげで、僕らは全員自由な午後を手に入れた。ケリーとテリーは車で一番近い大きな町まで食料品を買いに行った。デルシンに一晩中起こされていたエディとマイキーは昼寝をしていた。ローラとジョーは映画を観に出かけた。ビリーと僕は最初はゴロゴロして本を読んでいるつもりだったが、雷が小休止し——日が差してきて、湖から気持ちの良いそよ風が吹いてくると——自転車に飛び乗り、ソーガタックから一マイルも離れていないダグラスという小さな町のボウリング場に出かけた。まるで図ったかのようにうまくいった。自転車に鍵をかけた直後にふたたび雷と稲光が始まり、僕たちはボウリング場に閉じ込められた。嵐がやむまで、建物内のこぢんまりしたバーで時間をつぶすしかなかった。ときに人生はレモンを送ってよこし、その結果ビールにありつけることがある。

「じゃあ、兄さんとケリーが結婚しないのは良くて、それには母さんも文句を言わず、僕とテリーが同じように結婚しないのは良くないと言われるのはどういうわけだ？　兄さんとケリーも結婚してないのに、母さんが僕だけにうるさく結婚を勧めるのは公平とは思えない。それにローラとジョーのことは？」

「ローラについては」とビリーが答えた。「母さんはローラとジョーが結婚すべきだと強く思っておらず、だからせっつかないのさ。僕については結婚する気がないと母さんもようやくわかって諦めたんだ。お前とテリーが集中砲火を浴びせられているのは、二人は結婚すべきだと母さんが本気で信じているからだ。お前たちが、何を言っても無駄だと母さんに思わせられなかったのも一因だ」

「どうしたらそう思わせられるんだろう?」と僕は心に浮かんだままを口にした。

「ふん、僕の場合はやらなくてもいい手術だけで十分だった——精管切除だ。見も知らぬ人間に、陰嚢をメスで突き回させたのが効いた。人生最大の出費だったけどな」

ビリーが二人分のビールを注文した。手術の様子を思い浮かべた僕にはビールが必要だった。二人が一口ずつビールをすすったところで「じゃあ、結婚したくない理由を教えてよ」と僕が言った。「循環論法的自慰的自己達成的予言はもういいから。納得できる説明をしてくれ」

「結婚したくないのは、自分以外のたった一人の誰かによって自分の人生を申し分のないものにできるとは思わないからだ」とビリーが言った。「プラトンかそれ以前の時代の神話に、誰にでも失くしてしまった自分の半身があって、その半身が見つかったとき、人は残りの人生をその相手と、その相手とだけ過ごしたいと思うようになり、その相手がすべてだと思えるとかなんとかいうのがある。でも僕にはそうは思えない。自分の社会的、情緒的、身体的欲求が一人の人間によってすべて満たされるなんて信じられない。そしてケリーもそんなことは信じていない」

僕だってそんなこと信じてない、と僕は言った。テリーが僕の身体的、情緒的、社会的欲求をすべて満たしてくれると期待してないし、テリーも僕が彼の欲求をすべて満たすとは思っていない、と。「でも、たとえその半身の神話が真実じゃなくても」と僕は続けた。「本当に愛してるときはそんなふうに思える。僕は実際、テリーのことを自分の〝半身〟だと感じてる。そうでないことも、そんなものは存在しないこともわかっているけどね」

ビリーがビールをグイッと飲んだ。

「ああ、たしかに。そういう情緒的、身体的反応には何らかの根拠があるんだろう。そうでなきゃそんな神話が生まれるはずもない。僕が言う〝神話〟とは〝嘘〟という意味じゃない。神話は、ある文化が、自らのことを自らに説明するための物語だと思っている。しかしね、真実の愛というこの神話、自分の片割れの神話について言えば、結婚の契約と失くした片割れの神話がまったく同じものを指すようになったのは、ここ二百年ほどのことなんだ。古代ギリシャの人々にとっては、失くした半身はしばしば少年もしくは別の男性だった。でも男たちが少年と結婚することはなかった。当時の半身は恋愛対象であり、結婚イコール恋愛ではなかった。今より前の時代は、結婚は経済的な契約だったんだよ」

「僕らが生きているのは現代だ。お互いが相手にとってどういう存在であるかについて、現実離れした期待をせずに結婚できるなら」と僕は言った。「それこそ結婚すればいいじゃないか。兄さんとケリーは、お互い相手が自分の欲求を百パーセント満たしてくれると思ってないんだから、結婚生活を成功させる見込みはずっと高い。そう、自分の半身の神話を信じて夢心地で結婚生活を始めるカップルよりもね」

「納得いかない神話は他にもあるんだ」とビリーが答えた。「たとえば夫婦のベッド。生涯、毎日欠かさず結婚相手と同じベッドで眠り、それでも退屈したりうんざりしたりしないとされている。この正気の沙汰とは思えないライフスタイルの提唱者たちは、相手のことを知れば知るほど、長く一緒に暮らすようになり、心も身体も強い絆で結ばれるというだろう。ある種の人たちにとっては、たしかにそのとおりかもしれない。でもそれは万人の真実じゃない」

ビリーは、夫婦のベッドは必ずしもお互いをより深く知り合い、より深く愛することにはつながらない――退屈やけん怠にもつながりうると信じていた。その証拠として、離婚率や西欧文学の伝統を引き合いに出し、特に一九二〇年頃以降に書かれたイギリスやフランスの小説を例に挙げた。

「ケリーと僕は毎晩はベッドを共にしていないから――僕らは金曜日と土曜日、それにウィークデイの一日を一緒に過ごすことにしている――一緒にいるときはお互いを一番に考えられる。僕たちは両方が楽しめること以外は一緒にやらないことにしている――つまり僕は彼女をカブスの試合に引っ張っていかないし、彼女は僕をライヴミュージック・ファンにさせようとしない。ダブルデートもそれほどやらない。一緒に過ごす時間は特別な時間で、お決まりの日常じゃないからで、それが二人のセックス・ライフを素晴らしいものにしている。『ああ、またか。また夜が来て同じベッドで寝てる』なんてことにはならない。むしろこんなふうだ。『わお！ ついに土曜の夜がやってきて、僕らは今同じベッドにいる！』僕はこれを永久恋愛と呼んでいる。トロツキーの永久革命のもじりだ。僕らはお互いの存在を当たり前だと考えない。石に刻みつけられたものや、裁判所で宣誓されるお決まりの文句は一つもない。それが二人の時間を新鮮で楽しいものにしている。ベッドの中であれ、外であれ」

こういう状況だったら結婚する、ということはある？ とビリーに聞いてみた。

「宝くじが当たったら。ケリーは以前仕事が嫌だと言っていた――彼女が今やってる仕事のことじゃない、そもそも仕事をしなくちゃならないことがだ――そのとき、宝くじが当たったら面倒見てやると約束したんだ。彼女が金銭的に僕に頼っていると感じるのは嫌だと言ったから、結婚してさっさと離婚したらいいじゃないかと提案した。そうすれば金の半分は彼女のものになり、僕らの普通であって普通でない日常に戻ることができる」

二人でビールをもう一杯ずつ飲み、まだ雷が鳴り響いているので何ゲームか投げることにした。

「兄さんとケリーが三十年も四十年も続いた場合」と僕は自分が投げ終わって次は兄の番というときに尋ねた。「お互いの終末期医療についての判断の権利は誰がもつことになるんだろう？」

「兄弟たちは僕の愛する女性の意思を尊重してくれるはずだと確信しているよ」とビリーは言い、「むしろ心配なのはお前たちのほうだ。もしもお前とテリーが百歳まで生きたら、まだ生きているお前たちの〝法的な〟親族は、二人の関係を認めないガチガチのキリスト教徒の遠縁のいとこだけということもありうる。そしたら厄介なことになるかもしれん。でもケリーと僕の関係は〝正常〟の範囲内だ、結婚はしていなくてもな。僕たちが百歳まで生きた場合は、熱心なキリスト教徒の親族たちもおそらく彼女の意思を尊重してくれるだろう。そしてもし今、自転車に乗っているときにトラックに轢かれて生命維持装置につながられてしまった場合も、ケリーが生命維持装置のコンセントを抜こうと決めたら、肉親たちは僕のリヴィングウィル〔末期状態になったときに延命治療を行わず尊厳死を希望する意思を表明した文書〕とケリーの希望を尊重してくれると信じて疑わない」

「その場合は」と僕は口を挟んだ。「ケリーがそうしていいか尋ね終わる前に、兄弟の誰かが彼女より先に壁のコンセント目がけてダッシュするだろうね」

ビリーは声を上げて笑い、スペアを取り損ねた。

「コンセントを引き抜く権利をネットオークションに出したってかまわん」とビリーが言った。「とにかく金はケリーにやってくれ。臓器提供も頼む——ただし肝臓以外を。移植を受ける相手が気の毒だ——残りは火葬にして、開いた棺を囲む通夜も不要だ。遺灰はリグレーフィールド〔シカゴ北部の野球場。カブスの本拠地〕の外野の端に撒いてくれればいい」

ようやく雷が止み、ほろ酔い気分で自転車を止めた場所に向かった。

「なあ、僕がお前より先にゲイになるべきだったかもしれん」ビリーが、ヘルメットを着けグローブをはめながら言い出した。ビリーは自分の自転車にまたがり、僕も自分の自転車にまたがったまま、カラマズー川を見下ろす駐輪場の、雨の雫が滴り落ちる木の下で二人でしばらく話し続けた。「ゲイの男たちが恋愛に持ち込むいろいろな暗黙の了解はいいね。そんなふうに考えていれば自分ももっと気楽にデートできたのに、と思うよ」

ケリーというぴったりの相手を見つけるまで——と言っても、失くした半身でも唯一の相手でもなく、彼が出会えただろう何百万人ものぴったりの相手のうちの一人だ——ビリーはいくつかの山あり谷あり《ロッキーな》のデートを経験していた。ロッキー山脈に山や谷があるのと同じだ。

「たいていの女性は、現実的な結果につながることを期待してデートする。そして彼女たちにとっての現実的な結果とはただ一つ。結婚と子どもだ。つまり、結婚だけが唯一本物であり、恋愛の成功＝結婚ということだ」とビリーは言った。「結婚して子どもをもって片方がくたばるまで結婚したままでなければ、その二人の関係は失敗とされる」

ビリーが結婚に関心がないことを相手に伝えると、しばしば最初のデートが最後のデートとなった。「彼女たちの一番の関心は僕じゃなかった、彼女たちの関心はそれだった」。ゲイの男たちは自分たちの関係が結婚に行き着くとは期待していない——あるいはいなかった——から、ゲイの恋愛はそれ自体の価値によって判断された。「楽しければ、その恋は当たりで、楽しくなければ終わりにする」とビリー。「昔からお前たちゲイがそうだったように、ケリーと僕も自分たちの恋愛の先行きを話し合う必要がない。これが僕たちの愛で、二人ともそれを気に入っている「永久恋愛」。子どもも結婚もない。一緒にも住まない。それだけで十分価値があるんだ」

僕たちは別荘へ向けて自転車をこぎ出した。ちょっとふらついたがヘルメットをかぶっていたし、嵐の後の道路は空いていた。玄関先の私道で自転車から降りたとき、家の角からD・Jが勢いよく飛び出してきた。

「パパ！」とD・Jが大声で呼んだ。僕は荒っぽい親だから、息子を抱き上げ——ほんの二十キロちょっとだ。ジムなんて必要ない――空中に放り上げた。次の瞬間、マーズが飛び出してきた。D・Jを追ってきたのだ。二人は鬼ごっこの最中だった。有史以来、いとこたちがしてきたことだ。D・Jは僕を「基地」にしようとしたがマーズが認めなかった。

「人は基地にできないんだよ」とマーズは言った。D・Jは上訴したが、伯父たちの最高裁は満場一致で人は基地にはなりえないと裁定し、今度はD・Jが鬼になった。そしてマーズを追って家の反対側の角を曲がって行った。

「D・Jがいなかったら、二人でこんな話をすることさえなかったんだ」とビリーが自転車に鍵をかけながら(牧歌的なソーガタックにいても、都会暮らしの習慣はやめられない)言った。「もしもD・Jの存在がなければ、テリーはヒモということになり、母さんもお前たちを結婚させようと躍起になることはなかっただろう」

「D・Jがいなくてもテリーが〝ヒモ〟になることはない。その場合は働いてるだろうから」と僕は反論した。

「そしたらお前たちは、ただの同棲しているゲイのカップルの一組となる。でも親となることはないわけだ。母さんの考えでは、そして世間の考えでも――それにお前だってそう考えてるはずだ、この偽善者め――親は結婚しているほうが普通だということになっている」

「僕が?」

「『まず妹と結婚して、それから子どもを作ろうとは思わなかったんですか?』って台詞に聞き覚えは?」

「ローラだってジョーと結婚してない」と僕は言った。「それでも僕以外、誰もそれを問題にしないじゃない」

「ローラとジョー」とビリーが言った。「あれはまた話が別だ」

たしかに別の話だ。

妹はインターネットでボーイフレンドと知り合った――でも、と妹は急いでつけ足した。インターネットの個人広告じゃないから、と。二〇〇一年七月、友人の家にいた妹は、その友人のパソコン上の開いたままのeメールに気づいた。そこにはジョークが延々と書き連ねられていた。「それがおもしろかったの。みんながメールで送り合う、ありきたりな冗談とは違って」と妹は言った。そのeメールは友人のいとこから送られたもので、彼はテキサスに住んでいるとわかった。ローラはそのいとこにメールを送り、彼のメーリングリストに自分も加えてほしいと頼んだ。

返事が来て、妹も返事を返した。八月の初めにそのジョーが飛行機でシカゴにやってきて、二人は顔を合わせた。ジョーは感謝祭にもまたやってきて、クリスマスにはローラがテキサスに行き、結局そのまま二人で新年を迎えた。その後、一月にジョーがローラと暮らすためにシカゴに来た。出会ってから半年も経っていなかった。

四週間後、ローラは妊娠していた。妹は三十六歳。ジョーは三十九歳だった。

ローラは昔から子どもを欲しがっていたが、それまで結婚したいと思える男に出会えなかった。一度婚約したが破談にし、別の男が結婚してほしいと言ってきたが、それも却下した。両親の離婚がローラの心を深く傷つけ、なかなか男を信じられなくなっていた。どうもローラは、自分を追いかけてくる男の前で、無意識のうちに不愉快な態度を取ろうとしていたのではないかと思う。他にうまい言い方がないからはっきり言おう――最低な女《ビッチ》を演じることで、彼女と一緒になることを心から望んでいる、と確信を持って言えない男を排除しようとしていた。けれども、その男性が我慢に我慢を重ね、そうとも、僕は本当にきみと一緒にいたいと思っているよ、と証明できるようになったときには、妹はその男をまったく尊敬できなくなっていた。散々ナメたまねをされても耐え忍べるほど自分を大切にしていない男を、どうして愛することができるだろう、というわけだ。残酷な「キャッチ＝22」的〔同名のジョゼフ・ヘラーの小説から、不条理な状況を形容する言葉として使われる〕状況だ。

でもジョーは、こうした力学が何一つ働かないうちにローラを妊娠させ、二人とも赤ん坊が生まれてくることは間違いなく望んでいたが、お互いを望んでいるかどうかはわからずにいた。コーディが生まれた後に、ローラとジョーの最悪の交際期間が始まった。不慣れな子育てのストレスと闘いながら、ローラとジョーはお互いが相手にふさわしいのかどうか、そして何らかの正式な関係を結ぶべきなのかをも判断しようとしていた。母は、二人はまだ結婚する心の準備が整っていないとわかっていて、だから結婚を急かしはしなかった。

それからおよそ三年が過ぎ、ローラとジョーはまだ一緒にいて、ソーガタックでの二人の様子は、以前に会ったときとは違って、一緒にいてもくつろいでいるように見えた。ローラがコーディを風呂に入れているときに、こっそりバスルームに行き、ジョーとの結婚を考えているのかと聞いてみた。

「まだちゃんとは考えてない」と妹は答え、その口からいつもの一連の決まり文句が転がりだした。「わたしはたぶん、自分のラストネームが気に入ってるし。それにどっちにしろ大したことじゃないわ。結婚したからって二人の関係が変わるわけじゃない。ただの紙切れ一枚でしょ。相手を信じると決めたらそうするわけで、国や教会に自分がどう考えるべきかわざわざ教えてもらう必要はないから」

僕たち二人はバスルームの床に座り、バスタブの中のコーディから目を離さないようしながら話し合った。

「以前、彼と結婚したくないと思ったのは、彼はコーディのためにここにいるだけで、もしもコーディのことがなければテキサスに戻っただろう、と感じてたからだと思う」とローラ。

それはジョーに有利な事実では？　彼がちゃんとした男だという証拠では？　「子どもを大切にできるということは」と僕は言った。「きみのことも大切にできる証拠じゃない？」

「彼には、わたしのためにもここにいてほしかったの」とローラは言った。『わたしとコーディのためだけじゃなく。今は、彼はわたしのためにここにいると思える。コーディのためだけじゃなく。わたしのためだけでもないけど。わたしたち、つまりわたしたち三人のため、三人で一緒に作ったこれのためなのよ」

「これって？」

「だから、この家族よ」

ローラは、これから話すことは、母親やほかの兄弟たちには言わないでほしいと言った。もちろん、と僕は嘘をついた。

「今は二人とも考えてる。結婚することを」と妹は言った。「最近は教会にもたまに行ってる。儀式のときには」

僕は結婚した彼女は想像がつくが、結婚式の様子は想像できないと言った。妹はずっと男の子みたいな女の子だった。スカートやワンピースは着ないし、化粧したこともなかった。たっぷりとした純白のウェディングドレスを着た姿を思い浮かべることはできなかった。

「わたしだって」と妹は笑った。「何かシンプルなものを着るわ。ジョーもタキシードでなくスーツにする。派手な披露宴はなしにしたい。結婚式だけして、あとは来てくれた人全員を家に呼んで、何かご馳走する。昔風の豪華な結婚式はちっともわたしの好みじゃないから」

テリーがD・Jにシャワーを浴びさせるためにバスルームにやってきた——大きくなったD・Jはもうお風呂に入れてもらうのは嫌がったが、それでもまだ僕らのどちらかがついていて、水道の開け閉めをし、シャワーを浴び終わったD・Jをバスタオルでくるむことを望んだ。

「なんの話？」とテリーが尋ねた。

「結婚——他に何がある？」とローラ。

「結婚するの？」とD・Jがローラに質問した。

「わたしじゃないよ」とローラは答え、「でもあなたのパパたちはたぶん、するよ。素敵でしょ？」

「ううん、ちっとも」とD・J。「結婚なんてバカみたいでくだらなくて脳足りんでクソで、バカみたいでくだらなくて脳足りんでクソでバカみたいだ」

「ビリーおじさんは大賛成だろうね」と僕は言った。


これ以上夏の休暇の話をして退屈させるつもりはない。これだけ言っておけば十分だろう。ビーチではのんびり過ごし、マルガリータは最初に恐れたほど高くつかず、D・Jは親戚たちと過ごせたし、ゲイの両親をもつ他の子どもたちとも会えた——なかには二人の父親をもつD・Jと同じ年頃の子どもたちもいて、彼らもゲイのファミリーキャンプに参加したのは初めてだった。ここには書かなかったが、僕の親族はゲイの結婚以外の話題についてもときどき話をしていた。全員がテレビセットの周りに集まって民主党の全国党大会を見たこともある。つい最近のパリス・ヒルトンのスキャンダルについても話し合った。リグリー・フィールドの真ん中にあるいくつものコンクリートの塊が何を意味するかについても議論した。

でもそれらの会話は、この本のテーマとはまったく無関係なので割愛している。

最初にビリーとケリーがソーガタックを離れ、エディとマイキー、マーズとデルシンが次に出発した。そのあとローラとジョーとコーディがさよならし、D・Jとその両親、そして祖父母だけが、広々としたヴィクトリア朝風の家に残されて二、三日過ごした。最後の夜に、母親がテリーと僕に、せっかく無料のベビーシッターがいるんだから夕食を食べに行ってきなさい、二人きりで、と強く勧めた。結局フィルの店に行き着いた。ソーガタックの小ぢんまりしたメインストリートにあるレストランだ。マルガリータ何杯かと――今回はシングルだ、四倍の濃さではなく――サラダを注文した。二杯目が運ばれてくる前に、また結婚の話になった。母親と二週間過ごしたことで、僕は母の圧力に屈しかけていた。テリーは考えを変えていなかった。タトゥーに賛成で、結婚に反対のままだ。三杯目が届いても、なんの進展もなかった。

「昔よく話してた記念パーティをやるのはどうかな?」とテリーが提案した。「ただのパーティだ。結婚式じゃなく」

テリーと僕が出会ったのは一九九五年の中国の正月(春節)のパーティで、だから春節は自分たちの私的な記念日だと思ってきた。出会ったクラブのリ・バーは、僕ら同様まったくアジアンテイストではなく、シアトルのダウンタウンにある流行のロック音楽を流し/同性愛者が集まる/ヒップホップ系のクラブで、オープンしたのが一九九〇年の春節だったから、クラブのオーナーたちは春節がめぐってくると盛大な記念パーティを催す。そのリ・バーの五周年記念パーティで、クローク係をしていたドラァグクイーンと話していたときに、ブロンドの長い髪にカーリー・サイモンみたいに大きな口の信じられないほどセクシーな若い男を見つけた(僕は昔から歯の大きな男が好みだ――変態だって?)。その美男がコートのポケットの中の何かを取りに近づいてくるのを見て、そのドラァグクイーンが――ありがとう、ジンジャー・ヴィータス――「何か言いなさいよ！」と大きな声で言った。

「唇がきれいだね」と僕は言い、もしもそれがうまくいかなかったら、「史上最悪の口説き文句集」に永遠に載り続けるところだった。

「お前を食べるためだよ」とテリーは答えた。二人はリ・バーの狭い男子用トイレの個室でイチャイチャしてから、一夜限りの遊びのつもりで僕の家に行った。

二人でよく、十周年まで続いたら、春節のパーティを盛大にやろうと冗談で言っていた。その十周年の記念祝典では、中華料理を振る舞い、中国の伝統芸の芸人を雇い、フォーチュン・クッキーを配ろうと考えた。結婚式ではなく記念パーティにしておけば、素敵なゲイの恋の呪いを避けられる。過去の三千六百五十日がうまくいったことを祝い、未来の十年間については災厄を呼びそうなどんな約束もしない。でも赤ん坊の世話をして学校にやり、テリーの陶芸の仕事を軌道に乗せ、さまざまなコラムや本を粗製乱造する怒濤の日々を送るうちに、十周年の記念パーティのことは忘れ去られていた。

自分たちで記念パーティを開く、つまり結婚披露宴の代わりに、という案の一番の魅力は、みんながなんの期待もせずに来てくれそうなところだった。記念パーティなら何もなくていい。乾杯の音頭もなければブーケが投げられることもなく、じっと我慢の儀式もない。盛大な記念パーティでは、何らかの役割を演じるプレッシャーなく二人の関係を祝えるだろう。記念パーティを開けば、祝福を受けるカップルも招待客と同じように歓談し、飲み、食べ、挨拶して回る。主賓席もなければ、スポットライトもない。

その夜遅く、家に戻ってD・Jを寝かしつけてから、テリーと僕は母と最後にもう一回トランプゲームをしようとテーブルを囲んでいた。三人しかいなかった。車には荷物が積み込まれ、キッチンは磨き上げられ、ジェリーは寝室にいた。そのタイミングで二人で母に打診した。

「母さん、実はパーティを開こうかと思ってるんだ」と僕が言った。

「ただのパーティです」とテリーが口を挟んだ。「結婚披露宴ではなく。あまり大掛かりじゃない、セミフォーマルな十周年記念パーティです。来てくれますか？」

「行きますとも」と母はトランプを切りながら答え、意地の悪い目つきでテリーを見た。『来てくれますか？』止められるものなら止めてみて。で、いつが十周年なの？」

「春節だ」と僕が答えた。「一月か、二月になる年もある。僕らは春節に出会ったから」

母親は目をぐるりと回して見せた。彼女は僕らが出会った日のことをすべて知っていた。「普通の母親が知るべきこと以上のことを」と母は好んで言った。実は母親は一夜の恋《ワン・ナイト・スタンド》を認めておらず、終わることのない一夜の恋であっても同じだった。

「将来については一切誓わない。災厄を招かないように過去だけを祝うつもりだ」と僕。「これは結婚式じゃないからD・Jも文句は言わないだろう。儀式もないから、テリーも見世物じみたことをさせられる心配がない。誓いの言葉も指輪の交換もない。乾杯も、司祭の説教も、祝辞も贈り物もなし。ただのパーティだ。新しいタトゥーを見せびらかすことにはなるかも。もちろん、飲み放題のバーカウンターはつける」

「サヴェージ一族がやるべきことは、パーティに出席してガンガン飲みまくることだけ」とテリーがつけ足した。

「いい考えだと思うわ」と母は言い、カードを配った。

「でもパーティを開くなら」とテリーが言った。「僕は全員に来てもらいたいんです。この冬、僕は結婚式、葬儀、卒業式、休暇、洗礼式に出席するために何度シカゴに行ったかわからない。そして僕らのこの会は結婚式に限りなく近いものだから。それに、親族全員がシアトルに集まるチャンスでもある。みんなにはこの会を真剣に受け止めてほしいんです」

母はうなずき、トランプの束を切った。

「みんなに真剣に受け止めてほしいなら、あなたたちが真剣に考えないとね」。母は目を上げずに言った。「つまり正式な招待状を、みんなが事前に予定を入れ、飛行機のチケットを取り、ホテルを予約できるくらい早めに発送しなくちゃならないわ。しかも招待状の発送は、宴会場やケータリング業者、その他もろもろを決めてからしかできない。あなたたちが言ってるようなパーティを開くには、それはそれはたくさんやるべきことがあるのよ、お二人さん」

第5章　帰路

そのうちドアがノックされ、二人とも逮捕されるにちがいないと思った。

僕たちは、サウスダコタ州スーフォールズの小さなモーテルに宿泊していて、そのモーテルは、巨大なホームデポ〔米国の家庭用品を販売するチェーンストア〕と駐車場を共有していた。シアトルまではまだ何日もかかり、テリー――He Who Has to Do All the Driving ＝ＨＷＨＴＤＡＴＤ（ずっと運転しなければならない人間）は宿泊する部屋のドアを開けた途端にベッドに倒れこんでしまった。実際は、ダン――He Who Reminds Terry Every Morning that We Could Have Flown to Michigan ＝ＨＷＲＴＥＭＴＷＣＨＦＴＭ（ミシガンまで飛行機で行くことだってできたのに、と毎朝テリーに文句を言ってる人間）もＨＷＨＴＤＡＴＤと同じくらい疲れているにもかかわらず、くそプードルを散歩させ、Ｄ・Ｊをパジャマに着替えさせる仕事を押しつけられたのはＨＷＲＴＥＭＴＷＣＨＦＴＭだった。

ＨＷＨＴＤＡＴＤは、車に乗っているほうも運転手と同じくらい疲れるということを頑として認めようとしない。しかし失礼ながらＨＷＲＴＥＭＴＷＣＨＦＴＭの意見は違う。ＨＷＨＴＤＡＴＤが運転席に座って前方の道路に意識を集中し、車内で起きているすべてのことをシャットアウトしている間、ＨＷＲＴ

ＥＭＴＷＣＨＦＴＭは後部座席の六歳児を楽しませ続けなくてはならず、それには助手席で何度も何度も身体を捻じ曲げ、ポータブルのＤＶＤプレイヤーに映画をセットしたり、おやつを渡したり、食べこぼしをふき取ったりしなくてはならない。ＨＷＲＴＥＭＴＷＣＨＦＴＭはまたＨＷＨＴＤＡＴＤの従者や執事も演じなくてはならず、飲み物やお菓子を手渡し、彼のために地図を読み、カーステレオのＣＤの出し入れもする。しかもＨＷＲＴＥＭＴＷＣＨＦＴＭは自分が聴きたいＣＤを入れることは決して許されない。
「音楽を選ぶ権利は運転手にある」とＨＷＨＴＤＡＴＤは言う。「音楽を選びたいなら運転を習うんだな」

この十時間のドライブのあと、テリーと――頭字語を使うのはやめにする――僕はほとんど話もしなくなり、だからテリーがすぐに寝入ってしまって実はちょっとほっとしていた。でも、さっさと寝たいと思うあまり、僕は後から思うと致命的とも言える間違いを犯してしまった。ホームデポの駐車場の中の、わびしげな低木の周囲でＤ・Ｊと一緒に犬を散歩させたあと、Ｄ・Ｊの寝る前のシャワーはやめにして、朝食の前にシャワーを浴びさせればいいと思ったのだ。それが大きな間違いだった。その日、Ｄ・Ｊは一日中暑い車内で座っていた――中西部の七月にエアコンにできることは限られている――サービスエリアでのトイレ休憩時に六歳の子どもがどれだけお尻をきれいに拭けたかということと、大量の汗、座りっぱなしだったことが重なって、悲劇的な結果を引き起こした。

オムツかぶれ。

オムツが外れて四年も経つのにオムツかぶれ。

これまで僕は、さまざまな場面で親としての無能さを思い知らされてきた。たとえば旅先から帰ってキッチンの床に旅行カバンを開けたままにしていたときには、本当にばかなまねをしたと思った。バスルームを使ってからキッチンに戻ってみると、二歳の息子がザナックス〔マイナートランキライザーの商品名〕の瓶にかじりついていて、まるで幼稚園で『人形の谷』〔ショービジネスの世界で生きる女性の成功と失墜を描いた小説。酒と薬に溺れていく姿が描かれている〕の劇の主役を演じているかのようだった（ザナックスには抗不安効果がある。僕は飛行機が苦手なもので）。もしもD・Jの口の中で瓶が割れたら、あるいは瓶の蓋を噛んで外せてしまったら、過剰摂取《オーバードーズ》で病院にたどり着く前に死んでいただろう（テレビ映画では、D・Jの命を救い、両親を児童保護局に引き渡すERの医師はパティ・デュークが演じるのがいいかも）。また、うっかりD・Jの枕の下に五ドル札を入れる失敗を犯したこともある。その日の朝、初めてD・Jの乳歯が抜けて〔子どもが抜けた歯を枕の下に入れて寝ると妖精がそれを取っていき、代わりに枕の下にお金が見つかると信じられている〕、真夜中に枕の下の歯を一ドル札に交換するのは、家庭内の不眠症患者である僕の役目だった。ところが暗闇の中、ポケットから五ドル札を出して枕の下に入れてしまった。この失敗は高額な先例を作ってしまっただけでなく（D・Jの口の中には他にもたくさんの乳歯があった）、D・Jの友だちの親たちからも終生の恨みを買うことになった。友だちのほとんどは、乳歯がまだ一本も抜けておらず、D・Jの五ドルの話を聞いて自分たちも乳歯一本につき同じだけもらえると期待した。そしてもらえなかったとき、子どもたちは歯の妖精をちっとも喜ばず、D・Jの歯にだけ高い値段をつける彼らの不公平さへの不満を、唯一の手近な標的に――つまり自分の両親、またの名を歯の妖精たちにぶつけることになった。

　さらには、もう少しでD・Jに家に火をつける方法を教えそうにもなった――これもまたどんな子育ての賞にも値しない。うちの家には暖炉があって、D・Jは薪運びや、火が熾りそうになったら薪の下に新聞紙の束を差し込むのを手伝いたがった。そしてD・Jが五歳だったある日、僕は本当になんの考えもなしに、最後にやるべきことを息子に見せようとした――ほら、マッチはこうやって擦るんだよ。運良く、テリーがちょうどその場に居あわせた。「何ばか《ワット・ザ・ファック》やってんだよ！」と叫んでD・Jのボキャブラリーを永遠に増やし続けているテリーも、どんな子育ての賞ももらえないだろうけど、その怒鳴り声のおかげでＤ・Ｊにマッチの使い方を教えずに済んだ。僕らは、「ファック」という言葉の使い方についての必要と思われる真面目な話し合いを――何かとんでもなくひどいことが起きたときだけは、この言葉を使うのがいかに適切かということを――大々的に行ったが、それは「ファック」という言葉を使うことのほうが、リビングで新聞に火をつけることよりもずっと魅惑的なタブーだとＤ・Ｊに思わせたい、と願ってのことだった。

でも、六歳の息子がオムツかぶれで真夜中に大泣きして起きるというのはかつてない恥ずべき最低の出来事だった。いったいどんな親が六歳の子どもをオムツかぶれにするのか？　虐待的で無関心。そんな親だ。でもそんな事態を引き起こしてしまった自分を責める前に、そのモーテルの部屋で引き起こされつつある空恐ろしい状況に僕は気づき始めた。オムツかぶれができる多くの子どもたち――言語能力をまだ習得していない幼児――とは違って、Ｄ・Ｊは自由に生き生きと英語を使いこなせる。だからただメソメソ泣くだけでなく、それだけでも近くの部屋の宿泊者には迷惑だったろうが、「自分の言葉」で話していた。両親からずっと言い聞かされてきたように。事情を知らない近隣の部屋の客たちが漏れ聞くＤ・Ｊの言葉は、不安を掻き立てるにちがいなかった。

「うぁーぁぁぁぁぁぁ！」という息子の叫び声で僕たちは起こされた。「お尻の穴が痛いよう！　パパったら！　痛い！　痛いんだよう！　パアパ！　お尻の穴が痛いんだって！　やめてよ！　ああ！　あぁ！　ああ！」

モーテルの壁は薄かった。その夜のまだ早い時間に、隣の部屋のテレビの音がうるさくてなかなか寝つけなかったほどで、だからＤ・Ｊを大急ぎで小さなバスルームに連れて行きながら、Ｄ・Ｊに起こされたのは僕たちだけじゃないかも、と不安になった。そして、すべての人々の耳に、僕たちの部屋で小さな男の子が殺されかけているように聞こえたのではないかと心配になった。

さもなければもっと悪い想像を招いたのではないか、と。

しかも一番醜悪な場面が展開されるのはこれからだった。息子のお尻を一目見て、何が問題かはすぐにわかった。D・Jはこの世で一番ダメな両親とオムツかぶれを持っていた。六歳にして。数秒後、僕たちはベッドの上に座り、テリーがD・Jの腕を摑んで両手でお尻をさわれないようにしている間に、僕が固く閉じたD・Jのお尻のほっぺを大きく開き、石鹼をつけて濡らした、不運にもゴワゴワのホテルのタオルで焼けるように痛むお尻の穴の周囲をきれいに拭いた。この素敵な家族の活人画――D・Jが手足をばたつかせて泣きわめき、あられもない言葉を使っている（「パパ、**僕のお尻に触らないでったら！　痛いよ！　やめてよパパ！**　あぅ！　あぅ！　あぅ！」）――は、ゲイリー・バウアーやジェリー・フォルウエル、その他のゲイによる養子縁組に反対する人々にも、勝利の雄叫びを上げさせることだろう。

僕がD・Jのお尻をきれいにし終わると、今度はテリーがD・Jのお尻のほっぺをこじ開ける番だった。旅行バッグに入れてきた抗菌軟膏を塗るためだ（僕はそのとき、二度とテリーの荷物が多すぎるとバカにしないと誓った）。泣きわめく声やすすり泣きが続く中、僕は片目で辛そうな息子を、もう片方の目でドアを見守っていた。今にも警察の到着を告げるノックの音がするのではないかと。

「見えてるのとも聞こえてるのとも違うんです」と僕はなだれ込んできたサウスダコタのSWATチームに弁解するだろう。「ただのオムツかぶれです！　神に誓ってそれだけです！」

でもドアをノックする者はいなかった――ともかくそれまでのところは。やがて、心に傷を負った可哀想な息子と、傷を負った彼のお尻の穴は、落ち着きを取り戻した。お尻はまだ痛かったが、焼けるような痛みではなかった。大火災は鎮火した。テリーの膝に乗り、涙の跡のついた顔でD・Jはテリーを見上げた。

「とんでもなくひどかった？」と鼻をすすりながらD・Jが尋ねた。

うん、とっても、とテリーは答えた。とんでもなくひどかった。

「汚い言葉を使ってもいいほどひどかった？」

テリーが僕の顔をうかがい、僕は肩をすくめた。今使わずに、いつ使うんだ？　テリーはうなずいた。

「ファック」とD・Jが言った、首を振り振りさらに続けた。「ファック！　ファック！　ファック！」

テリーが笑い、D・Jのおでこにキスした。

「運転があるから」とテリーが僕のほうを見て言った。「寝ないとね」

テリーは立ち上がるとD・Jを僕に渡し、親としての彼の並外れた能力の一つを颯爽と僕に見せつけた。どんな状況でも寸時に眠りにつける能力だ。

右隣ではテリーが静かに寝息を立て、曲げた左肘の内側を枕にD・Jが丸くなり、胸郭の中では心臓がばくばくいっている状態で僕はベッドに横になり、これから来るはずのノックを待っていた。警察、もしくはサウスダコタの児童保護局に当たる何者かがこちらに向かって出動しているのは間違いなかった――何しろお尻の穴と父親たちについてのあの悲鳴と泣き声と叫び声だ。どうしてこないことがあるだろう？

一分、また一分、とノックがないことに安堵した。やがてD・Jも眠ってしまった。僕は眠れぬままに、CNNにチャンネルを合わせスコット・ピーターソン（二〇〇二年、スコットの身重の妻が行方不明になるが、捜査に協力的だった夫が一転殺人の罪に問われた）の裁判の最新情報を入手した。

「ふーん」と僕は心の中で思った。「たぶんうまく逃れられた――モーテルの客は誰も通報しなかったようだ」

それからおよそ一時間半後――泣き叫ぶD・Jに起こされてからほぼ二時間近く経っていた――警察に電話した者がいなかったという安堵は怒りに変わっていた。モーテルの部屋で六歳の男の子が半時間も恐怖の叫びを上げていたというのに、誰も警察に通報しなかった？　サウスダコタの人間はいったい全体どうなってるんだ？

この、スーフォールズのおケツ虐殺、との名で後に知られるようになる出来事の二日前に、僕たちはソーガタックを出発していた。ソーガタックとも、ゲイ・ファミリーキャンプで知り合った友人たちとも、別れるのは寂しかった――その年、僕らは人との出会いを求めて実によく頑張った。二人揃ってとても社交的なレズビアンの母親たちのおかげで、ゲイ・ファミリーキャンプに参加したすべての壁の花たちが、一緒になってばかでかいパーティを楽しんだ。D・Jにも何人かの新しい友だちができて、さよならを言うのを嫌がり、また来年も来ようね、と僕らは約束した。

でも何よりも辛かったのは、僕の母親にさよならを言うことだった。肺の疾患の進行を止めるために必要な週に三度の注射のたびに、母の命にも限りがあるとはっきり突きつけられていて、いよいよソーガタックを発つときには、僕はもう、母が自然界の永遠の存在であるかのようには振る舞えなくなっていた。母のいないこの世界など想像がつかず、そんな自分勝手な理由から母にはずっと生きていてほしいと思っている。でもまたD・Jのためにもずっとこの世にいてほしい。僕の祖母は、僕が今のD・Jと同じ年、つまり六歳のときになくなり、祖母について唯一はっきり思い出せるのは、甘い香りを漂わせるおばあちゃんが、口から入れ歯をひょいと取り出したり戻したりしていたことだけだ。D・Jにはもう少したくさんおばあちゃんのことを覚えていてほしい。

母は素晴らしいおばあちゃんだ――陽気で温かく、子どもが祖父母からだけ受け取れる種類の愛情をD・Jに示してくれる。D・Jにとって、両親とは違っておばあちゃんはいつもそばにいるわけじゃない。おばあちゃんはD・Jをたしなめる必要はなく、つまりD・Jは彼女の権威に楯つく必要がないということで、その結果、実際D・Jはおばあちゃんといるときのほうが聞き分けがいい。僕とテリーと三人だけのときは、D・Jは自分はもう大きいのだと僕たちにわからせようとする。自分にも、自分なりの好き嫌いがあるのだ、と。D・Jは、自律感を捏造するために、何であれ両親に言われたことはすべて即座に疑ってかかる年頃になったのだ。でも僕の母親の膝に坐っているときは、二、三歳の頃の幼いD・Jが現れる。クールに見せようと苦心することのない小さな子どもだった頃の彼が。子どもを持ったことの最大の喜びの一つは、母親とD・Jが一緒にいるのを楽しんでいる姿を見ることだ。たとえ時折、二人が共謀して僕とテリーに対抗しようとしているのが明らかにわかることがあっても。

D・Jがカーシートにしっかり収まると、母親は車内にかがみこんでD・Jをハグし、ソーガタックの安物雑貨店で見つけたスケートボードの雑誌を手渡した。母はテリーのこともハグして安全運転でね、と言い、それから僕をハグした。

そのあと僕に封筒を渡した。

「切り抜き魔、ふたたび現る」と言いながら、封筒を僕の手の中に押し込んだ。「今朝の新聞に、あなたとテリーの興味を引きそうな記事をいくつか見つけたから」僕が封筒を開けようとすると、母に止められた。「今は読まないで。道中で読んでちょうだい。話のきっかけにして」

母親とジェリーにさよならを言ってから二分後、まだソーガタックの街も出ないうちに、僕は手で封をちぎって開けた。

中には数枚の切り抜きが入っていた——一つはエレン・デジェネレスの次のトークショーについて、もう一つは『Queer Eyes for the Straight Guys』〔二〇〇三年にケーブルネットワークで始まったリアリティ番組。五人のゲイの男性が、ストレートの男性の服装や自宅の装飾、食事などを改善してよりイケてる男にするというもの〕の出演者の一人に関する記事だった。記事の余白には、「あなたたちもトークショーをやったら？」、「料理担当の男性の一人がシカゴ出身だって知ってた？」と書かれていた。これは別に珍しいことじゃなかった。僕がカミングアウトして以来、母親はゲイの話題やゲイの人物についての切り抜きをせっせと送ってきていた。母がレクシスネクシス〔リサーチデータベース・プロバイダー〕を知ったら大変なことになる。この二枚の切り抜きにどんな特別な意味があるのかようやくわかったのは、小さな感嘆符をつけた切り抜きを見つけたときだった。

「『ニック・カーターは〝パリス〟のタトゥーを後悔していない』」と僕は記事を大きな声で読み上げた。テリーは笑い、僕はさらに続けた。「『パリス・ヒルトンは前の恋人のニック・カーターに自身の思い出を永遠に焼きつけた——文字どおり。七月二十二日の破局の三週間前に二人が揃ってタトゥーを入れたとき、バックストリート・ボーイズのニック・カーターは手首に〝パリス〟の文字を入れた。人気スターのニックはこのタイミングの悪いタトゥーを後悔していないと言う。彼女を愛しているから後悔はまったくない。彼女はずっと僕の胸の中に居続ける。この先もずっと、と』」

「きみの母さんは何が言いたいのかな？」テリーはミシガン州のブルースター・ハイウェイへと車を向かわせながら言った。「切り抜き、タトゥー、恋の破局。どうして謎めいた言い方をする必要がある？　どうしてはっきり考えを言わないんだろうね？」

「どうもね、結局のところ、母さんは僕らにタトゥーを入れてほしくないんじゃないかという気がしてきたんだ」と僕は打ち明けた。「二週間もの長い間、本当の気持ちをなんとか押し隠してきたけれど、もう耐えきれなくなったんじゃないかな」

まるで母親への意趣返しのように、僕たちはタトゥーについて話し始めた。もうそうすると決めているかのような口ぶりで。でも、テリーが自分の「ダン・サヴェージのもの」のタトゥーは米国農務省のブルーのミートスタンプのようにしたがったのに対して、僕は自分の腕に入れる「テリー・ミラーのもの」のタトゥーは、テリーの手書き文字風にしたかった。テリーが自分の本の表紙の裏に書き込みそうなやつだ。

「どんなのにすればいいか教えてあげようか？」と、D・Jがスケートボード雑誌の写真から目を上げて言った。「〝D・Jのもの〟だよ。僕のパパたちだからね」

「エディおじさんも同じことを言ってたよ」と僕。「でもおばあちゃんはどんなタトゥーも入れないほうがいいと思ってる。テリーと僕は結婚すべきだと考えているんだ」

「パパ、こっち見て」とD・Jが後部座席から言った。僕が身体をねじって後ろを振り返ると、D・Jは目をぐるりと回そうとしているところだった。

呆れたように目を回す仕草は、D・Jがまだ十分に習得できていない重要な対人スキルだった。僕はしょっちゅう目を回して見せる――ついついやってしまう。やめられない悪い癖だ――そしてこれまでの人生で両親や教師、上司、警官、ボーイフレンド、そして編集者たちとの果てしのないトラブルに僕を巻き込んできた。D・Jが四歳のときに、どうしたら目をぐるりと回せるのか教えてと言ってきた。D・Jはテリーが僕のその癖をどれほど嫌がっているか知っていて、自分の兵器を増やしたがっているのだろう。やり方を教えてやろうとしたが、D・Jはまだうまくできない。目をぐるりと回す代わりに、目で上を見てから左を見、目はそのままでゆっくりと首を回している。

「D・J、何か言いたいことがあるの？」と僕は尋ねた。もちろん、D・Jはうんざりだと伝えたがっていた。同性同士の結婚には反対だから。D・Jは言葉を使わずに反対だとはっきり伝えたがっていて、というのも、そうすれば僕も同じ手段で返事をするはずで、これまで見せられてきた『ニューヨークタイムズ』の日曜版に掲載されたレズビアンカップルの結婚の報告について、話し合いをさせられずに済むと思ったのだ。

「わ、か、る、で、しょ」とD・J。

「僕はわかる。でもテリーはわからない。後ろを振り向けないから僕から伝えないとね。ねえテリー、振り返ってみたら、D・Jはうなずいてた。つまり僕らに結婚してほしいってことなんじゃないか?」

「違うよ!」とD・Jが叫んだ。「目をぐるっと回すのは、二人は結婚しちゃだめって意味だよ」

「どうしてだめなの?」と僕は質問した。

「知ってるでしょ?」とD・J。「男の子は男の子とは結婚しないんだ」

「じゃあ女の子と結婚すればいいんだね?」とテリー。

「だめだよ!」とD・J。

「どうしてさ?」とテリーが言った。「男の子は女の子と結婚するものなんでしょ?」

D・Jはちょっと考え込んだ。それから、パパたちは女の子と結婚する種類の男の子じゃないから、と説明した。パパたちは愛し合っているし、D・Jのパパだから、ずっと一緒に暮らさなくちゃいけない。女の人と結婚したら一緒に住まないといけないけれど、パパたちにはそれはできない。パパたちは二人で一緒に住まないといけないし、ずっとD・Jのパパでいないといけないから。だからパパたちは女の人と結婚できない。結婚したらその女の人と暮らさなくちゃいけなくて、二人で暮らせなくなり、それはだめだ。だってパパたちは僕のパパで、ずっと一緒に暮らさなくちゃならないから。だって僕のパパだから、と。

「理屈の立つ子だ」とテリーが言った。

三日後、サウスダコタ州とワイオミング州のまっすぐな州境を越えてすぐの小さな町に入った。帰路、サウスダコタ州では三大名所を訪れた――コーンパレス（訪れる価値なし）とウォールドラッグ（同上）、ラッシュモア山国立記念公園（価値あり）――でもワイオミング州で最初に立ち寄ったのはガイドブックで調べたどの場所でもなかった。信じられないほど美しいこの小さな町に車を乗り入れ、昼食を食べる店を探していたときに、州営の巨大な屋外プール施設を偶然見つけたのだ。そこにはウォータースライダーもあり、プールは子どもだらけだった――そして大きな町のプールとは違って入場無料だった（選挙の後よく耳にするようになった、あの赤い州の社会福祉事業のおかげなのは間違いなかった）。三日間サウスダコタ州の名所を見るばかりだった（そして毎夜シャワーを浴びさせられた）D・Jは、実際に何かやりたくてたまらなくなっていた。そこで、テリーとD・Jがプールでバチャバチャやっている間に、僕は徒歩で数ブロック先の食料品店まで出かけ、ピクニックの支度を整えてプールに戻ってきた。

プールのフェンスの外側に置いたピクニックテーブルに腰掛けて、僕はウォータースライダーの階段を上るテリーを眺めていた。僕は、長期間の車での旅で当然起こる八つ当たりをいつまでも根にもったりはしない。D・Jは疲れて不機嫌になり、僕とテリーに当たる。運転に疲れたテリーは僕に当たる。僕は二人にまめまめしく仕えるのにうんざりしてテリーに当たる。出発して数日後には車内に険悪な空気が流れ始めるものだ。だから、SPEEDOの水着をつけたテリーが、ウォータースライダーの階段を何度も上る姿をじっくり遠目に眺められるのは、喜ばしいことだった。自分が、理想の肉体の持ち主に恋し、相手からも愛され、永遠に続く何らかの関係を結べているありえないほど幸運な人間の一人であることを、僕は思い出す必要があった。品のない言い方で申し訳ないが、テリーは僕が思春期を迎えて以来、夢想しながらマスターベションしてきた類の男性だ。テリーは僕の理想の男の身体つきや髪の色、目の色、頬骨、そして何というか、まあ、その他の身体的特徴を持っている。その上、僕がずっと理想としてきた気質やユーモアのセンス、そして性格をも備えている。だから最高に頑迷で闇の深いワイオミング州で、濡れそぼったボーイフレンドを見つめながら、自分の幸福の数々を数えているうちに道中のイライラは消えていった（念のために言っておくが、テリーも僕もSPEEDO水着のフェシティストではない〔SPEEDOの水着は競泳用で、肌の被覆面の少ないタイトなデザイン〕――もちろんSPEEDOフェチが悪いというわけじゃないが。テリーがSPEEDOの水着を着るのは泳ぐためで、僕がSPEEDOを着たテリーに見とれるのは、そう、見るとドキドキするからだ）。

でも次の瞬間、最も頑迷で闇の深いワイオミング州でSPEEDOの水着姿の濡れそぼった男を見つめるのはあまり得策ではない、という考えが浮かんだ。周囲を見回すと、数人の地元の人たちがこちらをじっと見ていた。僕はテリーのお尻から急いで目をそらした。そして代わりに注意を向ける何かを探して辺りを見回したとき、売店のそばの新聞の棚に気づいた。

まさか？

こんな場所に？　こんなに辺鄙な田舎に？　赤い州に？　『ニューヨークタイムズ』の棚があるとは！

車まで走って二十五セント硬貨を四枚取ってくると、自分用にワイオミング州のその場所にあった最後の――おそらく一部きりだった――『ニューヨークタイムズ』紙を買った。ぶらぶらプールのほうに戻りながら、もしかするとデイヴィッド・レターマン〔トークショーの司会などで知られる著名なコメディアン〕かオプラ・ウィンフリー、またはデミ・ムーアとアシュトン・カッチャーが近くに牧場を持っていて、彼らのために一日に二、三部が送り届けられているのかも、と考えた。

水着姿のテリーから視線を逸らす効果のある唯一の物が、まだ読んでいないその日の新聞だ。読者も何かの中毒になるなら新聞にしておくといい。というわけで、テリーとD・Jがバシャバシャやっている間、僕はツール・ド・フランスでのランス・アームストロングの優勢を伝える記事や、イラク侵攻がジョージ・W・ブッシュの上機嫌の説明よりはるかに先へ進んでいること、そして暴飲暴食する、いかれたイギリス人たちについて読んでいた。そのとき、A4ページの一番下にあった記事が目に留まった。どうやら、カナダに住むレズビアンのカップルが歴史を変えようとしているらしかった。歴史を変えると言っても結婚によってじゃない。いや、まさか。二〇〇四年の七月末時点で、カナダで同性婚が認められて歴史が変わってからすでに一年と六週間が過ぎていた。北隣の国では、前年の六月の十一日以来、レズビアンやゲイのカップルが続々と結婚していた。

「同性カップルがカナダ初の同性離婚を求める」との見出しに続き、「女性らが結婚したのは二〇〇三年六月十八日、カナダで最も人口の多いオンタリオ州で、裁判所が同性婚を認める画期的な裁決を下してから一週間後のことだった」とあった。後でわかったのは、結婚するのは簡単だということだった。このカップルがカナダの法律にもとづいてできなかったのは離婚だった。「カナダでは、昨年三千組以上の同性カップルが結婚しているが、カナダ離婚法には、同性婚の新たな現実に対応するための修正がいまだ加えられていない。二人が離婚するためには、オンタリオ州最高裁判所が、現行の離婚法は憲法違反であるとの判決を下す必要があり……結婚前に長い交際期間があったにもかかわらず、彼女たちがこれほど性急に別れたことについて、二人が離婚するのはたんにカナダの離婚法を試すためではないかという疑念が生まれている。女性たちの（一人の）弁護士であるマーサ・マッカーシーは、二人の離婚理由は考え方の相違である、どんなカップルもそうであるように、と述べた」

どうやらオンタリオ州裁判所が同性婚を認める裁決を下したとき、同性カップルの離婚については裁決しなかったようだ――できなかったのだ。離婚は結婚とは別の法律によって規定されている。結婚法は裁判所によって性差別なく執行されてきたが、「……離婚法はいまだに配偶者を『互いに婚姻関係にある男女のどちらか』と規定している」と記事は述べていた。

もちろん、こういうことになるとわかっていた。ゲイやレズビアンのカップルがストレートのカップルよりうまくやれるとは誰も期待していない。僕も実際、僕らのほうがうまくやれないだろうと本気で思っている。多くの同性愛者たちが、夕食のテーブルや教会の会衆席で、両親や牧師が同性愛を病気もしくはこの世に存在しないものだと言い捨てるのを聞かされてきたのだから、大勢の大人になりきれない、かつ／または不安定なホモたちが、自分たち自身や両親、あるいは牧師たちに、ゲイの愛は本物だと証明するために結婚する可能性はとても高い。「僕らの愛は本物だから」と彼らは自分に言い聞かせるだろう。「つき合ってたったの六週間なのに結婚できるんだ！　これこそ僕らの愛が本物である証だ！」と。

こうした結婚は、言うまでもなくそれほど長続きしない。

でも、北の隣国で初めて同性婚をし、合法的な離婚も成し遂げて歴史に名を残そうとしたこのカナダのレズビアンカップルは、つき合って六週間ではなかった、衝動的に結婚したのではなかった。「十年近くともに暮らしてきたにもかかわらず、結婚五日で別れることになった」と記事には書かれていた。十年。その数字がページから飛び出して、座っていたピクニックテーブルの周りを踊り始めた。同性カップル、つき合って十年、十周年を祝って結婚し……その五日後――たったの五日だ！――二人は別れた！

考え込んでいたら、水しぶきが顔に当たるのを感じた。目を上げると、テリーがフェンスのところに立っていた。ＳＰＥＥＤＯの水着を着て。

「息子さんが呼んでるよ」と言いながら、テリーはウォータースライダーのてっぺんに立つD・Jを指差した。D・Jは「パパ、見てて!」とウォータースライダーの一番上から手を振った。そして滑り台を一気に斜めに滑り降り、膝を抱えてプールに飛び込んだ。

D・Jに拍手を送ってから、僕はちょっと行ってくると伝えて席を外した。テリーとD・Jがピクニックテーブルに座り、タオルにくるまってサンドウィッチを食べている間に車に戻った。不幸なカナダのレズビアンカップルの記事を新聞からきれいに切り抜き、見出しの上に感嘆符をいくつか並べた。それから三日前に母親から手渡された封筒にその切り抜きを入れた。封筒の表に母の住所を書き、テリーが用意してきたロール状の切手シートから取った切手を三枚貼った。そしてプールの前の通りを渡ったところにある郵便ポストまで歩いて行った。封筒には差出人名は書かなかった。母には切り抜きは僕からだとわかるだろう。でも念のために封筒の裏側に大きく「験担ぎ!」とだけ書いておいた。これで引き分けだ。

でもシアトルに帰ってから一週間後に、僕宛の手紙が届いた。差出人名はなく、封筒の上部の左隅に黒インクで「切り抜き魔」とだけ書かれていた。切り抜きの内容はというと……

カーターがヒルトンのタトゥーを隠す

憧れのポップスター、ニック・カーターが元恋人のパリス・ヒルトンを讃えるタトゥーを隠した。二人が破局する三週間前に手首に入れたものである。バックストリート・ボーイズ一のセクシー男、カーターと有名ホテルの後継者であるヒルトンは、短い恋のあと、夏には別々の道を歩みだした。当時彼はタトゥーを——「パリス」とはっきり読めるタトゥーを——入れたことを後悔していない、今でも愛しているから、と言っていた。ところが最近カーターは心変わりし、フロリダ州にあるタトゥー専門店

〈マラソン〉に出かけ、そこでタトゥーを隠すために別のタトゥーを——ドクロと交差した二本の骨のタトゥーを——入れた。

電話が鳴った。

十周年記念パーティの計画は進んでる？　と母が電話で聞いてきたのは、僕たちが自宅に戻ってから一ヶ月後だった。電話をかけるまでまるまる四週間待つのは、母にとって相当我慢のいることだったにちがいない。母は、遅れてではなく早めに計画を立てることの重要さを僕らがちゃんと理解しているか確かめたくて電話してきたのだ。みんなに来てもらいたいのなら——テリーが、僕らの素敵なゲイの記念パーティを、僕らが素敵なストレートの結婚式に出席したときと同じくらい本気で受け止めてもらいたいと思っているなら——僕らもこのパーティに本気で取り組まねばならない、ということを。まず日取りを決める必要があった。招待客たち、特にシカゴにいる僕の親戚たちは、何ヶ月か前に招待状を受け取る必要があった。

「あなたたちはただパーティに来てくださいと頼んでるんじゃないのよ、ダニエル。パーティに出るために旅して来てと頼んでるってことなの」と母が言った。

「準備は進めているよ、母さん」と僕は嘘をついた。「来週にはいくつか宴会場を見に行くことになってる」

実を言うと、家に帰って来たあと、パーティのことは話題にもしていなかった。ついでに言えばタトゥーについても。D・Jは一年生になったばかりだったし、大統領選が過熱していた。はっきり言ってゲイの結婚問題——ゲイの十周年記念パーティ問題は言うに及ばず——の重要度は小さくなる一方だった。たしかに、十一の州で同性カップルの結婚を禁止する住民発案が投票にかけられ、そしてたしかに、おそらく可決されそうだった〔大統領戦と同日の十一月二日に投票が行われ、アーカンソー、ジョージア、ケンタッキー、ミシガン、ミシシッピ、モンタナ、ノースダコタ、オハイオ、オクラホマ、オレゴン、ユタの十一州で可決された〕。でもゲイであれストレートであれ、僕の知人の誰の頭の中も、ジョージ・W・ブッシュをホワイトハウスから引きずり出すことでいっぱいだった。テリーも僕も十一月二日が終わってから具体的な計画を立て始めるのでは遅すぎるとわかっていたが、選挙以外の何事にも集中することができなかった。

「誰かを雇ったほうがいいかもしれないわ」と母が提案した。「パーティ・プランナーのような、細かいことを任せられる誰かを」

「お金を払って誰かにパーティを台無しにしてもらわなくても、費用は相当かかるんだ」と僕は言った。「僕らだけで十分台無しにできる」

「ダニーったら」と母はため息をついた。「あなたとテリーはみんなにこのパーティを真剣に受け止めてもらいたいんでしょ。あなたたちが絶対にしないと言ってる結婚披露パーティと同じように扱ってもらいたい――」

「真剣に受け止めてもらいたい云々は僕というよりテリーの意見だ――」

「――なのにみんながパーティを真剣に受け止めてくれなければ、つまりわざわざ行こうと思ってくれなければ、テリーはがっかりするでしょうし、テリーががっかりすればきっとあなたもがっかりすることになる。でも、そもそもあなたたちがちゃんと知らせなければ、みんなが来てくれるはずがないのよ」

母は正しかった。嫌になるほど。

「急いでやるよ」。僕は自分でも嘘をついているのかどうかわからないままに答えた。

「もちろん、親戚や友人がこのパーティを他の結婚披露宴とまったく同じに扱ってくれる確実な方法が一つあるけど」

短い間。

「結婚するのよ」と母は言った。「そうすれば誰も戸惑わない。そもそも、あなたたちが言っているパーティは、記念パーティというより結婚披露宴みたいだもの。行動を起こしなさいよ」

「母さん、プレッシャーをかけないでよ」

母は一瞬黙ったが、彼女の手の中でダイエットコークが凍りついたのは間違いなかった。

「ダニエル」と母が言った。「おやりなさい。あなたが。したい。ように。ああしろこうしろと、意見を押しつけるつもりはないから」

「母さんが自分の考えを押しつけてるとは言ってない」と僕は反論した。「ただ、母さんが僕らに結婚してもらいたがっているのは明らかで、僕らは〝行動を起こす〟ことにちょっとしたプレッシャーを感じている。母さんからだけじゃない。あらゆる方面からだ。それに、条件がみな同じなら、子どもたちには結婚しないよりはしてほしいと母さんは考えているだろう？　それが伝わってくるんだよ、母さん。じわじわ伝わってくるタイプのものだけど、プレッシャーには変わりない」

「わたしには四人の子どもがいて」と母がさえぎった。「四人のうち三人は結婚してない。結婚したのはエディだけ——それも二回、彼の愛する母親と同じようにね。もしもわたしが子どもたちに結婚しろと密かにプレッシャーを与え続けてきたのなら、ずいぶんお粗末な腕前だわね」

実際には母の圧力の効果は相当なものだった——他の子どもたちよりもプレッシャーに耐えるのがうまい子どもが何人かいただけの話だ。たとえば上の兄が十代の終わりに結婚もしないし子どもも持たないと決意したとき、母はそれから十年間にわたりその理由を言葉に出して詮索し続けた。きっと子ども時代に辛い思いをしたのにちがいない、と母はよく言っていた。二十歳にもならないのに、子どもはいらないと言うなんて、と。これは母の得意のカトリック的柔道の技の一つだ。母は、子どもたちの誰かが下した決断を、自分の子育ての技能に対する国民投票へと変えてしまうことができた。ビリーに関しては母は何年もそれを続け、一体わたしがした何がいけなかったのかと、質問を浴びせ続けた。兄はそのたびに、子どもを持たないという選択は母さんとはなんの関係もないと母をなだめなくてはならなかった。怒ってなどいない、と母はよく兄に言った。ただ心配なのだ――あなたがわたしに腹を立ててるんじゃないかと。子どもの頃は楽しかったし、母さんは素晴らしい親だと思っていると兄が告げると、母は落ち着いた――しばらくの間は。そして、永遠に続く母のモグラ叩きみたいに、同じ話題がまた持ち出された。ビリーはわたしに怒っていて、でも怖くて本当のことが言えないだけじゃないの？　ビリーはあまりにも思慮深く、あまりにも思いやりがあるせいで、本当は子どもの頃のことでわたしにとても腹を立てているのにそう言えないのかも。そうでなきゃ、どうしてあの若さで精管切除手術なんて考えるの？　と。

結局、ビリーには二つの選択肢があった。その一、子ども時代は良い思い出で、母親を親として尊敬していると伝えるために子どもを持つ。その二、とっととクソ精管切除術を受ける。ビリーは二番目の選択肢を選び、母は何も言わなくなった。負けは潔く認めるほうなのだ。

おそらくそれが、母がテリーと僕に結婚をしつこく勧める理由だ。四人の子どものうち、僕がたぶん――皮肉にも――一番古風だと母親は知っている。僕はときどきひざまずき、もうその存在を信じていない神に自分がゲイであることを感謝する。もしも僕が、ＳＰＥＥＤＯの水着をカッコよく着こなす長身でブロンドの男たちにこれほど魅了されなければ、僕は鼻持ちならない、他人を決めつける、カマトト女に成長していたことだろう――実際になった、鼻持ちならない、人を決めつけるわがまま者ではなく――そして、鼻持ちならない、人を決めつけるわがまま者なら我慢できる。他人が自分で選択する権利を尊重するということは、人を批判したり、自分の意見を人に伝えたりしない、ということではない。そのせいで僕はときどき鼻持ちならない人間になる――甥のコーディの父、ジョーに聞けばわかる。僕は、妹が同棲中のボーイフレンドの子どもを妊娠して八ヶ月のときに初めて彼に会った。「ジョー、お会いできて嬉しいです」妹に紹介されて僕はそう挨拶した。「でも、まず妹と結婚して、それから子どもを作ろうとは思わなかったんですか？」。当時の僕は、ジョーがローラにプロポーズして断られていたことを知らなかった。母親や兄弟たちは息をのんだ――みな考えていたのは同じことだったが、鼻持ちならない、人を決めつけるわがまま者だけがそれを声に出して言ったのだ。

僕の性的欲求――念のために言っておくとそれは自分で選んだものではない――は慣習的ではないが、こと、家族に関してはとても古い考えの持ち主だ。子どもを持つストレートのカップルは、結婚し、それを続けるべきだと思っている。だから母は、テリーと結婚するという考えは、僕にとってはある意味、とても心惹かれるものであるはずだと信じていた。甥の父親に、面と向かって妹と結婚しろと告げさせた僕の道徳的物差しが、僕にも自分の子どもの（もう一人の）父親と結婚すべきだと告げるはずではないか？と。母の攻撃は止みそうになかった。なぜなら僕たちには第二の選択肢はなく、ビリーの精管切除手術に代わるものもなく、テリーと僕の結婚の話題をうまく終わりにする効果的な方法も持っていなかったから。たぶん十周年記念パーティまでに僕らが結婚することはなく、結婚するのは、将来同性婚が合法化されたとしてそのときだけだ、と言い続けるだろう。でも結婚は――合法的なものであってもそうでなくても――ずっとその辺に浮遊していることだろう。いつでも一つの選択肢であり続ける。結婚問題に関しては、僕らは母には勝てない。

もう電話を切らなくちゃ、と僕は母親に告げた――すぐに盛大なパーティの計画に取りかからないと、と。

「わかったわ、もう解放してあげます」と母が言った。「でも取引をしましょう。一つだけわたしの頼みを聞いてくれたら、もう結婚の話は持ち出さないと約束するわ」

「何をすればいいの？」

「とにかく、結婚のことを考えてみて」

第 II 部

Engagement

婚約

第6章
昔の結婚

モーニング姿の花婿はとびきり格好いい。ローウェストの上着に広い肩幅、豊かな茶色の髪。男性的で、若くハンサムだ。でも、花嫁を見下ろすように寄り添う花婿の顔つきはどこか弱々しい。少し離れた場所を見つめるその茶色の目は優しげで、眉は女性的な弧を描いている。花嫁のほうに前かがみになり、お尻をツンと突き出す姿はドキドキするほど官能的だ。

花嫁は花婿の隣に立ち、ほっそりした手を花婿の曲げた肘にあずけている。信じられないほど華奢で、小さな胸と品良くすっと伸びた首の持ち主だ。彼女もまた、花婿と同じく少し離れた一点を見つめている。眉は花婿の眉とほぼ同一で、同じように上品な弧を描いている。まるで同じ作家が二人の顔に眉を描いたかのように。

たぶんそうだ。

僕の机の上の花婿と花嫁の小さな人形は、かつて僕の祖父母のウェディングケーキを飾っていたものだ。そんな人形がいまだに存在していたとは驚きだ。祖父母のウェディングケーキの飾り人形がどこにあるか、知ってる孫がいるだろうか？——でももっと驚いたのはその材質だ。人形は磁器製だった。母にそれを見せられるまで、磁器製のウェディングケーキ用の飾り人形など見たことがなかった。後にも先にも一度きりだ。

母親と義父が前より小さな家に引っ越すことになり、ここ数ヶ月間、僕は母からひっきりなしに送られてくる荷物の受け取り手となってきた。朽ちかけた祈禱書の数々、誰も訪れなくなった墓地の約款、かつて曽祖母の所有物だった羽根つきのつば広帽子――それらの価値のない「家宝」の数々が母の家を大きく占拠してきたが、母はそれをあっさり捨てられるたちじゃなく、僕もまたそうだと母は知っている。僕は母の子どもたちのうちで、もう半世紀も使われていない子ども用の手袋を最も捨てそうにない人間であるだけでなく、四人の子ども全員が母親から受け継いだ何でもため込む遺伝子を、存分に働かせられるスペースを持つ唯一の存在なのだ。僕は、送られてきたいくつもの箱を我が家の戸棚にしまったり、屋根裏に上げたりできるだけでなく、喜んでそうしている。祖父母や曽祖父母が使っていたものが自分の家にあると思うと嬉しくなる。僕の予想では、それらはあと五十年は箱の中で無事に保管される。そしてある日、僕の子どもかそのまた子どもが、箱の中身をどうするかについて決断を迫られることになる。

祖父母のウェディングケーキ用の飾り人形を屋根裏や地下室にしまいこむのは忍びなかった。明るい場所に出してもらった人形たちはとても嬉しそうで、僕のラップトップ・パソコンの裏面を、お揃いのアーチ状の眉越しに見つめている。でも机の上は安全ではない。家の中を六歳の子どもが走り回っていることを考えれば。いや、ピュージェット湾断層の上に建つこの家のどこにいても安全ではない。小さな地震一つで、ほんの少しの揺れだけで壊れかねない。だから僕は、最初に包まれていたティッシュで、つまり結婚披露宴のあと、祖母が自分で人形を包んだその同じティッシュで人形を元どおりに包み、安全な箱の中に戻せと何度も自分に言い聞かせている。

で、その箱は？　これもまたある意味宝物だ。人形はC・D・ピーコックで購入されたもので、その店は百五十年も前からシカゴのティファニーと呼ばれてきた高級宝飾店だ。店は、かつて豪奢を極めたステート街のパーマーハウス・ホテルの中にあり、曽祖父が経営していた婦人帽製造販売会社からは角を曲がってすぐのところにあったが、今はどちらも跡形もない。C・D・ピーコックがいつ閉店したかは知らないが、最後にパーマーハウス・ホテルに行ったときに、ピーコックの装飾的な売り場の跡に、趣味の悪い宝飾チェーン店が入っているのを見た。まるで、ヴェルサイユ宮殿の鏡の回廊に、タコベル〔メキシコ料理のチェーン店〕が陣取っているようなものだ。

結婚のことを考えろと母に言われたときに最初に浮かんだのは祖父母の結婚式だった。

祖父のエド・シュナイダーは、シカゴ南部でウォルター・シュナイダーとネリー・オブライエンの一人息子として育った（ネリー・オブライエン――これほどアイルランド風の名があるだろうか？）。曽祖父ウォルター・シュナイダーは、大恐慌以前にシカゴ南部に多数のアパートを所有していた。一九二九年の大恐慌のあと、ウォルターは失業した店子たちから家賃を取り立てようとせず、また借家から追い出しもしなかったため、多くのアパートを失う結果となった。やがてウォルターは酒造りを始め――これはアルカポネがいた時代のシカゴの話だ――ギャングに一人息子の命はないぞと脅された。ウォルターとネリーはシカゴ北部に移り住み、息子のエドワード（エド）を安全なインディアナ州の寄宿学校に入れた。

エドは僕の祖母、マリジョーの男兄弟の一人と同じ高校に通っていて、それがきっかけで祖父母は知り合った。二人は高校三年間ずっとつき合っていた。大学を出ると、マリジョーは病院の検査技師として働いた。祖父エドが、出身校であるロヨラ大学でスポーツ情報広報担当官の職を得ると、ようやくエドとマリジョーは結婚することになった。二人が二十五歳のときだ。マリジョーは病院の仕事を辞めた——彼女は結婚し、結婚しているアイルランド系カトリック教徒の女性は働かないものと決まっていたから。二人は家庭生活を営み、さらに多くのカトリック教徒をこの世に生み出した。

祖父母は聖イグナチウス教会で結婚した。シカゴ最大の教区教会の一つで、六四三三番地から一ブロック半離れていた。僕は、結婚式の日に教会で撮影されたエドとマリジョーの写真を持っている。二人で中央の通路を戻ってくるところで、司祭によって夫婦であると宣言された直後の様子だ。祖父は長身のがっしりした男性でシルクのベストにモーニングジャケット姿だ。カメラに笑顔を向けている。祖母はクリーム色のサテンのドレスに真珠のネックレスをつけ、すずらんの花束を腕に抱き、喜びいっぱいに天を仰いでいる。二人とも、ウェディングケーキの上に飾られた人形に驚くほどそっくりで、この上なく幸せそうに見える。

ケーキは結婚式の直後にエッジウォーター・ホテルで催された朝食会で振る舞われた。正式な結婚写真はその日の午後にシカゴのダウンタウンにあるドレイク・ホテルで撮影された。ハネムーンはミシガン州のデトロイトだった。僕が母親から送られた箱の一つの中から、二人が乗った列車のチケットが僕の曽祖父の会社の社員のメモと一緒に出てきた——その社員は、曽祖父に命じられてハネムーンの手配をすべて行っていた。ホテルの予約、列車のチケット、寝台車の手配なんかを。

祖母のウェディングドレスは、地下室の別の箱の中に、結婚式当日に届いた電報や手紙でいっぱいのスクラップブックと一緒にしまってある。僕の家にある数々の証拠から推し量るに、二人の結婚式はアメリカ人が憧れる大掛かりで派手な結婚式で、まさに映画『花嫁のパパ』の世界であり、結婚産業がすべての花嫁や花婿に、その資力とは無関係にこぞって売り込もうとする類の、ロイヤルウェディング風の結婚式と披露宴だった。

祖母には残念なことに、結婚式の日がお姫様扱いされる最後の日となった。上位中流家庭で育った彼女だったが（私立の学校に通い、乗馬を習い、高価な衣服を身につけていた）、嫁いだ相手は結婚と家族の他には何も求めない男だった。祖父母が結婚前に相談に訪れた司祭は、エドは大金を稼ぐタイプの男じゃないとマリジョーに警告した。エドは良き夫となり良き父親となるだろうが、あなたの父上が与えてくれたのと同じ種類の生活を与えてはくれないだろう、と。エドが望んでいるのは、テーブルに並ぶ食事と、一人以上の子どもと、子どもたちが友だちを安心して連れてこれる家庭だけだ、と司祭は告げた。

僕が子どもの頃、祖父は毎日六四三三番の家を出て、「L」〔シカゴのダウンタウンを走る高架鉄道〕に乗ってダウンタウンに行き、シカゴ・トリビューン社で、のちにはシカゴ・アメリカン社で、スポーツライター兼編集者として働いていた。しかし祖母はずっとアパートにいた。キッチンにはいつもキャンディ入りの広口瓶があって、裏口の前を通る僕たち兄弟や近所の子どもたちにキャンディを配った。子どもだった僕は、結婚が腐敗しやすいものだとは、カウンターに出したまましまい忘れたミルクのようなものだとはまだ知らなかった。人の結婚を詮索し、幸せなのだろうか、不幸なのだろうか、これは長続きする結婚だろうか、破綻する結婚だろうか、と考えたりもしなかった。十歳になるまで、離婚がどういうことかも知らなかった。当時の僕は、自分が永遠に妹の兄であり母の子どもであるように、祖父母も夫と妻でなくなることはないと思っていた。

二人の結婚写真を眺めながら、二人は満足だったのだろうか、二人の仲はうまくいっていたのだろうか、幸せな結婚だったのだろうかと考える。

「しょっちゅう家の中で一緒に歌ったりダンスしたりしてたわ。父さんはよく母さんの後ろから近づいてキスしたり抱きしめたりしてね。今でもはっきり思い出せる。母さんの『もう、エドワードったら。やめて！　やめて！』って声をね」。僕が電話して二人のことを尋ねると、母はそう答えた。「二人はとても愛し合ってた――母さんがしらふのときは」

祖母は一九一四年に生まれた。僕はその五十年後の一九六四年生まれだ。僕の六歳の夏、祖母は五十六歳だった。今の五十代は年寄りじゃない。最新の処方薬のコマーシャルによると、五十代の人たちはヨガの稽古や自転車、タイ式キックボクシングの練習に忙しくて年をとる暇もないらしい。でも一九七〇年代には五十六歳は年寄りだった。祖母は総入れ歯で楽な部屋着を着ていた。祖母が「下を向いた犬のポーズ」やその他のヨガのポーズをしている姿などとても想像できず、おでこに三つ目の目がある姿のほうがまだ想像できるほどだ。とはいえ、僕の目には祖母は満足しきった老女に見えていた。午前中はいつもキッチンに座ってコーヒーを飲んでいた。夜はリビングに腰を下ろしてハーバートタレイトンの巻タバコを吸いながら新聞を読み、孫たちを喜ばそうと、入れ歯を口から出したり入れたりして見せた。クリスマスにはアパートの部屋をデパートみたいにきれいに飾り付けた。サンポーチには念入りに刈り込んだ木が置かれ、家の中のすべての写真立てに赤いリボンが結ばれ、暖炉の炉棚からは彼女のお手製のベルベットの靴下が吊り下げられていたが、靴下は家族一人一人の分があって、増えていく一方の孫たちのまであった。

祖母が健康な女性ではなく、自分の母親に対するひどい恐怖心に悩まされていて、僕の母親との間にも確執があると僕が知ったのはそれから何年か後になってからだ。僕がさまざまな家庭の秘密を受け入れられる年齢になったとき、祖母はアル中だった、という事実がまず告げられた。のちには、祖母には狂言自殺や、半分無意識の自殺を繰り返す癖があったとも知った。六歳だった当時の僕は、ティーンエイジャーだった頃の僕の母に負わされた責任の一つが、酔っ払った自分の母親がオーブンの中に頭を突っ込み、意識を失った後に、そのガスを消すことだったとは知らなかった。また、一九三六年に大学を卒業した祖母が、勉強を続けて医大に進み、医師になりたいと言ったとき、両親は――彼女が恐れていた母親と大好きだった父親は――娘の夢を応援してくれなかったことも知らなかった。祖母は僕の祖父であるエドと婚約し、結婚したカトリック教徒の女性は働かないものとされていた。二人は家庭を持ちたくさんの子どもをもうけた――神様が授けてくださる子どもの数がどれほど多かろうと、そのせいでどんなに大変な思いをしようと、家計がどんなに苦しくなろうと。

「あの人は陽気な女性じゃなかったわ」と母は言う。飲酒ぐせは三番目の子どもを出産後始まった。「当時は、産後うつなんて言葉も知られていなかったから」

これ以上子どもは産まないほうがいいとわかってからも、祖母は子どもを産み続けた。エドは望みどおりの大家族を手に入れたが、マリジョーはどんどん惨めな状態になっていった。祖父のために弁解しておくと、祖父も祖母も熱心なカトリック教徒だった。祖母は路地を通って教会へ通っていたが、それはつわりのせいで気分が悪くなるとわかっていて――そのときは近所の家のゴミ箱に嘔吐しようと思ったからで、ミサを欠席しようとは思いもしなかった。二人とも、神様が自分たちに授けるのが良いと思われる数の子どもを持つべきだ、妊娠期間がどれだけ大変でも、妊娠が祖母をどれだけ崩壊させても、と信じていた。そして現代の核家族に比べると六人の子どもを持つのは大変だと思えるが、マリジョーの子どもは彼女の母親が生んだ数より二人少なかった。もしかすると曽祖母は祖母に、六人のどこが大変なの？　なんて言ったことがあるかもしれない。

もしも祖母が現代の若い女性だったら、あんな選択はしなかっただろう。学生を続け、医者になる道を追求し続けたことだろう——あくまで医者を。そして、もしも結婚を考え、そうしたとしても、子どもを持つことを強制されたりはしなかっただろう。子どもを持つと決めた場合も、神様や偶然の力ではなく、彼女自身が何人産むか決めただろう。現代のアメリカのカトリック教徒の大半と同じように、独身の司祭が避妊は不道徳だと言うのを聞くと目をむいて見せ、そのままピルを飲み続け、おそらく子どもは二人でやめにするだろう。つまりマリジョーにとっては、二十一世紀前半ではなく二十世紀の前半に若者だったことが不運だったが、彼女の六人の子どもたちと十三人の孫、そして十一人のひ孫たちにとっては、祖母がその時代に生きていたことが幸運だった。もしもマリジョーが、彼女の意思で自由に選択できたなら、もしも結婚と出産が義務ではなかったら、彼女の家があれほど古い価値観をもっていなかったなら、僕たちの誰一人として——僕も、母も、叔母たちも、叔父たちも、兄弟も、いとこも——この世に存在していなかったかもしれない。

「花嫁と花婿の靴の裏を見て」箱に押し込まれた母のメモにはそう書かれていた。「ウェディングケーキの砂糖衣よ！」

七十年前には砂糖衣は祖母のウェディングドレスと同じクリーム色だった。ところが今では花嫁と花婿の靴の裏の砂糖衣はこげ茶色をしている。花婿の靴の底の砂糖衣の向こうに、赤色で「Germany」のスタンプが押されているのが透けて見える。祖父母が結婚したのは一九三九年だから、花婿と花嫁の顔にお揃いの眉を描いた人間がナチ党の一員だった可能性は十分ありうる。二つの人形を手のひらに載せながら、こうした小さな花嫁と花婿の人形は、どんな経緯で多くのウェディングケーキを飾るようになったのだろう、と考えた——この人形もまた、ホモが馬鹿にしたがる昔ながらの結婚の伝統の一つなのだろうか？

それとももっと最近の流行りなのか？　そしてその後人形たちに何が起きたのか？

　アメリカの結婚式の習慣の多くがそうであるように、ウェディングケーキに人形——業界では「トッパーズ」と呼ばれている——を飾る習慣はヴィクトリア朝時代のイギリスで始まった。一八四〇年、アルバート公とヴィクトリア女王のウェディングケーキにローマのトーガ〔古代ローマ市民が用いた白いウールの衣服〕を着用した王室カップルの像が飾られ、その足元にはキューピッドたちと白い花のブーケがあしらわれた。チャールズ・ディケンズが『クリスマス・キャロル』で創案して以来、百五十年以上にわたってクリスマスが祝われ続けてきたように、アメリカ人はヴィクトリア女王の死後一世紀以上も、その結婚式の様子をまねし続けている。僕たちアメリカ人だけが、それがアメリカ人の習慣なんだけど、ヴィクトリア朝時代の純白の結婚式を滑稽なまでに模倣した。たっぷりとした——そしてたっぷり金のかかった——ウェディングドレス、人前で盛大に行われる結婚の儀式、馬車、金に糸目をつけない披露宴、ばかでかい、建築物のようなケーキ。アメリカの結婚式は、伝統的なイギリスの結婚式と伝統的なアメリカの超消費主義の掛け合わせだ。まさにロイヤルウェディング株式会社。

　ケーキの飾り人形はイギリスでも人気を博したが、人形たちはアメリカにおけるほどはイギリスのウェディングケーキ界を席巻しなかった。十九世紀末から二十世紀の初めには、飾り人形はイギリスや日本、ドイツで多く生産されて、ここアメリカで売られるようになった。一九二〇年から一九七〇年にかけての五十年間は、花嫁と花婿の人形が飾られていないウェディングケーキで結婚するなんて考えられないことだった。そして、ウェディングケーキは花嫁の晴れの日に華々しい役割を果たすものであるから——メアリー・ウッズは『あなたの結婚』（一九四九年）に「花嫁のためのケーキは何にもまして特別に目を引くものでなくてはなりません」と書いた——花嫁の父たちは、僕の曽祖父のような男たちは、高級宝飾店の高価な飾り人形に喜んで大金を支払った。

飛行機の後方の座席で見つけた結婚についての雑誌をパラパラ眺めていたときに、ケータリング業者の広告に出てくるウェディングケーキに花嫁と花婿の人形が載っているものが一つもないのに気づいた。どうやら僕は花嫁花婿人形について誰もが知っていることを知らなかったようだ——明らかに、人形を飾る習慣はすでに廃れていた。これまでの人生で出席した結婚式を思い返してみても、ケーキの上に人形が載っているのを見た覚えはない。一度だけ、ケーキの上に載せられた花嫁と花婿の人形を見たことがあるが、それは『タイム』だったか『ニューズウィーク』だったか『ニューリパブリック』だったか『ネイション』だったかの編集者たちが、ゲイの結婚についての記事の挿絵のためにケーキの上に二体の花婿または二体の花嫁を突き刺していただけだ。

祖父母のドイツ製の飾り人形は二人の結婚——壊れやすいがある意味価値があり、長続きはするがどこかファシズムの気配が感じられるもの——の象徴であるだけでなく、一九三九年頃の結婚そのものの象徴だと思えてならない。当時は結婚すれば、ずっとそのままだった。妻が酒浸りになれば口実を設けて距離を置き、結婚は続けた。結婚で辛い思いをしても、体力の限界を超える数の子どもを産んでも、結婚は続けた。結婚は、そう、今の時代に売られている飾り人形のような、使い捨ての安物ではなかった。僕は二日間探し回って、ようやくシアトルのダウンタウンの一ドルショップで一対の飾り人形を見つけた。埃まみれで、土台は欠けていて、でも二ドル九十九セントもした（一ドルショップで売ってるはずの一ドルの商品はどこへ行っちゃったんだろう?）。縁はぎざぎざ、顔もでこぼこの人形は見るも痛ましい。花嫁の人形には眉もなく、花婿の眉は四十五度の角度に無造作に貼りつけられていた。片方の眉は左目にかかり、もう片方はおでこの上にくっついている。まさにやっつけ仕事。素晴らしい伝統が台無しだ。

「マリジョーおばあちゃんにとっては、罪と教会がすべてだった」

母親と僕は聖イグナチウス教会の信徒席で話している。そこは昔からうちの家族が通っている教会で、暖かい秋の日曜の朝のことだ。僕の祖父母は聖イグナチウス教会の大聖堂で結婚式を挙げた。両親が結婚式を挙げたのは、この教会の片隅にある小さなチャペルだ。祖母は初聖体をここで受け、母も、僕もそうだった。祖母は聖イグナチウス小学校に通い、僕の母も聖イグナチウス小学校に通い、僕もまた聖イグナチウス小学校に通った。一九九一年の祖父の葬儀以来、僕は聖イグナチウス教会を訪れていなかった。でもスペイン語で書かれたいくつかの告知文が貼られている他は、主聖堂は僕の少年時代とそれほど変わっていなかった。

「その二つがあの人の主な関心事だった」と母は続けた。「結婚前のセックスはいけない。それはとても重大なことだった。もしも誰かを殺してしまったのなら、母さんはわたしをかばってくれるだろうけど、誰かとセックスしたら絶対許してくれないだろう、とずっと思ってたわ」

僕たちは席を立ち、白い大理石でできた古びた聖体拝領台のところまで歩いて行った。ヴァチカン二世より前の時代の遺物だ。

「母さん──あなたのおばあちゃん──は大掛かりな結婚式を挙げたけれど」と母は言った。「わたしの結婚式はこぢんまりしたものだった。急いでやる必要があったから」

母はドレスも借り物にする予定だったが、土壇場になって母の母は計画していた披露宴を中止にした。「おばあちゃんは披露宴ではシャンパンだけを振る舞うべきだと言い張り、それだと新郎の親戚は出席しそうになかった。みんな酒飲みだから。だったら、とマリジョーおばあちゃんは披露宴を中止にした。そこであなたのひいおばあちゃんが乗り出した。自分の初孫を結婚披露宴もなしに結婚させてなるものかと考え、ひいおじいちゃんと二人でわたしたちのために披露宴を開いてくれたわ」

急ごしらえの結婚式となった理由は？

僕の母と父は結婚の約束をした後で母が妊娠していることを知った。結婚式の日取りが二月の末だったのも、衣装が借り物だったのも、大急ぎで披露宴の準備をしたのも――すべて祖母のマリジョーに、結婚前のセックスの危険について再三警告してきたにもかかわらず、彼女の長女は結婚式の日にすでに妊娠していると気づかれないための、必死の策だった。

「わたしの父と、あなたのお父さんの両親には本当のことを言ったんだけれど、母さんには言わなかった。言えば頭がおかしくなるとわかってたから」と母は首を横に振りながら言った。結婚式の二週間後、母は流産した。「七年後、サヴェージおばあちゃんがわたしたち夫婦に腹を立てて、母さんに手紙を書いて結婚式の日にわたしが妊娠してたとバラしたの。そのあと二年間、母さんに口をきいてもらえなかったわ」

僕や兄弟たちにとって幸運なことに、僕の母は子どもたちが結婚するまで純潔であるべきだとは思っていない。一九六〇年代の分別ある母親――おっと、親がそうであるように、母は子どもたちにセックスは健康的で自然なことだと考えてほしいと思っている。母自身がそうだったように、四人の子どもたちももちろん結婚前にセックスするだろうと考えていて、母は婚前交渉を勧めたりはしなかったものの――僕たちがティーンエイジャーになった頃の我が家のルールの一つは、異性の友人と外泊しないことだった（僕にとっては好都合なルールだ）――性交渉を持つようになったときに、怖くて母に告げられないということがないようにしたいと考えていた。聞きたかったのは細部にわたる辟易するような話ではなく、僕たちが安全で責任ある関係を結んでいることがわかればそれで十分だった。

「わたしの母さんはどうやらセックスが好きじゃなかったようね」母は、昔馴染みの教会から出たところでそう言った。「母さんから人生の真実のいろいろを聞いた夜のことは今もよく覚えている。十一歳だった。二人でアーサーアヴェニューを歩いてガールスカウトのクッキーを配っていたときのことよ。そろそろあなたも知っておかなくてはね、と言い、誰かの奥さんになるということは、セックスに耐えることだと説明したの。あなたのおばあちゃんは〝妻の務め〟という言葉を使ったわ」

母はまだ若かったが、それでも自分の母親のようにはセックスを捉えていなかった——祖母もそれを知っていたが認めようとしなかった。

「結婚式の翌日に家に電話したわ」と母は言った。「おばあちゃんはわたしに、『ところで結婚生活はどう？』と尋ね、わたしは『楽しいわ！　最高に！』と答えた。そしたらおばあちゃんは、『ほら、お父さんと話しなさい。あなたは間違いなくお父さんの子ね。わたしじゃなく』と言っておじいちゃんに受話器を渡したの」

車まで歩いて戻る道すがら、父さんと結婚したことを後悔しているかと聞いてみた。もしも母が僕の父と聖イグナチウス教会で結婚していなければ、成人した四人の子どもたちはこの世にいない、という事実はちょっと脇に置いて、今こうなることを、当時の母がすべて知っていたとしたら、それでもあの一九六一年に父親と結婚していた？　と。

「ええ、もちろん結婚したわ」と母は答えた。「わたしたちはとても愛し合っていたから。人生に同じ希望を持っていた。あの人は子どもをたくさん欲しがっていたし、わたしもたくさん欲しかった。それにずいぶん長い間幸せだった。あれは不幸な結婚じゃなかった。子どもたちはみんな望まれて生まれた子で、みんな愛されていた。それにあなたのお父さんはとてもいい父親だった。いろんなことがうまくいかなくなって結婚生活が終わりを告げるまでに、長い長い幸せな年月があったのよ」

祖父母の結婚生活は一九七〇年の夏に終わった。労働記念日の週末のことだった。その年、ヴェトナム戦争はカンボジアにまで及び、ケント州では抗議活動をしていた四人の学生が州兵に射殺された。ビリーと僕とローラは、ほとんどの週末を近所のビーチで両親と過ごし、下の兄のエディは風邪をひいて六四三三番地の家で祖母と待っていた。母は、昼にエディの様子を見に歩いて家に戻ったときのことをよく覚えていると言った。母親が何らかの理由で苛立っていると感じたという。その日の夜遅く、夕飯のためにみなで海から戻ってみると、祖母はもうベッドに入っていた。

それから数時間後、祖父が二階に上がってきて父と母を起こした。

「母さんが死んでるみたいなんだ」祖父はそう僕の母に告げた。

今でも家族の間では、祖母が就寝中に亡くなったのか、それとも酒と薬による自殺をついに成し遂げたのかについて意見が分かれている。叔父のジェリーは彼の母親が亡くなったときまだ六四三三番地で暮らしていたが、彼女が所有していた一枚が二ドル分の銀に償還される三枚の珍しい「銀証券」の思い出をよく口にする。「自分が死んだらそれを僕にやると母はずっと言っていた」と叔父は言う。「あの晩、あの人はずっと酒を飲んでいて、僕にその銀証券をくれようとした。僕は、何ばかなことを言ってるんだ、と返そうとした。母は頑として譲らず、僕はそれをポケットに入れたんだ」。ジェリーはその夜上の兄のジミーに会いに出かけた。ジミーは長髪のミュージシャンで、その日は彼のバンド、C・W・モスの公演日だった。「その夜僕と兄貴は六四三三番地の家に帰って眠った。そのあと父親に起こされて、母さんが死んだと告げられた」

その翌朝、僕が目をさますと、母はキッチンにいなかった。朝はたいていそこにいてコーヒーを飲んでいるのに。母はリビングにいて、ソファに横たわり、手で顔を覆ってすすり泣いていた。自分の母親が泣いているのを見た僕は、なにしろそんな光景を見たのは初めてだったから、すっかり動転してその場に立ち尽くしていたが、なんとか勇気を振り絞って、どうしたのと母に尋ねた。母はソファに座りなおし、僕を膝の上に乗せた。

「昨夜おばあちゃんが亡くなったの」と母が言った。

それでどうして母が泣くのか僕にはわからなかった。

「誰かが天国に行くことは嬉しいことじゃないの？」母によると、僕はこう続けたらしい。「おばあちゃんもそうしたかったんじゃないの？」

デリカシーがないと責めるなら、幼い頃に触れたカトリックの教えを責めてくれ。当時僕の宗教教育はまだ「主、我を愛す……」の段階にあり、尼僧たちや近所の人々、そして自分の祖母からも、良きカトリック教徒は――そしてカトリック教徒だけが――死んだら天国に行けるのだと教え込まれていた。彼らは僕らに、天国とは、見たこともないほど大きなおもちゃ屋さんと、行ったこともないほど大きなお菓子屋さんが一緒になったようなものだと説明した。天国では毎日がクリスマスと誕生日が同時にやってきたようなのだ、と。そしてもしも僕が良きカトリック教徒であれば、いつの日か僕は空の上のそのおもちゃ屋／お菓子屋／クリスマスパーティでイエスキリストと一緒に暮らせるようになる、と祖母はよく僕に言ったものだ。その結果、六歳の僕には祖母――というか誰であれ――が天国に行くことのどこが悪いのかわからなかった。なんと、僕も祖母と一緒に行きたいとさえ思っていた。

「誰かが亡くなったとき、その人が今は天国にいると思うと嬉しくなるわ」と母は答えた。「でももう自分のそばにいないと思うと悲しくもなるの」

その朝階下では叔母のジョーイが父である祖父と口論していた。ジョーイは検死解剖を望み、祖父はそれを拒否した。祖父のエドは二十年間、妻のマリジョーをかばってきた。飲酒の量を控えめに言い、妻の真の姿を隠し、何も問題ないふりをしてきた。現代では「授権行為」と呼ばれる行動で、やってはいけないことだ。今は、酒を飲みすぎる妻を持つ夫たちは妻に医療を受けさせ、サポートグループに参加し、家族全員にセラピーを受けさせるよう求められる。でも僕の祖母が酒浸りになったのは、隠すことが家族への愛情表現である時代だった。家族は嘘をつき、家族の誰かがピアノの中に隠しているシュリッツ・ビールの缶を捨て、ウォッカの瓶の中身を流しに捨てて代わりに水を詰め、その頭をオーブンから引っ張り出し、ベッドに寝かせて、翌日には何もなかったふりをした。

検死解剖をさせないのは、祖父の最後の愛ある行動であり、最後の授権行為だった。それは妻を自殺という不名誉、許されない罪から救う彼なりの方法だった。愛情から出た行為だった。

その夜、僕の母は階下の祖父のところにはいかなかった。医師が到着して祖母の死を宣言すると、祖父は同じブロックのはずれにあったマロニー葬儀社に電話をかけ、すると彼らがやってきて祖母の亡骸を持ち去った。ジョーイは葬儀社に出かけてマリジョーの髪を整え、マリジョーの子どもたちのために頭髪をいくらか切って持ち帰った。

N・グレンウッド六四三三番地の二階建てアパートは、一九一八年から一九七八年までのかっきり六十年間僕の一族のものだったが、家族の中でそこで亡くなったのは祖母だけだった。祖母は唯一の犠牲者だった。あれは昔風の結婚の、昔風の結末だった。祖父と祖母は結婚の誓いを全うし、死が二人を分かつまで一緒にいたのだ。

祖母が天国に行けたこと以外にも、その朝僕たち家族には喜ぶべきことがあった。でも僕がそれに気づいたのは、一九七〇年代のはじめに友だちの両親が離婚し始めてからずいぶん経ってからで、その直後に自分の叔母たちや叔父たちが離婚し、一九八四年にはついに僕の両親も離婚した。

喜ぶべきこととは、祖母が亡くなった瞬間に、彼女の結婚は成功とみなされたということだ。離婚ではなく死が祖父母を分かち、そして死は結婚を成功とみなすための唯一の物差しなのだ。結婚が離婚に終わると失敗と呼ばれる。その結婚は失敗だったのだと。なぜか？　双方が生きて立ち去ったからだ。円満な別れだろうが、お互いに別れたほうが幸せになれていようが、一つの不幸な結婚が二つの幸福な結婚に取って代わられようが関係ない。離婚に終わる結婚は失敗とされる。どちらかがマロニー葬儀店の遺体安置所に運ばれて終わる結婚だけが成功とされる。

なんとも倒錯した成功法だけど。

祖母が就寝中に亡くなるかついに自殺を成し遂げるかしたとき、祖父母は結婚三十一年目だった。二人は愛し合っていたし、二人の結婚が正しいと思える点はたくさんあったけれど、祖母が満足とは程遠い状態だったのは確かだ。僕の両親は結婚二十二年目に離婚した。両親は最初の結婚を生きながらえ——離婚を乗り越え、二人とも再婚した。二人は二十年にわたって幸せに暮らし、四人の子どもを一緒に育て、子どもたち全員がほぼ大人になったところで別れた。僕には、二人の結婚は失敗だと思えない。むしろ結婚生活が賞味期限に達しただけに見え、平均余命が伸びている今、そんな結婚が増えている。僕の両親がたどった、別れ、新たなパートナーを見つけ、第二の成功した結婚に乗り出す道は苦労に満ちているが、酒浸りになって命を失うよりはましだったはずだ。

母を聖イグナチウス教会に連れ出したのと同じシカゴへの帰省のときに、僕は兄のビリーのこともブルーノの店から連れ出していた。ブルーノは、僕たち兄弟が子どもの頃に海へ行く途中に立ち寄っては、ソーダの缶やポテトチップスを買った酒屋だ。行ってみると教会は閉まっていた――われわれにふさわしい歓迎だ、とビリーは考え――そこで僕らは、煉瓦造りの大きな集会場の壁に作りつけられたベンチに腰を下ろした。僕たちの曽祖父が、この集会場を建てるための資金集めに協力していた。左側には聖イグナチウス学校の建物があり、二人ともその小学校に通った。右手には教会があって、そのイタリア風の鐘楼がこちらにのしかかるように高くそびえていた。

鐘楼の鐘は正時に鳴り、祖母の葬儀の朝に小学一年生だった僕の担任のミセス・キャンプマンから、この鐘はおばあさまのためだけに鳴っているのですよ、今お葬式が行われているので、と告げられたときのことを思い出した。すっかりなくなっちゃったね、と僕はビリーに言った。人と一つの場所のこんな結びつきは、と。祖母は生まれ育ったアパートの自分のベッドで亡くなった。彼女の亡骸は通夜のために同じブロックのはずれに運ばれていき、二日後、葬儀のために同じブロック内の教会に運ばれた。昔は、同じ一つのブロックの中で一生を終えることがありえた。そこで大人になり、子どもを産み育て、入れ歯を出し入れして孫を喜ばせ、死に、通夜が営まれ、葬儀が執り行われた。でも今はもう、そうした種類の人生も、そのような地域への思い入れも、地域とのつながりもなくなった。

当然兄は否定した。「僕は今でもその種の地域とのつながりは持っているがね。今でも肉はボルンホッフェンの店で買っている。ジミー叔父さんが働いていた店だ。去年の夏はマーズを連れて行った――これでサヴェージ一族は五代にわたって同じ肉屋でステーキやハンバーガーを買っていることになる。毎日小学校の同級生を見かけるし、生まれてこのかた、ずっと同じ通りを歩いている」

「兄さんは特別だよ」と僕は言った。「兄弟の中で一人だけ、親類がうじゃうじゃいる地元に残ったんだから。なくなっちゃんたんだよ、親族のつながりなんて」

「むしろ得たものを考えてみろよ」と兄は反論した。「空間、自由、そしてプライバシー。今も僕はロジャーズ・パークで暮らしているが、親戚だらけの二階建てのアパートでじゃない。ありがたいことに」

「僕たちは家族の親密さや心安さを失った」と僕。「もちろん家の歴史に連なっているという感覚も」

ビリーは現実をよく見ろと言った。感傷的になるのは簡単だが、今の時代、昔馴染みの地域に留まるのは選択肢の一つなんだ。両親や祖父母のように暮らすこともできる、彼らが住んでいた地に住むこともできる。でもそうしなければならないわけじゃなく、そこが昔とは大きな違いだ。選択なんだ、と。僕とは違って、兄は祖父母が暮らした地で暮らすことを選択した。祖父たちのようには暮らしていないけれど。

兄はロヨラ大学に入学し、そこは六四三三番地から歩いてすぐの場所にあり、さらにノースウェスタン大学で博士号を取得したが、そこも六四三三番地からバイクですぐだった。兄は六四三三番地からほんの数ブロックも離れて暮らしたことがなく、ノースウェスタン大学で専門職でありかつ管理職でもある仕事をしているにもかかわらず、週に一日は六四三三番地からすぐの、角を曲がったところにあるバーで働き、さらなる収入と笑いを得ている。近所のどこに行っても親戚がいる場所で暮らし、旅行には出かけるが——アイルランドやイタリア、そしてスペインへ——地球上の他のどんな場所にも住もうとは思わない。

「僕はここで楽しくやってるよ、ダニー。でもお前がここに留まっていたら死ぬことになっただろう」と兄は言った。「それは困るね。お前のばかばかしい感傷癖がこの世からなくなると寂しいだろうから。それに僕のほうがこのベンチに座って、お前の葬式を思い出して感傷に浸ることになる。つまり、一つもいいことはない」

その手紙は、母から送られてきた祖母のものを詰めたいくつもの箱の一つの中にあった。それは電報や誕生日やクリスマスのカードの束の中にあって、目を引いたのは一、二行の短い手紙でないのはそれだけだったからだ。読んですぐに母親に電話をかけた。

「母さん、レントルって誰？」

「レントル？」と母は考えた。「マイケル・リース病院でのマリジョーおばあちゃんの同僚よ。イギリス出身で、がん研究の大家だった。彼はおばあちゃんを高く買ってたわ。自分の大英帝国勲章をあげてしまったほどだもの」

「箱の中に彼がおばあちゃんに送った手紙があったんだ」と僕は告げた。「でも母さん、あれは同僚への手紙とは思えない。ラブレターだ」

母は声を上げて笑った。ありえない。レントル——差出人欄によるとサー・レントル・オブ・ウェストゲイト・オン・シー——は、結婚していたのだ。それに一九三〇年代の終わりに同じ職場で働いていたとき、彼は僕の祖母より相当年上だった。

僕は母親に座ってと言い、手紙を読み上げた。

一九三八年八月（日曜日）
大切な人へ
あなたのその美しい髪から足の先までを、心の底から敬愛しているわたしの思いが、どうかあなたの心の奥深くに届きますように。神聖なあなたの姿は、時に思い浮かべることも憚られるほどです。胸の内のあなたとの甘い記憶は、この先もずっと消えることはありません。あなたはずっとその［崇高な？］

ままで、稀有なまでのあなたの魅力は決して損なわれず、色あせません。気高く美しいあなたのことを、こんなふうに言うことさえはばかられます。

わたしは幸福です。あまりにも幸福すぎてあなたが不幸だとはとても思えません。僭越ながら、あなたが不幸でないことを願っています。

「神経が高ぶって」仕事が手につかないのではないか、とあなたはわたしに尋ねました。幸福感が、もっと仕事に打ち込みたいとわたしに思わせます。あなたを思えば幸せを感じ、男としてもっと成長したいという気持ちが湧いてきます。明日の仕事が終わったら、あなたを家までお送りしましょう。

昨日、あなたは別れ際にいつものように手を振ってくださいませんでした。あなたのホープ・チェスト〔若い女性が結婚準備のためにいろいろしまっておく箱〕に入れたテーブルクロスとハンカチのことをわたしは忘れません。わたしのホープ・チェストは、もしもそれほど大きなものを持てたならですが、思い出でいっぱいになるでしょう。そしてわたしの手の中にあるのは、その箱を開ける鍵だけです。シカゴ、アメリカ、そして世界にも、わたしにはマリジョーしかいません。

レントル

「『シカゴ、アメリカ、そして世界にも、わたしにはマリジョーしかいません』」と僕は繰り返した。「『あなたを思えば幸せを感じ、男としてもっと成長したいと？　あなたのその美しい髪から足の先にいたるまでを敬愛している？』　ゲスなことを言うようだけど、母さん、これは同僚に宛てて書く類の手紙じゃない。二人は関係を持ってたんだ」

長い沈黙。

「この手紙は多くを物語ってる」と僕は続けた。「だろ？」

また長い沈黙。耳を澄ましてみたが、ダイエットコークが凍りつく音はしなかった。

「たぶん、母さんの母さんが結婚前のセックスをかたくなに嫌っていたのは、彼女自身がちょっとした婚前交渉をしていたからだ」と僕は言った。「それがどれほど危険なことか、身にしみてわかってたんだよ」

またもや長い沈黙——これが一番長かった。母が黙っていることはめったになく、怒らせてしまったのかと心配になった。

「たしかに多くを物語っていそうね」と母はようやく口を開いた。「あなたのおばあちゃんは、お酒の怖さをずっとみんなに警告してたから」


僕はすぐに死の恐怖に取り憑かれるから、いとこのデビーが結婚二十周年直前にあの残酷な結婚の終着点を迎えたと聞いて、死の不安に苛まれ始めた。デビーの夫のマイケルは長い闘病生活の末に就寝中に亡くなり、デビーは三十九歳で、小学生の子ども一人と二人の大学生を抱える未亡人となった。これは、その一ヶ月間に僕の親族に起きた、結婚が大成功に終わった二つ目の事例だった。デビーの夫が亡くなる十日前に、叔父のウォルターの奥さんで僕の叔母にあたるシェリルがなくなったのだ。二週間足らずの間に二人の親戚を失ったことで——あるいは、物事のプラス面を見たがる人のために言うと、親戚に突然未亡人一人と男やもめ一人が加わったことで——僕は頭がおかしくなった。死は三度続く……ウォルターは結婚四十周年を目前にしてシェリルを失い……デビーは結婚二十周年直前にマイケルを亡くし……僕らの十周年は刻々と近づいていた。良い兆候とは言い難かった。シェリルは結婚してうちの家族の一員となり……マイケルもそうだった。これは悪い兆候だ。テリーが三番目の死者となるのは明らかだった……僕が彼と結婚したらの話だけれど。

テリーと僕は「死が二人を分かつまで」とつぶやくのは避けていたが、二人だけのときには、いくつもの最高に災厄を呼び込みそうな約束をしてきた。約束？　むしろ正確には、いくつもの気休めの嘘を並べ合ってきた——「ずっとそばにいるよ」とか「僕たちは永遠に一緒だ」といった大ボラのことだ。これらは、すべての元夫が元妻に、そして元妻が元夫にかつて告げたことのある言葉と同じであるだけでなく、生物学的にも不可能なことだ。たとえ僕らが別れなくても、たとえテリーがもっとまともな誰かのために僕を捨てたりしなくても、いつか死が僕らを分かつ。誓いの言葉を述べていてもいなくても。どちらかがどちらかより長生きすることになる。どちらかが後に残される。

僕は病的に根暗だから、テリーの死を事細かに思い描いたことがある。ドアがノックされ、外には警察官が立っている。警察官は僕に、「ここはテリー・ミラーさんのお宅ですか？」と尋ねる。ええ、そうです、と僕は小声で答える。彼はさらに、あなたはテリー・ミラーさんの身内の方ですか？　と尋ねる。日頃、人にはテリーのことをボーイフレンドだと言っているが——「パートナー」という表現に我慢ならないのだ——その警察官には自分こそ彼が探している相手だとわからせる必要がある。法的には、悪いニュースを最初に聞く資格はないとしても、心情的には僕にその資格があるとわかってもらわねばならない。だから彼には、テリーは僕のパートナーですと告げる——狂おしい目つきでそう言う。彼がテリーの母親を電話口に呼び出して悪い知らせを彼女に伝えるのを、隣につっ立って聞く気はないとはっきり伝えなくては。すると警察官は——彼が大馬鹿者でなく、規則どおりの手順にこだわらず、僕をテリーの最近親扱いしてやろうと思ってくれた場合——僕に悪いニュースを伝える。事故だった。テリーは携帯電話で話しながら運転していて、カーステレオにCDを突っ込みつつヴァニラ・ラテのダブルトールサイズを飲んでいた。そして今回は——テリーがこの危険な三連単式の運転をしたのはこれが初めてではない——運転を誤った。お気の毒ですが、と警察官は言う。テリーさんはお亡くなりになりました。

そしてこれは、テリーの死に関する僕の空想の一つにすぎない——あと一ダースはある。テリーは僕よりゲイっぽく、友人とクラブに出かけたときに誰かに暴力を振るわれるんじゃないかと心配だ。テリーはスノーボードをやるから、立木に激突するのではと気が気じゃない。テリーが木材伐採人のコンテストの出場者をジロジロ見るから、ホモ嫌いが彼をチェーンソーで襲うのではと不安になる。

眠れない夜は——少なくとも週に三日はある——ただじっと座ってテリーが眠っているのを眺めている。テリーは息を吸い、間をおいて、息を吐く。また間がある。どうしよう、と僕は考える。この男の息が止まったら？　テリーに先立たれたときの精神的な落ち込みを考えれば、毎日一人寂しく暮らしたほうがましなのでは？　もしもテリーが今日死んだら、もしも今晩ドアがノックされたら、もしも知らない誰かがやってきて、もう二度とテリーと話せないとか、抱きしめられない、その目を見つめられない、彼の匂いを嗅ぐこともできないし、その寝息を聞くこともできないと告げられたら——そう書いているだけで胃が痛くなってくる。

一人でいることは、ある種の継続的な軽度の寂しさを人に与える——少なくとも一人でいることを望んでいない人には。誰もいない家に帰り、信頼して話せる人もなく、病気にも一人で立ち向かう——一人は辛いものだが人はそれに慣れることができる。一方誰かと長くつき合っているからといって、そうした日々の辛さを免除してもらえるわけじゃない。僕は毎日テリーと暮らし、毎日一人ぼっちではないが、その間日々の辛さは少しずつ積み立てられ、利息は刻々と膨らんでいく。テリーが死んだその日に、テリーと一緒だったときに免れてきたすべての辛さが一度に支払われる。僕は不幸の遺産を受け取ることになる。

きっとその辛さは身を二つに引き裂かれるようなものだろう。世間で言う「一心同体」とはそういうことなのか？

同性婚に反対する人々は、僕のテリーへの気持ちをこの言葉で表現することに異議を唱えるだろう。彼らは男と女だけが一心同体になれると主張する。神だけが、結婚という神聖な制度によって二人の個人を一つの身体にできるのだ、一人の男と一人の女だけが一つとなって一人の子どもを、男女二人の身体から作りだされた一つの肉体を生み出せるのと同様に、と。でも愛し合う二人は一心同体であるという概念が生まれたのは、キリスト教の起源より五世紀も前のことで、結婚に何らかの形で愛が関わっていると言われるようになったのは、キリスト教が生まれてから十九世紀も後のことだ。

兄のビリーが前に話していた『饗宴』のなかで――言っておくが、ビリーはブルーノの常連客で唯一、気軽に『饗宴』を話題にできる男だ――プラトンはエロスについて説明を試みている。人はかつて、二人の人間がつながった姿をしていて、頭が二つに、足が四本、腕が四本あった、とプラトンは説く。性別は三種類だった。男が二人結合した人。女が二人結合した人々。そして男と女が結合した人。あるとき、人間に軽んじられたと思い込んだゼウスが、罰としてすべての頭が二つ、手足が四本ある人々をまっぷたつにし、その結果、人は失った半身を探して地上をさまよい歩かねばならなくなった。男の同性愛者は、元は男が二人結合した姿だった。女と女が結び合っていた者がレズビアンとなり、異性愛者となったのは男女が結合していた者たちだ。

それゆえに、とプラトンは書いた。「少年を愛する人であれ、それ以外のどんな人であれ、自分の半身に出会うときには、驚くほどの愛情と親密さとエロスを感じ取る。彼らは、いってみれば、いっときたりとも互いのもとから離れようとはしない。彼らは生涯を共に生きていく人たちだ」〔中澤務訳（光文社古典新訳文庫）より〕（ジャズファンやミュージカルファン世代には、ジョン・キャメロン・ミッチェル〔米国の映画監督、俳優、脚本家、プロデューサー〕の舞台『ヘドウィグ・アンド・アングリーインチ』でお馴染みの話だ。作品中で歌われる曲「愛の起源／The Origins of Love」はプラトンのエロスの理論をもとに書かれた）。

　でも、運良く自分の片割れを見つけられたとしても、二人が別々の身体を持っているということは、片方がもう片方より先に死ぬ運命だということで、数え切れないほどのデヴィーやウォルターが後に残されることになる。

　プラトンもそのことに言及した。「人間たちよ。おまえたちは、互いに何を望んでいるのか？」と神は若いカップルに尋ねる。「おまえたちの望みは、できる限り二人で一緒にいて、夜も昼も互いから離れないことではないのか。もし、それがおまえたちの望みなら、わしがおまえたちを溶かして一つにしてやろう」。この言葉を聞いて断るカップルはいないだろう、とプラトンは書く。なぜなら「それこそ、まさに自分が望み続けてきたことだと思うだろうから」〔前掲邦訳書より〕

　素敵な考え方だ。でも想像しているだけならこのうえなく魅力的な「一心同体」の概念は、いざ二人の人間を合わせて一つの身体を作るとなると崩壊してしまう。僕は今、これ以上はないほどテリーを愛しているが——墓地で口笛を吹きまくりだ——でもボーイフレンドと一つにくっつけられるのは最低最悪だ。すべてのまともなカップル同様、僕らも別々に過ごす時間を必要としている。僕はテリーとの永遠の別れに怯えながら暮らすことになるだろうが、だからといって、テリーと永遠に一つにつながっていたいわけでもない。

　僕の考えでは、より望ましいのはオウディウスの『変身物語』の第八話に述べられている方法だ（この本のことも兄のビリーから教えられた。学者め！）。「バウキスとピレモンの物語」は、天の神ユピテルとその息子のメルクリウスが人間に姿を変えて旅していたところ、彼らをもてなしたのは、一組の貧しい老夫婦だけだった、という話だ。神であることを明かしたのち、ユピテルはこう言う。

「こころ正しい老人よ！　心ただしい夫にふさわしい妻よ！　望みのことをいうがよい」。すると夫婦はおずおずとこう尋ねた。「二人で少し話しあってもよろしいでしょうか？」。ピレモンは、しばらくバウキスと話し合ったのち、共通の決心を神々に知らせた。「わたしどもは神官となり、あなたがたの神殿を守りとうございます。そして、ふたりが心をひとつにして、ながの年月を過して来たのですから、ふたり同時に死にとうございます。妻の葬いを見たくもありませんし、妻の手で埋葬されたくもないのです」〔中村善也訳（岩波文庫）より〕

老夫婦は神殿を守る神官となり、何年か後に死の時が訪れると、二人とも木に姿を変え、その根と枝は絡みあい、永遠にほどけることはなかった。

僕もそういうのを望んでいる。テリーより先に死ぬこともなく、どちらかが片方より長生きすることもないようにしたい。前にも言ったとおり、死は結婚を成功に終わらせる倒錯した方法にもなっているが、二人の関係が成功だったと人から思われるために、誰かが死ぬ必要などないと思っている。でも、この先長い年月を楽しく一緒に暮らした後、臨終の時がやってきたなら、二人一緒にマロニー葬儀社に運ばれたい、同じ日、同じ時間に、と僕は願っている。

第7章
今の結婚

いったいどうなってるんだ、ストレートは！

ある友人宅で夕食を食べていたときのことだ。二人は結婚している素敵なストレートのカップルで、三人の女の子の素晴らしい両親でもあった。子どもたちは興奮して庭を駆け回り、大人たちはいよいよ三本目のワインに突入しようかというときに話題はセックスのことになった。奥さんのほうは旦那よりずいぶん年下で、結婚したときには性体験がなかったことを僕らは知っていた——初めて夕食に招かれたときに、彼女がそんなことまで打ち明けたのだ。ほぼ一年前のことだった。損したような気がする、と彼女は言った。彼女は、どんな種類の性的冒険もまったくしてこなかった。あとで悔やんだり、振り返って「わあ、あんなことやったの？　わたしったら！」と考えることもない。

彼女が知っている唯一のゲイのカップルである僕たちに、彼女は出会ったその日からセックスに関する気まずい会話を仕掛けてきた。彼女は僕らがゲイであることにこだわっているようだったが、悪気はなかった。どうやら嫉妬しているようだった。ゲイなんだから、二人ともワイルドな性的体験を持っているはずで、それは彼女が体験し損ねた大胆な類のもののはずだと思い込み、ワインの杯を重ねるといつも詳しい話を聞きたがった。その夜のテーマは浮気だった。

「テリーを裏切ったことはある？」と彼女は僕に尋ねた。

僕はテリーのほうを見て「この質問に正直に答えていいの？」という顔を作った。テリーはうなずき、

「その必要があるなら」という顔をして見せた。

「もちろんテリーを裏切ったことはある」子どもたち全員が、僕の声の届かない場所にいるのを確かめてから答えた。「でも彼の目の前でだけだけど」

彼女は声を上げて笑ってからテリーを見、僕を見て、もう一度テリーを見た。冗談なの？　僕は肩をすくめた。冗談じゃないよ、という意味だ。「浮気」はしたが——それはテリーの目の前で、テリーの許しを得て、相手は僕たちが好きで信用している男で、息子とは別の場所にいたときのことだ。三人プレイをした——実際には二人プレイだったけど。三人プレイは今やありふれて変態的嗜好に入りさえしないが、僕たちのような人間の場合は——親という意味だ、ゲイのカップルという意味ではなく——変態の極みとみなされる。親である僕たちは、もう二人でセックスはしないことになっていて、他の人とのセックスなんてもってのほかだ。

彼女は詳しい話を聞きたがったが、ざっとあらましを話すだけにしておいた。一人は二人きりの休暇で出かけた先で出会った品のいいフランス人男性だった。トム・クルーズそっくりで、そこが良かったんだけれど、男とはほぼ初体験で、安全上の理由で、そこがさらに良かった。もう一回は僕の元カレとで、彼はIT億万長者で何十万ドルもつぎ込んで自宅の地下にプレイルームを作っていた。いわば大人のおもちゃのおとぎの国だ。そのデイヴィッドのプレイルームについて友人が夢中でしゃべるのを聞いたテリーは自分もそれを見たいと思い、それで彼の家で一緒に夕飯をということになった……するとあれよあれよと

言う間にことが進んで……話はこの辺までにしておきたい。

友人たちには、僕たちの三人プレイへの認識はビル・クリントンの中絶についての考え方と同じだと説明した——安全で法的に認められ、たまにしか行わないなら最善のやり方だ、と。本当にめったにやらない——なにしろ十年間に二回だ。大統領選挙にだってもっと頻繁に行く。三人プレイほど愉快な結果は得られないのに。

話し終えると、隣人である彼女は目を大きく見開き、前のめりになって僕の腕を掴んだ。「素敵」とちょっと大きすぎるくらいの声で言った。「ぜひ三人プレイをやってみたいわ。夫には内緒でね」

彼女はこれをすべて夫の目の前で言い、夫は笑った。冗談だと思ったのだ。

ヴァーモント、マサチューセッツ、ハワイ、カリフォルニア州の例の「活動家《アクティビスト》裁判官たち」が、彼らの州憲法の中に、同性婚に関する「新たな」権利を読み取って以来、二つの奇妙な二重基準がたびたびマスコミに取り上げられてきた。

ゲイの結婚に反対する人々によって執拗にうたいあげられ——そして同じくらい執拗に、同性婚支持者から攻撃されてきた二重基準とは、結婚イコール子どもを育てること、というものだ。ゲイやレズビアンは子どもを持てないから、僕たちゲイの結婚は許されるべきじゃない、と同性婚に反対する人々は主張する。この主張を覆すのはおもしろいほど簡単だ。結婚しているストレートのカップルのすべてが子どもを持てるわけじゃない。長兄のビリーとガールフレンドのケリーは明日にでも結婚できる。兄のビリーは精管切除をしているけど。マリジョーの死後、祖父のエドは夫を亡くした年配の女性と再婚した。僕の両親は二人とも、目下のところ子どものいない結婚生活を営んでいる。

それに大勢のゲイやレズビアンのカップルたちが養子縁組や人工授精によって子どもを持っていたり、これから子どもを持とうとしていることも、世間に知られていないわけじゃない。もしも結婚イコール子どもを持つことなら、子どものいないストレートのカップルは結婚できて、子どものいる同性カップルは結婚できないのはどういうわけだ？　この二重基準をうたいあげることによって、社会保守主義者らは図らずもアメリカのストレートの人々の結婚に関わる衝撃的な事実を暴露することになった。僕たちホモが何を望み、何を望まず、何ができないかということは言うに及ばず。

　ストレートの人々が今現在こういうものだと理解し、行っている結婚制度は、驚くほど融通性があって定義しがたい。二人のストレートがこれがそうだというものすべてが結婚だ。子ども？　個人の選択だ。貞節？　結婚で守ろうだなんてお目出度い。死が二人を分かつまで？　その確率は今や五分五分だ。妻が夫に従ってくれる？　妻がX染色体を二つもつ南部バプティスト教会員である場合に限っては。現代の結婚式は神聖にも（教会で、家族の前で、牧師の立ち合いで）世俗的にも（ラスヴェガスで、見知らぬ人々の前で、エルヴィス流に）なりうる。ストレートのカップルの結婚を成立させるのは——当事者自身の見解でも、州の見解でも——州が発行する結婚証明書と、お互いとの約束を果たそうという二人の意思だ。カップルは愛し合っている必要はなく、子どもを持っている必要もない。セックスさえなくてもいい。結婚するときにストレートのカップルが何を約束するかは、完全に二人の自由なのだ。州が決めることでも、生殖器が決めることでも、誓いの儀式を授ける教会が決めることでもない。

　これが、「伝統的な結婚」の擁護者たちが二〇〇四年にナイトライン〔ABCテレビのニュース番組〕や日曜の朝のニュース番組に次々と登場し口角泡を飛ばして持論を展開した理由だ。伝統的な結婚は、ストレートのカップルにとって選択肢の一つにすぎない。キリスト教徒のストレートは、教会で大掛かりな結婚式を挙げて子どもを持ち、妻は夫に従い、死が二人を分かつまで共に暮らすこともできる――それが結婚したときの二人の希望であり、結婚してからも二人がずっとそう願っているのなら。あるいは、信仰心のない人道主義者のストレートのカップルは、イルカでいっぱいの水槽の中で結婚し、子どもは断じて持たず、互いを対等だと考え、結婚生活がうまくいかなくなったと判断したら別れることもできる――これもまた、それが双方の合意であればだけど（でも注目すべき点は、キリスト教徒のカップルは、イルカでいっぱいの水槽の中で結婚したカップルよりも離婚しやすいということだ。アメリカ合衆国の離婚率は保守的な赤い州で最も高く、最も低いのは――嘘みたいにできすぎた話だが――正真正銘の青い州であるマサチューセッツ州だ。マサチューセッツ州は今のところ、合衆国内で唯一、ゲイやレズビアンに結婚に付随するすべての権利を認めている州だ）。同性婚に反対する人々にとって厄介なのは、ゲイの人たちが結婚に何らかの恐ろしい定義を新たに付与しようとしていることではない。ストレートの人々が、同性カップルを排除する必然性がもはや見当たらないほどに、結婚の意味を変えてしまったことだ。ゲイは人を愛せるしゲイは責任ある関係を築ける。なかには子どもを育てている者さえいる。なのにどうしてゲイは結婚できないんだ？

でも同性婚の擁護者たちも、これまで独自の二重基準を言い立ててきた。そしてこれもまた簡単に覆せる。

ゲイであることをオープンにしているニューハンプシャー州聖公会司祭のジーン・ロビンソンは、AP通信に「貞節や一夫一婦主義《モノガミー》、そして生涯にわたる責任ある関係を誓いたいと願う同性カップルを支援することもまた公共の利益にかなう」と述べた。「ラリー・キング・ライヴ」でサンフランシスコ市長のギャヴィン・ニューサムは、自分はただ「愛の絆と一夫一婦主義を推し進めているだけだ」と語った。またCNNの「ニューズナイト・ウィズ・アーロン・ブラウン」では、保守派のコメンテーターであり同性婚の先駆者であるアンドリュー・サリヴァンが、同性婚推進運動について「非常に保守的な活動であり……われわれは誰もが求める家族や責任、一夫一婦主義といった保守的な価値を求めているだけだ」と述べた。『ワシントン・タイムズ』〔統一教会系の米国の日刊新聞〕では、民主党支持のコンサルタントであるマイケル・ゴールドマンが、民主党に対してゲイのシヴィル・ユニオン〔二三頁に既出。法的に承認されたパートナーシップのこと。「シヴィル・パートナーシップ」も同義〕を擁護するよう強く求め、「シヴィル・ユニオンとはつまり二つのことを定めたもので、わたし自身も賛成なのだが——一夫一婦主義と責任である」と述べた。

ちょっと待った。

ストレートのカップルは、一夫一婦主義を守らなくても結婚できるし、結婚していなくても一夫一婦主義は守れる。子どもの存在と結婚が無関係であるように、一夫一婦主義と結婚も無関係だ。一夫一婦主義を守ることは義務ではなく、守らないからといって結婚が無効になることはない。世の中には組織的な夫婦交換に参加している何千何百という異性愛の結婚しているカップルがいる——それについては拙著『Skipping Towards Gomorrah』で詳しく取り上げた——そして組織化されていない夫婦交換をしているカップルがどれだけいるかは神のみぞ知るところだ。結婚しているストレートのカップルは、そうでないとわかるまでは当然一夫一婦主義を守っていると想定され、その想定が一夫一婦主義を守る（あるいは守っているふりをする）強力な誘因となっている。スワップしまくっているカップルさえも、家族や友人たち、同僚たちには一夫一婦を守っていると見られたいと考えている。でも子どもを持つかどうかと同様、一夫一婦も一つの選択だ。ギャンブル好きで知られるウィリアム・ベネット〔元合衆国教育長官、道徳教育の重要さを示唆する内容の『魔法の糸』の著者。同性婚に反対の立場を取る〕を苛立たせるかもしれないが、結婚したカップルのそれぞれが、一夫一婦主義を自分たちの契約に含めるかどうかを自分たちで決めるようになった。さらに言えばどのケツの穴にするかも。

結婚とはつまり一夫一婦主義を守ることであり、結婚を望むゲイのカップルはすべて一夫一婦を望んでいる、という間違った考えを世に広めることによって、同性婚の支援者たちは独自の二重基準を作り出し、ときにはそれを強制しようとさえする——そしてその二重基準も同性婚反対論者たちによっていとも簡単に覆されうる。同性婚賛成論者たちが子どもを持つゲイやレズビアンのカップルの例を示せるように、同性婚反対論者たちも、カナダやマサチューセッツ州で結婚した数多くの同性カップルの中から、一夫一婦主義を守っていないゲイのカップルを見つけ出すのにそう時間はかからない。

実際、僕とテリーの関係も、同性婚賛成派と反対派のどちらにとっても同じくらい脅威となる。僕とボーイフレンドは子どもを持っている。さらにもう一人養子をもらおうかと考えている。もしも子どもを持つことが結婚すべきカップルとすべきでないカップルを分ける究極の判断基準なら、僕たちは結婚すべきだ。でも一夫一婦主義を守ることが判断基準なら、三人プレイのことを白状した僕らに結婚の資格はない。

男同士のカップルが——子どもを持つ男同士のカップルの場合は特に——一夫一婦を守っていないと認めたとき、人々の脳内をあらゆる種類の悪夢が駆け巡る。（そう認めるカップルがとても少ないのはたぶんそのせいだ）。結婚しているカップルは、そうでないと判明するまでは真面目な一夫一婦主義者だとみなされるが、一夫一婦主義でないゲイのカップルは、そうでないとわかるまで、誰とでも寝る飲んだくれの無責任な人間だとみなされる。「（同性婚が合法化された場合）最も被害を被るのは子どもたちだ」と、キリスト教保守派のリーダーで、スポンジボブ・スクエア・パンツ〔テレビアニメの主人公〕が極秘に活動するホモの工作員だと見破ったジェームズ・ドブソンは言った。そして「同性愛者が一夫一婦主義を守ることはめったになく、本来保守的な生物である子どもたちは、自分たちの両親がセックスパートナーを次々に代えることや家庭生活の不安定さに、深く心を傷つけられることになる。家を奪われ、児童保護施設で暮らす子が増えるだろう」と警告した。

ドブソンが描き出すおぞましいゲイの両親像は、ゲイの男や、一夫一婦主義、乱行についての固定観念にもとづくものだ。ドブソンの考えでは、ゲイの男には一人の男を相手にするタイプと不特定多数の男を相手にするタイプしかおらず、その中間はいない（しかも前者のタイプは何千億人に一人の希少種だ）。

ドブソンに反論する前に、一点だけ彼への賛意を表明しておきたい。子どもは元来保守的な生き物だ、という彼の言葉はまったく正しい――ただし、現代の「保守」が意味するようにではないけれど。なにしろ減税に強く反対する子どもに会ったことはないし、知っている子どもの大部分は、親による生活支援をむさぼり働かずに遊んで暮らしている（社会保障への依存と同様、親子にも依存の問題が生じる）。それに子どもは本能的に死刑を怖がる。子どもが安心するためには安定性が必要で、そういう意味で子どもは保守主義者であり、だから概して物事が変わらないことを望む。彼らは習慣と慣れを必要とする。今、社会で最も過小評価されている価値観の一つは――自分の価値観を重要な社会的規範であるかのように言い立てる政治家たちはぜひこれをあらゆる親に勧めてもらいたいと僕が望んでいるものであり、多くのホモたちが問題を抱えている価値観だが――安定を保つことだ。親になったら、子どもが小さいうちは無節操に変化を求めるのはやめるべきだ。次々と新しい宗教にのめり込んだり、半年ごとにパートナーを代えたり、性別を変えたりするのは、僕に言わせれば幼い子どもたちを恐怖に陥れることだ。子どもは両親がずっと一緒にいることだけでなく、両親が変わらないことを必要とする。その点についてはきみに賛成だよ、ジミー。

で、さっきの誰とでも寝る飲んだくれの無責任ホモ野郎の話だ。

ドブソンは、世の中には二種類のゲイのカップルがいると信じている。希少種すぎて議論に値しない一夫一婦主義のゲイのカップルと、性的パートナーが延々代わり続けるゲイのカップル。一夫一婦主義を守らないゲイの男はいつでもどこでもぞっとするほど乱行している、と考えているのはドブソン一人ではない。ゲイのカップルが一夫一婦主義でないと認めると、他のゲイの人たちも同じ想像をする。だから僕は、一夫一婦主義でない僕たちの暮らしがどういうものか、もっと詳しく説明しなくてはと思ってしまう。ボーイフレンドと僕は低俗なバーにいつも出かけているわけではなく、インターネットで知り合った男とセックスすることもなく、いつも以上のオーガズムを得ようと無意味な危険を冒す気もない。でも多くのストレートのカップルと同じように、僕たちにも二人の間の取り決めがある。お互い、いくつかの相当ありえない状況が揃ったら「浮気」してもいいことになっているが、外での性的接触はすべてものすごく安全で——本当に、超超安全で、もう笑っちゃうほど安全でなくてはならない。我が子を危険な目に遭わせるようなまねはこれまでもしてこなかったし、この先もするつもりはない（映画『クレイマー、クレイマー』のような場面、つまり真夜中に見知らぬ大人が裸で家の中を歩き回るようなことは起こりえない）。どう見ても、外での浮気に関して僕らが設けた制限は、事実上の一夫一婦主義につながっている。一緒に暮らすようになってからのこの十年で、ありえない状況がそろったのはほんの数回だ。僕らが一夫一婦主義を守っていないのは、実際上ではなく理論上の話だ。一夫一婦を守るかどうかについての僕らの態度を一言で表すとすれば、「保守的」だろう。残念ながら、「保守的」という言葉はドブソンのような、セックスに取り憑かれた禁欲的な馬鹿者たちにハイジャックされ——めちゃめちゃにされたけれど。

外でのセックスへの欲求を禁ずるのでなく制御《コントロール》するこのやり方は、僕らが子どものために作り上げた家庭を台無しにするどころか、僕たちの家庭をより安定させた。多くのカップルとは違って、僕らは浮気を理由に別れたりしない。僕らはすでにその機会に会い、それをやり、ありがたいことに、とても安全で楽しい時間を過ごし、いつかまたやりたいぐらいに思っている。

いつ、誰に尋ねるかによって、結婚がゲイの男たちを変え、一夫一婦主義を守るようになる、と聞かされるか、ゲイの男たちは結婚を変質させ、結婚の一夫一婦主義が崩壊すると聞かされるかが決まる。イェール大学のラリー・クレイマー・イニシアティブ・フォー・レズビアン&ゲイスタディーズの中心になっているジョナサン・カッツは、NPRラジオの番組『Talk of the Nation』で、後者の意見を述べた。「(一夫一婦主義は)異性愛者の結婚の重要な柱の一つであり、おそらくその苦しみの主たる原因でもあります」とカッツは語った。「レズビンやゲイの同性婚を認めることは、一夫一婦主義をないがしろにし、結婚は必ずしも独占的な性的関係である必要はない、という考えを容認することにつながるのではないでしょうか?」。ジョナサン・ローチは著書『Gay Marriage』〔原題は副題付きで直訳すると『同性婚――それがゲイにとってもストレートにとっても、アメリカにとっても良いことである理由』〕で、前者の考え方を擁護している。「……同性カップルに、合法的な結婚という権利と拘束の両方を与えることにより、同性同士の関係は持続的かつ独占性なものとなっていくだろう」

僕は、カッツとローチの両方が正しい可能性もありうると思う。同性婚が合法化されたとしても、結婚した同性カップルのすべてが一夫一婦主義を選ぶわけではないだろう。今結婚しているストレートのカップルすべてが一夫一婦を選んでいないのと同じように。僕の予想では、結婚したゲイの男のカップルが一夫一婦を守らない割合は、結婚したストレートのカップルよりも高い。ゲイの男はそもそも男で、男は女性ほど性的独占性に重きを置かないから(逆にレズビアンのカップルはストレートやゲイのカップルよりも高い割合で一夫一婦主義を守っている)。でも、結婚すれば一夫一婦主義を守るものだとされていて、もしもそのカップルが子どもを持っていれば、一夫一婦主義を守らないことでたくさんの論理的、道徳的問題が生じる。結婚がゲイの男を一夫一婦主義の手本に変えてしまうことはないだろうが、結婚と家庭生活は僕らを一夫一婦主義へとそっと促し、ある場合には継続的で独占的な関係へ向かわせ、別の場合には儀礼的で偽善的な関係へと向かわせる。言い換えれば、結婚したゲイの男たちは、結婚しているストレートの男により近い行動をとる可能性が高い。つまり、結婚している女性よりは浮気をしやすいが、でもそれを隠そうとする。そして夫婦交換を楽しむストレートのカップルの大半がそうであるように、一夫一婦主義を守っていないゲイのカップルたちも口を固く閉ざすことになるだろう。

だったら僕も口を閉ざし、テリーと僕が一夫一婦を厳格に守っているとみんなに思わせておけばいいじゃないか？　テリーならそうしただろう。一夫一婦を守っていないカップルの大半もそうしている——ゲイであれストレートであれ、暗黙の了解を持つカップルの多くのやり方だ。長くつき合っているカップルの大多数と同じように、ボーイフレンドと僕も自分たちのプライベートを事細かに話して友人や隣人たちをげんなりさせたいとは思わない。でも、ゲイだとオープンにするには自分が性的にどういう人間であるかを率直に話すほかなく、この種の率直さは癖になる（その上僕には書かねばならない本がある）。ゲイであるといったん誰かに打ち明けてしまうと、その誰かに一夫一婦を守っていないと告げるのはわりと何でもないことに思えてくる。それに、多くの同性婚支持者たちが子どもを持つゲイの男たちを例に挙げて、右派の二重基準を攻撃する一方で、自分たちも一夫一婦主義についての二重基準を生み出しているのを見るにつけ、自分が言わなければ、と思ってしまう。結局のところ、僕たちが望んでいるのは平等な結婚の権利だ。ストレートの人たちより高い基準のもとに与えられる権利ではない。それが子どもを持つことに関する基準であれ、一夫一婦を厳格に守ることに関する基準であれ。

もう一つ指摘しておきたいのは、結婚して一夫一婦を守らないことは、少なくとも男にとっては、一生ほかの誰とも性的関係を持たないという考えよりずっと「伝統あるものだ」ということだ。男は結婚したら生涯一夫一婦を守るという誓いを守らねばならない、というのは比較的新しい考え方で——その考えの高まりは、離婚率の高まりと関連があるように見える。社会保守主義者は結婚は古来の制度だとし、伝統的な性別役割への回帰を声高に求めている。でもその昔は——はるか昔には——男は一夫一婦を守ることを期待されていなかった。古代ギリシャや古代ローマでは、女性の不義を罰する法律はあっても、男性の不義に関する法律はなかった。ユダヤ人は複数の妻と複数の愛人を持つ権利を認められていたし、古代ギリシャの男たちは、妻を一人と複数の内妻を持てた。古代ローマの法律が男性に認めていたのは、妻を一人、または愛人を一人持つことだけだったが、不義や売春は広く行われていて、法的または道徳的な問題とはならなかった。その状況は、二十世紀になるまであまり変わらなかった。

おそらく、結婚の継続を性的独占より重視したギリシャ人やローマ人のやり方は賢明だったのだ。奴隷を使っていたことや、女性を所有物のように扱ったこと、嬰児殺しを行ったことや女性の不貞に罰を与えた点は評価できないけれど。でも彼らはわかっていたんだと思う。一夫一婦を守れという要求や圧力が二人の関係の継続を脅かすときは、二人の関係という船そのものを犠牲にするよりも、一夫一婦という荷物を船の外へ放り投げるのが得策だ、ということに。でも僕は保守主義者だ——そんな僕に彼らの何がわかる？

実は、母親の四人の子どもたちのうちで、一夫一婦を守らない関係を結んでいるのは僕だけではなかった。

前に、ビリーと二人でソーガタックのボウリング場で話したとき、なぜケリーと結婚しないのかという話になって、そのとき二人の間のちょっとホモっぽい「取り決め」についても聞いた。

上の兄については、ホモっぽい点は他にもある。第一に、ビリーとケリーは図書館で出会った。これは、海兵隊以外での出会いの中で、一番ゲイっぽいなれそめだ。でも、図書館で出会ったゲイのカップルの大部分と違って、ビリーとケリーは三階の男子トイレで最後まで行ったりはしなかった。しばらくデートを続け、それから家に、ビリーのアパートへ行ったが、そこは風変わりな美術作品やビリーの本のコレクションでいっぱいだった。子どものいないビリーは収入を自由に使うことができ、その大半を本や美術品、そして演劇鑑賞に費やしていて、そこもまたすごくゲイっぽい（もしもビリーがカブスのシーズンチケットを持っていなかったら、ひょっとしたらビリーは隠れゲイじゃないかと本気で心配しただろう）。でもビリーが一番ゲイっぽいのは、一夫一婦主義を守っていないと公言している点だ。

「僕と彼女は、相手が他の誰かに魅力を感じることを認め合ってるんだ」。あのときダグラスボウリング場で、ビリーは雷鳴の轟を聞き、ビールを飲みながらそう言った。それについては少し前から知っていたが、時間をかけて話したことはなかった。そこで僕は、ケリーとの取り決めを教えてくれたら、僕もテリーとの取り決めを教えると水を向けてみた。すると「こんな感じさ」とビリーは前置きして、何度も予行演習を繰り返してきたかのようにスラスラ話し出した。「相手にわからないようにやれるチャンスが生まれたり訪れたりした場合、相手の心を傷つけることがなく、相手を危険にさらすこともないなら、お互い、そのチャンスをものにしてかまわない」

ビリーとケリーは、実践より理論上の非一夫一婦主義者だ、テリーと僕と同じように。

「これは、片割れを見つけて一つになる例の神話を否定する理論の延長線上にある。あの神話は、カップルがこの地球上の他の誰にも魅力を感じないふりをすることを必要とする。純度百パーセント、証書付きの頑強なたわごとだ」。自分の考えの正しさを証明するために、ビリーはポルノグラフィー産業が何十億ドルもの収益を上げていることや、売春婦の存在、そして『スポーツ・イラストレイテッド』に水着の記事が毎年掲載されることを持ち出した。「僕らの取り決めとは要するにこういうことだ。ケリーと僕が食事に出かけたレストランのウェイトレスがとてもセクシーだったら、僕は見て見ぬふりをする必要はない、僕らはお互いを、ふりをしなければというトラウマから解放してるんだ。ソール・ベローの『オーギー・マーチの冒険』の中に、こんな一節がある。『抑えつけるのに繊細さも正確さもないことはだれだって知っている。一つのものを抑えつければ、隣のものも抑えつけてしまう』（渋谷雄三郎訳（早川書房）より）。僕はベローは嫌いだが——彼は、フリーセックスと医療社会化制度があってもスウェーデン人は間違いを犯しうる、ということの証明だからね（ベローがスウェーデン人だという意味じゃない。ビリーはスウェーデン人がベローにノーベル賞を与えた事実を間違いだと言っている）。でもベローのこの意見は正しい。他の誰にも魅力を感じないふりをするためには、人はその性衝動の大部分を抑えなくてはならず、それはとりもなおさず、パートナーに対する性衝動も抑圧する（もちろん無意識に、でも確実に）ことを意味するから。こうしてセックスレスな結婚やレズビアンのベッドデス（レズビアンのカップルは関係が長くなるにつれてセックスレスになるという、ワシントン大の社会学者の学説）が生まれる、と僕は考える」

　夫が自分以外の魅力的な女性に目を奪われたとき、ケリーはどんな反応をするのか？

「二、三週間前だが、僕たちが食事していたレストランの外のバス停にすらりとした赤毛の女が立っていた。その姿を視野の隅で捉えた僕は肩越しに彼女の姿を見ようと、パブロフの犬みたいに何度も振り返った。知人の多くのカップルの場合、この行為は食事の席での派手な罵り合いと、相当長期間のセックスレスを引き起こす。ところがケリーは『バレてるわよ』と僕を冷やかし、よく見えるように席を代わろうとまで言った。史上最高のガールフレンド、そうは思わないか？」

「史上最高に都合のいい女、と呼ぶ女性もいるだろうね」

「たしかに、でも僕もまた都合のいい男なんだ――なにしろこのルールは彼女にも適用される。彼女も不倫を楽しめる。それに、僕もいずれは一夫一婦を守らないことを提案しただろうが、言い出したのは彼女なんだ。僕らがお互いに許し合っている自由は、僕だけでなく、彼女の考え方や生き方でもあるわけだ」

この大いなる自由は、実際にはどんなふうに作用するのか？

「あそこの女たちを見てみろよ。ゲイの男だけが三次元の生き物に見えるお前の目の機能はこの際オフにしてさ」。僕はそもそも女性には目を惹かれない。その女性が魅力的であってもなくても。女性たちはまるでアニメのように見える。二レーン先に四人の女性がいた。たぶん二十代後半で、一人は赤毛だった。ビリーは赤毛にめっぽう弱い。「このボウリング場がシカゴにあって、ケリーの留守中に、あるいは彼女が女子会に出かけている間に、こっちは友だちと遊びに来ていて、あの赤毛と僕が意気投合し、物事がなるようになれば、僕は罪悪感なしにそのチャンスをものにすることができる」

現実にはほとんど行動を起こさない理由は？

「非一夫一婦主義は、ストレートのカップルの人生の筋書きにはない設定なんだ。ストレートの独身女性の筋書きにも」とビリーは言い、バーテンダー・モード――その場のすべての女性に目配りする――から英文学教授モードへと切り替えた。「特に、僕たちが実践している類の非一夫一婦主義は。僕はケリーに惚れ込んでる。それでも僕と寝たいという女性が現れて、僕もその女性と寝たいと思えば、そうすることができる」。赤毛の女性がストライクを決め、ビリーは彼女の友人たちに混じって拍手喝采した。「でも僕はケリーと別れるつもりはないし、ストレートの女性のほとんどはそういうのを求めていない。女性が誰かと寝るとき、それは交際の第一歩なんだ。ローラ・キプニスの『Against Love』は不貞を擁護する立場だが、その本でさえ、実のところは、これまでとは異なる形の恋愛のあり方を見出すというよりは、相変わらずのめり込むような情熱的な関係の新たな形を見出そうとするもので、双方がカップルでいることに幸せを感じながらも、時折他の誰かと会うことを認めている。大部分のストレートの女性にとって、一夫一婦の関係になく、自分と恋に落ちることも、恋人や妻を捨てて自分と結婚して子どもを持つ可能性もない男と寝ることになんの意味があるだろう？　それは彼女らが思い描く筋書きじゃない」

ビリーは7―10のスプリットを出し、うんざりしたように首を振った。赤毛はビリーの失投に気づいていないようだった。

「もしもケリーと僕がゲイのカップルで、週に三日だけ夜を一緒に過ごし、それ以外はゲイだらけの社会で交流していたなら、浮気のチャンスはもっとあっただろう。異性愛の世界では、婚外の気晴らしのセックスの相手をかって出る女性はほとんどいない。お手軽な酒場の女たちとのセックスを望みでもしない限り、浮気のチャンスはそうあるものじゃない。しかし僕はそれは望まない。危険を伴うし、タバコを吸う女は我慢ならないから。ゲイの男たちが気軽にセックスするのは、束縛される心配がないとわかっているからだ」

「それには良い面もあれば悪い面もあって――」

「もちろん。だが他の誰かとのセックスを望んでいるなら、そうだとわかっているほうがいい。浮気がしやすくなる」

「僕やテリーがうんざりするのは、一夫一婦を守らないゲイのカップルは、みんなある程度乱行してると決めつけられていることで、そうは思われたくない。一夫一婦を守っているゲイのカップルもいるし、ほぼ一夫一婦を守っているゲイのカップルもいる、とわかってほしいと思うんだけど」

「でもそうは思われていない」とビリーは言い、だから自分がケリーとの取り決めを明かすことには、僕がテリーとの取り決めを明かすことほどのリスクはないと続けた。もしもビリーとケリーが結婚を決意しても、ジェームズ・ドブソンは急に席を立って反対したりしない。神を畏れる慎み深い異性愛の社会に一夫一婦をないがしろにする考えを持ち込んだと、ウィリアム・ベネットが二人を責めたりすることもない。

「ストレートのカップルの場合」と僕はビリーに言った。「結婚は何でもアリだよね。ゲイの人間が結婚したいと言ったときだけ、子どもを持てないなら結婚の意味がない、とか、結婚したら必ず一夫一婦を守るべきだと言われる。兄さんとケリーが三人プレイをどれだけしていようが――」

「ちょっと待った、このゲイめ」とビリーがさえぎった。「誰が三人プレイなんて言った？　ケリーは正しくもこう言ってるよ――セックスしているときが、男のひたむきな献身を実感できる唯一の時間だって。彼女はそれを放棄しようとは思わないだろう。三人プレイは問題外だ。それに正直なところ、僕も年でそんな馬力はない」。ふーん。兄は、異性愛者の三人プレイと言えば女二人と男一人に決まってると思っているようだ。男―女―男の三人プレイで、ケリーが献身の的となることもできる、と指摘してもよかったが、ちょうど赤毛の女性が僕たちの脇を通ってボウリング場から出て行くところで、兄の脳は活動を停止してしまっていた。


一夫一婦主義についての、ジョナサン・カッツの「異性愛者の結婚の重要な柱の一つであり、おそらくそのトラウマの主たる原因でもある」という言葉に僕は賛同せざるをえない。二人の人間が性的に完璧に満足し合うことはありえないし、二人が性的に完璧に満足し合わねばならないという期待――二人は別の誰かに魅力を感じるべきではなく、それに従って行動するべきでもない——はかなりの弊害をもたらす。人は一夫一婦を守るように進化しておらず、離婚率から、モニカ・ルインスキーとの不適切な関係を理由に弾劾裁判にかけられたウィリアム・ジェファーソン・ビル・クリントン大統領に至るまでのあらゆる事象を見ても、死ぬまで一人の相手と添い遂げるという期待は、結婚生活に信じられないほどの重圧を与えている、と僕は思う。一夫一婦を守るのは大変な努力を要する。自然なことではなく（道徳教育の押しつけに失敗したウィリアム・ベネットもこの点は認めている！）、人類ばかりか他の多くの哺乳類にとっても、簡単に受け入れられることではない。ところが現代の愛の概念の基礎にあるのは、一夫一婦を守ることへの期待だけでなく、愛があれば一夫一婦を守ることは簡単で愉しいことだという考えだ。

これは、一言で言えば、ばかばかしいたわごとだ。

安定した永続的な関係を築きたいなら——特に本来保守的にできている子どもたちのために——セックスや愛や欲望についての非現実的な期待を人々に持たせるべきじゃない。僕はボーイフレンドに完璧な貞節を求めてもいないし期待してもいないから、彼が別の男に魅力を感じても傷つかないし、誰かに魅力を感じてそれを行動に移したときも傷つかなかった——これまでずっとそうだったように、僕たちの決め事がすべて、そのとおりに守られている限り。多くのストレートのカップルとは違って、僕らは他の誰かに対する自分たちの欲望を争いの種にしないためにはどうすればいいかを知っている。実際、夫婦交換を楽しむ異性愛のカップルの多くが言うように、他の男とセックスすることで僕らのお互いへの欲求は高まった。別れにつながるどころか、別の誰かとセックスするたびに——羽目を外して一緒に性的冒険をするたびに——二人の仲はより新鮮で生気あふれるものとなってきた。それは二人の家庭生活をぐらつかせるどころか安定させ、それは僕たちにとっても、本来保守的な生き物であるD・Jにとってもいいことだ。

こんな考えが湧いて出てきたのは、友人夫婦が――三人プレイがしたいと言った奥さんとその夫が――あの数ヶ月後に離婚すると連絡をくれたときのことだ。奥さんのほうは性的冒険を望んでいて、それは若くして結婚した彼女がやり損ねたことだ。二人の結婚生活には、建設的で保守的な、家庭を安定させる効果のあるちょっとした非一夫一婦主義を受け入れる余地がなく――一緒に性的冒険を楽しめなかったために――二人の結婚には終止符が打たれるほかなかった。とても残念なことじゃないか？　非一夫一婦主義をほんの少し取り入れることができれば、彼らの結婚は救われたはずだ、と僕は確信しているが、でも彼らには性的に互いを独占し合わない結婚など考えられなかった。

心に傷を負った三人の幼い女の子たちが不運だったのは、両親がゲイでなかったことだ。そう思わない？

第8章
拝借する

会場に入る前から、胸毛が抜け落ちていくような気がし始めた。まるで即効性のある根治的な化学療法を受けた直後みたいに。テリーはと見ると、恐怖に取り憑かれた顔をしている。「何を怯える必要がある」と僕は考えた。「抜ける胸毛なんてないくせに」

いや待て、怯えているんじゃない……その表情には見覚えがある……うんざりしてるんだ。

土曜の朝、僕たちは家にいた。家族三人だけで。めったにないことで、そのとき電話が鳴った。アレックスのママからだ。D・Jは今日遊べる？　テリーと僕は、降って湧いた土曜の午後の休暇を手に入れた——これはさらに珍しい。水平の時間をしばらく楽しんでから、ダウンタウンで映画を観ようと僕が提案した。でも映画館へ行く途中に通りがかったワシントン州会議場で見たものは？

シアトル・ウェディング・エキスポ

僕は横断幕を指差した。

「いやいや。だめ、だめ」とテリーが打ち消した。「行かないよ」

映画ならいつでも観られるだろう、と僕。

「行くもんか！」とテリー。

「記事を書きたいんだ」

記事を書きたいんだ、の一言を出せば、テリーにうんと言わせられないことはほとんどない。この魔法の九文字のおかげで、男娼を訪ねることや、休暇を監禁フェティシストのための刑務所遊び施設のマラソン大会で過ごすこと、郵送不可の大人のおもちゃをテリーで試してみることへの許可をとりつけてきた。僕たち三人が何不自由なく暮らせているのは、僕の記事がお金になるからだ、と僕は躊躇なくテリーに思い出させている。

「それに」と僕はつけ足した。「楽しいよ」

でも楽しくはなかった――「楽しいよ」と誰かに先に宣言されて、楽しめるものがいったいどこにあるだろう？

ワシントン州会議場に足を踏み入れるやいなや、僕らはたちまち女性たちの群れに取り込まれ、押し流されて行った。エキスポホールに入るまで他の男の姿は見なかった――しかもその男は花婿ではなく、氷の彫刻をつくる会社のブースで、チェーンソーを手に氷の塊に彫刻を施している若い男だった。シアトル・ウェディング・ショーには花婿たちも来ていたが、チェーンソーを使っている青年に比べると霞んでしまっていた。時折、異性愛者の男性が、未来の花嫁や未来の義理の母親、そして数人の未来の花嫁の友人たちの後ろを引きずられていく姿を見かけた。ワシントン州で結婚証明書を手に入れるには、いまだに男一人と女一人が必要だが、ウェディング・ショーのチケットに同様の制限はなかった。集まった人々はジェンダーの平等とは程遠く、室内のエストロゲンレベルは危険な水準に達しようとしていた。胸毛がごっそり抜けてしまった僕は、胸が急成長しては大変と、深く息を吸い込みすぎないように気をつけた。

結婚式には何度か出席しているが、ウェディング・ソーセージ〔伝統的に東ヨーロッパの結婚式で提供される〕の製造過程を見るのは初めてだった。喧騒の中、ブースの迷路に立っていると、チェーンソーの音と強引な売り込み口上に混じって、サブリミナルとさえ言い難いぐらいにはっきりとしたメッセージが潜在意識に送り込まれてきた。「本気の関係を築くだけでは足りない」とイベント会場がささやく。「ただシティホールに急ぐだけでは、あるいはヴェガスに飛ぶだけでは、きみらの本気の関係が心から認められることはない。二人の関係を認めてほしければ、二人は本当に愛し合っていると信じてもらいたいなら、神様や友人たち、家族、聖職者、仕出し屋、ウェイター、披露宴会場のマネージャー、パン職人、バーテンダー、ディスクジョッキー、宝石商、花屋、結婚コンサルタント、リムジン・ドライバー、カメラマン、ビデオグラファー、そしてウェブデザイナーたちの前で結婚する必要がある。ああ、それから氷の彫刻家も——氷の彫刻家を忘れちゃいけない」と。

　でも、ウェディング・ショーでなにより印象的だったのは、すべての未来の花婿の顔にはっきりと表れた諦めと敗北の表情だった。彼らのほとんどは結婚を喜んでいて、それは疑う余地もなかったが、日曜の午後をウェディング・エキスポで過ごすのを喜んでいるように見える男は一人もいなかった。

「例の記念パーティを開いたとして」とテリーが出し抜けに言った。「僕らも氷の彫刻を頼めるかな?」

　そこで、ぐるっと一回りして氷の彫刻のブースに戻った。

「なぜ氷の彫刻を?」と僕は尋ねた。

「だって可笑しくて楽しいじゃない!」とテリー。「人生で氷の彫刻を飾れる機会がほかに何度あると思う?」

「氷の彫刻は頼まない」と僕。「チェーンソーを持った若い男つきじゃないと」

「確か、チェーンソーを持った男を怖がってた気がするけど」

「こうして始まるんだ」と僕はさえぎり、話を変えようとした。たしかに、僕はチェーンソーを持った男に恐怖を感じる——まともな人間なら誰でも怖がるだろう?——でもそのことで議論したくなかった。

「こうして異性愛の男は、じわじわ時間をかけて去勢されていくんだよ」

テリーは呆れたように目を丸くし、チェーンソーの若者の手からパンフレットをひったくった。なんてやつだ——ボーイフレンドのことだ、チェーンソーの若者のことじゃない。入る前はあれほど嫌がってたのに、図々しくもすっかり楽しんでる! しかもテリーは買い物がしたいだけなのだ! 目の前で繰り広げられている混沌についての僕の辛辣な意見など聞こうともしない! 地獄に堕ちろ、と心の中で毒づき、僕はテリーに話す代わりに自分の考えをメモし始めた。ストレートの男たちが、いつどんなふうに去勢されようが、テリーにはどうでもいいのは明らかだった。でも僕にはストレートの男たちを好む気持ちがある。だからウェディング・エキスポに来ている気の毒なストレートの男たちを憐れに思うだけでなく、連帯意識まで感じてしまった。ウェディングケーキの試食をしながらぶらぶらしてわかったのは、現代の結婚は男——ゲイもストレートも含めて——とは無関係だということだ。結婚は女性のものだ。女性による、女性のための、女性だけのものだ。

そんなのおそらく誰もがすでに知っていることなんだろうが、僕には思ってもみないことだった。結婚式には何度も出席しているが、実際に自分が結婚する準備をしたことがないから、その場に立ち会っていながら、それについて深く考えたことがなかった。結婚式では、ただケーキを楽しみにほとんどの時間を過ごしてきた(うーむ……ケーキ最高)。ウェディング・エキスポでそれが一変した。腰の低い花屋から最高に偉そうなケータリング業者まで、ありとあらゆる業者がおとぎ話のようなプリンセス・ウェディングを、ストレートの女の子のほぼ全員が子どもの頃から夢見てきた結婚式を売り込もうと躍起になっていた。会場に集まった女性たちにとって、これはディズニー映画に出てくるお姫様になれる唯一無二のチャンスであり、だからみんなしくじってなるものかと心に決めていた——しくじりたくないものは結婚式と披露宴で、結婚相手の選択ではない。離婚率が示すように、結婚したカップルの二組に一組が離婚する時代に、結婚産業は年間何十億という大儲けをしている。そろそろどこかの法廷弁護士団が、雑誌『ブライズ』〔世界的に有名なブライダル雑誌〕とヴェラ・ウォン〔ファッション・デザイナー。彼女のウェディングドレスは花嫁の憧れとされる〕、その他の「大手ブライダル関連産業」を相手取り、大手タバコ会社に対する集団訴訟をまねた手法で訴えてもいい頃なんじゃないか？

花婿たちの話に戻ろう。立ち並ぶブライダル業者のブースの前を行ったり来たりしているとき、同じ男たちを何度も見かけた。彼らは、フィアンセや未来の義理の母親がよそ見している隙を狙い、繰り返し嘆きのサインをこっそり放っていた。まるで、身代金要求ビデオに出てくる誘拐された人質が、まばたきをモールス信号代わりにしてメッセージを伝えるように。「なんてこった。俺はなんてバカなことをしちまったんだ！」男たちの顔にはそう書かれていた。「あのプロポーズのおかげでこんなことに巻き込まれるなんて」。花屋から仕出し業者、さらにはリムジン業者へと引きずられていくその様はまるでチェスの歩兵の駒だった。いや、そんなものじゃない。彼らは人質みたいだった。いやもっとひどい。ウェディング・エキスポに来ていた男たちは、「後付け」の存在みたいに見えた。結婚式に男など必要ない！　女たちとその母親と姉や妹と、花嫁の親友、それに中国製の機械編みのレース生地が大量に積み込まれたコンテナ船と見上げるような氷の彫像、巨大な白の帆布のテント、カラオケ機、車体の長いハマーリムジン、ブーケ、チョコレート・ファウンテン、長手袋、ガーターベルト、ヴェールと長い裾、彫刻を施したシャンパン・グラス、純銀のケーキナイフ等々があればいい。同性婚が、少なくとも男二人の結婚が、その日のウェディング・エキスポ会場でほど、ばかげたものに感じられたことはなかった。結婚式に男が必要なのは、ブラッディメアリーにセロリの茎が必要なのと同じだ。そのほうが見栄えが良く、正式なものに見える——とはいえ非常に重要というわけではなくて、おそらく省略しても気づかれない。

でも結婚式——今現在アメリカで認識され、行われ、売買されている結婚式——に花嫁抜きというのは？　ありえない。

ゲイの男も、他のみんなと同じ道徳基準（不平等な基準ではなく）を課せられるべきだというのが僕の意見だから——実際、己の欲するところを人にも施せ、と言うし——女性に性病をうつす男同様、故意に他の男をＨＩＶに感染させるようなゲイは刑務所にぶち込むべきだ、と考えている。そのことや、恋のお悩み相談コラム『Savage Love』で長年示してきたいくつかの見解を理由に、僕が内面化されたホモフォビア《同性愛嫌悪》を患っていると非難されることがよくある。知らない人のために言っておくと、内面化されたホモフォビアとは、同性愛に溺れきっておらず、結果、自分がゲイであることに嫌悪感を抱いている状態のことだ。自分以外のゲイの男——わかると思うが僕以外のゲイの男のことだ——の振る舞いが間違っていると指摘することがなぜ内面化されたホモフォビアに分類されるのかはよくわからない。まあ、僕のようなただのゲイには、ゲイの思想を検閲して回る自警団やホモフォビア診断医の判断を疑う資格などないけどね。

だから、次の二行を書けばゲイのメディアに関わる友人たちから非難轟々となることはよくわかっている。でも構うもんか。僕は、男二人が社交ダンスをする姿はとてもばかげて見える、と思ってる。ああ、言っちゃった。男同士の社交ダンスはゲイ・ゲームズ（昔はゲイ・オリンピックスと呼ばれていたが、国際オリンピック委員会は古代ギリシャに起源を持つ運動競技会を同性愛と関連づけることを嫌って告訴し、名称変更された）の種目の一つで、僕はこの胡散臭いゲイの「競技」をケーブルテレビで観戦したことがある。で、ゲイの社交ダンサーたち、悪いけれどきみらは滑稽に見えた。理由を教えようか？　社交ダンスは異性愛者の求愛と結婚のパロディで、男女の性別役割についての手の込んだ象徴であり、だからタキシード姿の男二人が、フォックストロットでダンスフロアをくるくる回る姿はとにかく奇妙なのだ。

たとえば、二人の魅力的な男がお互いを遮二無二ファックしまくっているのを見たなら、僕も別の反応をする。男二人がくんずほぐれつしながら愛撫し、フェラチオし合い、延々とセックスに耽る姿を喜んで鑑賞するだろう——もちろん、その二人の男が僕の好みだった場合に限るけど（ガエル・ガルシア・ベルナルの上になるブラッド・ピット？　問題ない。ビル・フリストの上になるトム・ディレイ〔いずれも共和党の政治家〕？　目を背けざるをえない）。男二人がセックスするとき、どちらもタキシードは着ていないし、どちらかが女の役割をすることもない。ゲイのセックスは、社交ダンスとは違ってストレートのセックスのパロディじゃない。男二人でセックスする姿は、二人の男がセックスする姿にしか見えない。よくある誤解とは違って、どちらも女性の役を演じたりはしない。ゲイの男同士のセックスに女役はいない。ファックする二人の男がいるだけだ。

でも社交ダンスは女性がいなくてはできず、ウェディング・エキスポを見て回ったところ、結婚式もまた女性なしには成り立たないようだった。

もちろん、北米ではここ二年間に数多くの男性のカップルが結婚していて、だから現実には女性抜きの結婚もできるとはわかっている。でも、ウェディング・エキスポからの帰りに僕がテリーに投げかけたのは、ゲイの男は結婚すべきかどうか、という質問ではなく——すでにトロントやヴァンクーヴァー、プロヴィンスタウン、ボストン、アムステルダム、そしてマドリードで彼らは結婚している――ゲイの男のカップルはどのような種類の結婚式をするべきか、だった。同性同士の社交ダンスが、より平等主義的な、つまり、より性別に関わりのないものに進化することはありえない（社交ダンスではどちらかがリードし、どちらかが従わねばならない。伝統的な性別役割は、そのＤＮＡにしっかりと組み込まれている）のと違って、結婚は進化し変化できる。実際、この世の始まりからずっと結婚は進化と変化を遂げてきたのだ。にもかかわらず、ウェディング・エキスポは、同性カップルが異性愛者の結婚式や披露宴、その伝統や氷の彫刻をただ借りてくるのは不可能だ、という確信を僕に与えた。僕らは独自のやり方を創り出さねばならない。異性愛者の結婚の象徴をたっぷり孕んだ、盗用した儀式なんかじゃなく（孕んだ、っていう駄ジャレに気づいた？）。教会の通路を並んで歩いてくる二人のゲイの男の姿は、フォックストロットで踊る二人の男と同じくらい愚かに見えはしないだろうか？

「二人の人間が結婚したいと思うなら、結婚すべきだ」とテリーが言った。「新しい〝伝統〟を作り上げるなんて絶対うまくいかないから」

テリーは正しかった。テリーはたまに正しいことがある。伝統に縛られない結婚式が、伝統的な結婚式の亡霊から本当の意味で自由になることはない。ストレートのカップルが互いを「愛し、敬う」と誓えば、会衆席の全員が瞬時に「おっと、この二人は『従い』を抜かしたぞ」と考える。もしも花嫁が通路をフラダンスの腰蓑姿で歩いてきたなら、花嫁は伝統的なウェディングドレスを着ない選択をしたのだ、という事実に注目が集まるだけだ。伝統的でないウェディングケーキかどうかを決める唯一の尺度は、それが伝統的なウェディングケーキとどれだけかけ離れているかということで、そのためには伝統的なウェディングケーキを心に思い描く必要がある。結婚のしきたりや象徴が及ぼす力は甚大で、そこにそれが欠けているとその不在が逆に人の心にその姿を呼び覚ましてしまう！　そして、ストレートの人々に、伝統に縛られず独創的で、出席者をうんざりさせない結婚式を考案することができないなら、どうしてゲイのカップルにそれができるだろう？

「僕たちは結婚しないから」とテリーが言った。「そんな心配をする必要もない。でももし結婚するとしても、解決策は簡単だ」

「というと？」

「ストレートのやり方を拝借して、それを茶化すんだ」

僕たちは、ノードストローム〔百貨店チェーン〕から来ている魅惑的な「買い物相談係」が、未来の花嫁に向けて贈り物の記録簿をつけるよう助言しているのを聞いている大勢の女性たちにまぎれて座っていた。「バックパックやマウンテンバイクなどの日用品を頼んではいけません」と相談係は言った。「陶磁器や取り皿、純銀の器、クリスタルの花瓶を頼みましょう――家宝となるものを。遠慮は無用です。あなたの晴れの日なのですから！　これは何千回分のクリスマスプレゼントで、招待客は何千人ものサンタだと思いましょう」

うへえ。

みんな、ストレートの結婚式にはいろんな期待を持って参列するだろ、とテリーがため息まじりに言った。当たり前のカップルだから、みんな当たり前の結婚式や当たり前の披露宴、当たり前の贈り物を期待する、と。「でも、ゲイの結婚式には誰もそんなこと期待しない。何一つ期待して来ない。つまりゲイの人間は、何でも好きにやれるってことなんだ。ストレートの習慣から好きなところだけ拝借して、嫌なものは無視していい。役に立つことだけ取り入れて、それ以外のことはほっとけばいい。それでも誰も、花持ち役の少女たちやチョコレート・ファウンテン、その他のくだらないものがないことを不思議がったりしない」

「でも、好きなところだけ取り入れてる姿が、フォックストロットで踊る二人の男みたいに見えないようにする方法は?」と僕が尋ねた。

「ふざけてやるのさ」とテリー。「皮肉めかして、笑い草にすればいい。タキシード姿でフォックストロットで踊る二人の男は、ばかばかしい間違いに見える。でも一人がタキシード姿でもう一人が女装したカップルがフォックストロットで踊っていたら? ばかばかしくて的を射て見える。ジョークだとわかってやってるんだから」

「つまり結婚式をやってなおかつ自分たちの尊厳も守れる。ただし拝借したい伝統を嘲り笑うことによってのみ、というわけか?」

「そのとおり」

性別役割を取り入れて果たしながら、同時にその性別役割を嘲る? それならすでにやっていた。親になってテリーが仕事を辞めたあと、僕らはふざけて「夫」と「妻」を自称してきた。僕たちの家庭内での役割は一見昔ながらのものだが、二人ともそれに重圧を感じていないし、自分たちのことをフォックストロットで踊るダンサーだと感じることもない。それらは僕らが進んで果たしている役割で、性別を理由に義務づけられたり、果たすことを期待されたりしたものじゃなかったからだ。テリーは実際には女性じゃないから、在宅の「ママ」になることは、自由意志で選んだことなのか、抗いがたい文化的抑圧に屈服してしまっただけなのかという悩みに長きを費やしたりしない。一方僕の「パパ」の役割は、それこそ男が昔から果たしてきたものだけど、僕は昔ながらの男とは程遠く、この役割を果たすことを期待されたことは一度もない。そもそもこれらの役割をストレートの人たちから拝借したのは、それがうまく機能するかで——一人親の人たちや、夫婦揃って外で働くカップルがどうやって両方をやってのけているのかわからないが——ともかく僕らの場合はうまくいったからだ。でも、その役割を括弧つきにするのを決して忘れないようにしてきたし、その役割やそれを演じている自分たちを嘲るのを怠ったこともない。その役割にどれほど神妙に従っていようとも。

役割を拝借しているのは僕たちだけじゃない。

現代の多くのストレートの人たちの暮らしぶりを考えてみてほしい。大学を卒業すると、ストレートの男も女も大都市に出て行く。彼らがやるべき最初の課題は、いい仕事につき、いかしたアパートを見つけることだ。その後セックスハンティングが始まる。ストレートの若者の大部分は何であれ、深刻ぶったことには一切興味がなく、だから誰かとつき合うことは避けて「セックスフレンド」を探すか、ただ「ナンパする」。つまり、名も知らぬ、あるいはそれに近い相手との後腐れのないセックスを楽しむ。恋愛はしたいが責任《コミットメント》ある関係はちょっと、という者たちは「連続的な一対一の恋愛」と呼ばれる関係を結んで、性的に独占的な短期の恋愛をとっかえひっかえする。セックスをしていないときは、ジムに行ったり、飲みに行ったり、踊りに行ったりする。子どもは持たないから、こうした若くてとんでる、都会暮らしのストレートたちには自由に使えるたっぷりの収入があって、芸術鑑賞や旅行、洋服、レストランでの食事、飲み騒ぎ、そしてパーティ・ドラッグ等につぎ込んでいる。

セックスパートナーを漁り、大酒を飲み、パーティざんまいのこうした暮らしのすべては何と呼ばれてきたか？　「ゲイのライフスタイル」だ。「ナンパ」を「トリック」に、「セックスフレンド」を「ファックバディーズ」に、そして「連続的な一対一の関係」を「不安定な恋愛関係」に置き換えてみれば、合衆国中のストレートが一九七八年頃から実践しているのは、「ゲイのライフスタイル」だ。唯一の違いは、ストレートの人々については、社会保守主義者らも快楽主義者だと非難せず、ストレート版の「ゲイのライフスタイル」に対して法的規制を設けようとしないことだ。

何がこれほど多くのストレートの若者たちに道を踏み外させ、ホモのような生き方をさせるのか？　僕の考えはこうだ。「ゲイのライフスタイル」に対する初期の頃の非難の多くは妬みからきていた。ストレートの人々は、彼らの多くが望んでいるのにできないこと——若いときは楽しみ、盛りがついたら誰彼かまわず寝て、郊外よりもずっと楽しそうな場所で暮らすこと——を、ゲイの人々が自らに許容していることに憤りを感じていた。ポスト・ストーンウォール〔一九六九年六月、ニューヨークのゲイバー、ストーンウォール・インに警察の手入れが入り、同性愛者らが立ち向かって暴動となった。これを契機に、同性愛者迫害への抵抗運動が始まった〕第一世代であるストレートの若者が大人になったとき、彼らは行動を起こしたいと決意した。子どもを持つのを先延ばしし、落ち着いてしまう前にもっと人生を楽しもうじゃないか、と。自分たちもゲイみたいになれるのだ、と。

彼らのような若いストレートがゲイのライフスタイルを渇望するようになったのと同時期に、ストレートのライフスタイルを渇望するゲイもまた増え始めた。「トリック」や「ファックバディーズ」は楽しいが、快楽主義も時が経てば色あせる——エイズ危機が、快楽主義のツケはこの地上で支払わねばならない、想像上の死後の世界でだけではなく、という事実を突きつけてからは特に。ゲイやレズビアンの公民権運動を通して個々のゲイやレズビアンが成長すると、同性愛者の多くが、自分たちが人生に求めているのはティー・ダンスやフィストファック愛好者がたむろするクラブナイトなんかじゃないと気づき始めた。責任《コミットメント》ある関係や家庭、そしておそらく子どもをも望む者たちが現れた。僕たちゲイは「ストレートのライフスタイル」を欲しがった。

過去三十年以上にわたって「ゲイのライフスタイル」は伝統的な家庭への脅威である、なぜなら快楽主義的で魅惑的だから――そう、「ゲイのライフスタイル」は魅惑的だと論じられてきたからには、社会保守主義者らが危惧していたのはストレートがゲイのように生きる誘惑にかられることだと誰もが考えるだろう（実際それは、あながち的外れな危惧ではなかった、と後でわかったのだが）。大勢のゲイやレズビアンたちがストレートのライフスタイルを選択し、結婚することを彼らは喜ぶはずだ、と誰もが考えるはずだろう。家族についての伝統的な価値観の大勝利！ 責任《コミットメント》ある関係がとても魅力的で、家庭生活に大きな期待を感じたからこそ、ゲイやレズビアンたちでさえもそれを取り入れることにしたのだ！ と。ところが、身を落ち着けてストレートのように暮らすことを望むゲイの存在は、ストレートのライフスタイルの肯定ではなく、新種の攻撃だ、と彼らは主張している。

社会保守主義者らはゴールポストを移動した。アニタ・ブライアント〔歌手。同性愛に批判的で知られた〕から初期のジェリー・フォルウェルにいたるまでが、ゲイが脅威なのは僕らゲイがストレートの人たちのように暮らさないからだと考えていた。ところが今、リック・サントラムや最近のジェリー・フォルウェルときたら、ゲイが脅威なのは僕らゲイの一部がストレートの人たちのような暮らしをしているからだ、と説いて回っている。宗教的右派がゴールポストを移動させようとしたのは、快楽主義の罪の基準についてだけじゃない。ゲイ嫌いのリーダーたちはこれまでずっと、同性愛は嫌悪すべき堕落であり、動物でもそんなまねはしないと言ってきた。でも人間以外の多くの動物――オジロジカからピグミー・チンパンジー、クロズキンアメリカムシクイにいたるまで――が同性間の性行為を行っており、なかには永続的な同性愛の関係を築くものもいる、と研究者たちが認めると、ゲイ嫌いのリーダーらは、ゲイのセックスが嫌悪すべき堕落であるのは、動物がやることだからだと言い出した。きっと、保守派のコメンテーターで子どもを育てるゲイの両親を「自己中心的」だと批判しているキャスリーン・パーカーは、もしも僕に子どもがおらず、月に千ドルを、D・Jの学校の授業料ではなく、そう、たとえばレザーのホットパンツ姿の男娼につぎ込んでいたら、やっぱり僕を自己中心的でやりたい放題のゲイだと非難するだろう。

宗教的右派はしょっちゅうゴールポストを移動させるから、自分でも前回どこに置いていたか忘れてしまうのだ。

宗教的右派は、今でも都合のいいときは同性愛者を快楽主義の咎で非難する。キリスト教保守の団体である文化家族協会（Culture and Family Institute）の会長であるロバート・H・ナイトは、キリスト教系の通信社によるインタビューに答えて、住宅価格の高騰はゲイやレズビアンのせいであると非難した。「好き勝手やるのが同性愛者のライフスタイルだ」とナイトは述べた。「将来設計もなく、子どもたちのために貯金することもなく、世代間の交流を図ろうともしない。楽しければそれでいいと考えている。いつでもその時々の自分の欲求をほしいままにしている」と。子どももなく、次の世代の心配もない僕たちには住居にかけられるお金がたっぷりあって、住宅価格をつり上げている、というわけだ。

いや、もしかすると、この世にはいくつものゲイ嫌いのゴールポストが存在するのかもしれない。現実に子どものために貯金し、世代交流を行っている同性愛者たちは、アメリカの家族にとって脅威となる。そういうことをしない同性愛者も、アメリカの家族の家庭にとって脅威となる、等々。

では、ニューヨークやシカゴ、ボストン、サンフランシスコ、ロサンジェルス、アトランタ、マイアミ、シアトル、ポートランド——つまり人口二十五万人以上のあらゆる都市でゲイのライフスタイルを取り入れているストレートの人々のことは？　彼らの快楽主義については、社会保守主義者たちは何一つ口を出さない。彼らはゲイがストレートのように振る舞うことを阻止したがっている（同性婚やゲイによる養子縁組、シヴィル・ユニオンやドメスティック・パートナーシップを禁じることによって）が、ストレートの人々がゲイのように振る舞うことを禁じる手立ては何も打っていない。どう見ても不公平だ。もしも僕たちゲイが結婚を許されないなら、少なくともゲイの居住区に越してきたストレートの人たちは全員郊外に戻らせるべきだ。そこで若くして結婚させられ、赤ん坊を作らされるべきだ。僕たちが結婚生活を手に入れられないなら、せめて僕らが暮らす界隈やジムやバー、そしてライフスタイルは返してもらえないか？ おっと、それにセックスのことも忘れちゃいけない。ストレートの女の子が取り付け式の張形《ディルドー》でボーイフレンドのケツの穴をファックしたとき、ゲイの天使は羽をもらえる――でもゲイが結婚できないなら、ストレートの人たちはゲイによって開拓され普及させられた性技を楽しむべきじゃないと思う。公平とはそういうことだよ、繁殖動物《ブリーダー》さんたち。きみらには正常位がお似合いだ。

ゲイがストレートのように暮らし、ストレートがゲイのように暮らしていることからわかることがあるとすれば、「ゲイのライフスタイル」なんてものは実は存在しない――「ストレートのライフスタイル」なんてものも、ということだ。僕の暮らしぶりからは、責任ある関係《コミットメント》を築いたり、家族を作るのは、「ストレート」固有の能力なんかじゃないということがわかる。兄のビリーの生き方からは、都会暮らしで子どもを持たず、「夫婦の取り決め」をするのはゲイ特有のことでもなんでもない、とわかる（ビリーが僕よりずっとファグっぽいと言ってやるのは楽しいけど）。ストレートの人々のライフスタイルが「ストレートっぽい」のは、たんに、長続きする関係を築くことや家族を持つこと、そして、何世紀にもわたってストレートの人たちがゲイにはできないと主張し、そのせいでしてはいけないとされてきたさまざまなことを、ゲイが許されていないからだ。で、ストレートの人たちは、僕たちゲイには長続きする関係を築けないとどうしてわかったのか？　僕らがそんな関係を築いていないからだ。なぜ築いていないのか？　差別や嫌悪、偏狭な考えが僕らの人生を捻じ曲げたからだ。ごく最近まで、僕らゲイが恋愛することさえも不法とされていた。ゲイであると公言すれば投獄されかねず、家族によって収監させられ、ロボトミー手術を施されるかもしれなかった。そして僕らの恋愛は――すべて投獄の不安を抱きながら行われ、いくつかはロボトミー手術の後に行われた――それらがどこからどう見てもまともではないという理由のもとに、僕らの人生をそもそも最初に捻じ曲げた迫害を正当化するために利用された。

「僕らは砂浜に置く椅子的問題について、完璧に意見が一致しているわけじゃないよね」

ウェディング・エキスポを出たあと――体内のエストロゲンはすっかり排出されたというのに――テリーが結婚式に関してその気になっているのがわかった。テリーは散財することがなにより大好きで、これまで彼は結婚式一回でどれほどお金を使いまくれるのか知らなかったのだ。エキスポ会場で、僕が結婚により違和感を感じるようになっていたのと裏腹に、テリーの結婚への違和感は薄らいでいた。そこで、同性同士の結婚式の様子を見てみようということになった。知り合いに結婚する予定のゲイはいなかったので、『ゲイ・ウェディング』というビデオを借りた。四組の同性カップルを描いたTVドキュメンタリーで、このゲイの結婚観賞マラソンの伴走者として若いレズビアンのカップル――エイミーとソニア――を家に招待した。

砂浜に置く椅子のことで言い争っていたのは、ビデオに登場する四組のカップルの一組だった。登場するのは男性カップルが二組と女性カップルが二組で、それぞれの結婚準備段階から披露宴までの様子を見ることができた。カップルの内訳は、賃金労働に就く混血のレズビアンのカップルと口喧嘩の絶えない白人のゲイの男性のカップル。リビングの壁とソファが紫色の、外壁も紫色の家で暮らす、専門職につくレズビアンのカップル。結婚式の演出を有名なＴＶプロダクションに依頼し、間違いなく二十五万ドルはかけているリッチなゲイのカップルの四組だった。

その喧嘩ばかりしているカップルが、結婚を予定しているメキシコのリゾートでイベント・プランナーと会ったときに椅子のことで意見が分かれた。砂浜の椅子のことで言い争った後、結婚式で着るアロハシャツをお揃いにするか別々のにするかでさらに揉め、その後は結婚式で何度神の加護を祈るか（片方が実践的カトリック教徒だった）で議論し、とうとう生花の高さのことで花屋と言い争いになった。「強情なチビ女だな！」と片方が花屋の女性に毒づき、この時点で僕自身、同性婚禁止の憲法修正案に一票を投じようかと思った。

「たぶん僕らは結婚するタイプの人間じゃないだけなんだ、ゲイであるなしにかかわらず」ＤＶＤを半分ほど見たところでテリーが言った。

「うん、わたしたちもそう」とエイミー。

そのあとみんなで、四組のカップルがお互いを贈り物——ロマンチックなディナー、花束、ろうそく、チョコレート、そしてヘリコプターの空の旅——攻めにしてバレンタインデーを祝う様子を眺めていた。

僕とテリーは、気取ったロマンチックな演出に大金を費やしたことは一度もない。花束、チョコレート、リムジンの後部座席でいちゃいちゃすること——二人ともそんな柄ではなく、だからこそ気が合うのだけれど、そういうところが結婚に向いていないのかも、と思った。我が家では、バレンタインデーはどちらも話題にしないまま終わっていることが多い。一緒に暮らしたこの十年のうちの九年、僕はシングルの人たちや恋に破れた人たちのためにバレンタインデーつぶしと称する会をシアトルで主催してきた。つい最近恋人と別れたり、離婚したばかりの人々が壊れてしまった関係の思い出の品——結婚式の招待状やミックステープ、写真、陶器一揃い——をナイトクラブに持ち寄る。僕はそれらをステージに並べ、壊れてしまった関係についていくつか質問してから、その思い出の品を派手に破壊する。過去九回のバレンタインデーを、婚約指輪を溶かし、ミックステープやCDを叩き割り、犬にやるために結婚式の招待状を引き裂く僕を見て泣き笑いしている失意の人々とのおしゃべりに費やしてきたせいで、僕にとってバレンタインデーは永遠に意味をなくしてしまったのだ。

誤解しないでほしい。テリーと僕はいつもお互いへの愛情を示し合っている。空港ではさよならのキスをするし、僕が仕事から帰ったときもキスするし、ソファには寄り添って座る。通りを歩くときに手をつなぐことはない——さすがにもうティーンエイジャーじゃないんだから——でも僕たちは、ちょっとした、さりげないやり方でいつも親密に暮らしている。でも結婚式は……結婚式は……結婚式なんて、長ったらしくて退屈な、人で一杯の、最高に高くつく気取ったロマンチックな演出以外の何ものでもないじゃないか。『ゲイ・ウェディング』のカップルたちみたいにバレンタインデーを儀式めかして祝う自分たちを想像できないのに、どうして結婚式を祝うことができるだろう？

ビデオを半分見たところでは結婚に向いていないんじゃないかと疑ったけど、終わる頃には完全にそう確信していた。どう見ても結婚はストレスの多い仕事だ。そのときは重大に思える事柄、そう、たとえばケーキを頼むシェフや生花の高さ、そしてリハーサル・ディナーのあとに計画している女装パーティに両親の神経は耐えられるかどうか、といった大量の決断をしなくてはならない。結婚のすべての過程が、できるだけ多くの衝突を生むよう仕組まれているように思える——そんな、まさか。

そんなこと、僕は知っているはずだった。すでに十年以上身の上相談のコラムニストとして仕事をしてきて、結婚に関する相談のメールはそれほど多くないものの——僕への質問は鞭によるミミズ腫れの対処法なんかが多い——もっと大手の新聞に書いている同僚たちは、結婚に関する質問をしょっちゅうさばいている。「子どものときにわたしを捨てた父が、わたしの結婚式で花婿に花嫁を渡す役をしたいと言っています。でもわたしは、いつもそばにいてくれた義理の父に頼みたいと思っていて、周囲のみんなの怒りを買っています……」「花嫁の付き添いの長をやる予定ですが、花婿が浮気しているのを知っています（浮気相手はわたしです）。どうすればいいかわかりません……」「ごく近い親戚と親しい友人だけを招いて簡単な式をしたいと思っています。でも両親は、知人を全員呼べるような大掛かりな結婚式をしたがるのです……」。自分自身がこうした相談に答える機会はないものの、僕はアンやアビーの人生相談コラム〔米国の有名な人生相談コラム『Ann Landers』と『Dear Abby』のこと〕を読んで育ったし、現在は『Dear Prudence』や『Tell me about It』、『Ask Amy』で同様の質問を読んでいる。

ビデオ『ゲイ・ウェディング』の終盤、金持ちのゲイの花婿たちは席順のことと親戚の何人かが結婚式に出席してくれないことでふさぎこみ、もうひと組のゲイのカップルはありとあらゆることで苛立っていた。ひと組のレズビアンのカップルは、たまたま当たったホモ嫌いのホテル支配人に受け入れ拒否されて以来涙にくれ、もうひと組のレズビアンカップルは、ニューエイジ的宗教の指導者がカトリックの司祭と同じくらい支配的で批判的であるとわかって（組織化された宗教より悪い唯一のものとは？ 組織化されていない宗教だ）がっかりしていた。そのすべてはなんのためだ？ 結婚式だ。つまり——はっきり言おう——結婚するカップルがストレートであれゲイであれ決して満足できず、必ず落胆に終わる大げさに演出された儀式のせいだ。二十五歳以上の人なら、少なくとも三、四回は結婚式に出席したことがあるだろうが、結婚式はいつも同じだ。少し儀式張っていて、少しぎこちなく、少し無様だ。そうならないわけがない。結婚式は、上演演目がぎっしり詰まった、ずぶの素人をスターとして起用するとても大掛かりなショーだ。花嫁、花婿、その両親、花嫁の付き添いたち、花婿の付き添いたち、それに牧師――全員がイベントの前夜に集合して一度だけおざなりなリハーサルを行い、いざ、ショータイム！ となる。大惨事にならないはずがない。

しかもショーのテーマは？ 愛だ。人は愛ゆえに結婚し、結婚式とはその愛を集まったすべての人に見せることだと考えられている。結婚式ではみなの前でキスしなくてはならず、披露宴では誓いの言葉を述べる際に胸がいっぱいで言葉に詰まる必要があり、すっかり酔っ払った親戚たちが、自分たちのこの上なく大切な愛に乾杯するのを我慢しなくてはならない。

テレビを消したときには、全員が、他人が結婚する様子を観察するのは非常に効果的な結婚忌避セラピーであるという意見で一致していた。

「あんなばかばかしいまねをするのはやめよう」とテリーが言った。ワイングラスを一緒に片づけているテリーが、結婚式に興味を失っているのは明らかだった。「家族にあんなくだらない時間を過ごさせたいとも思わない」

もしも本当に結婚すると決めるなら、つまり僕たちの愛を広く世間の見世物にして僕の母親を歓喜させ、息子を苦しめるつもりなら、考えなければいけない問題がたくさんあった。

結婚するなら、どこでするのか？
結婚する場合、どれくらいお金がかかるのか？
結婚するとして、誰が司祭を務めるのか？

結婚すると決めたら、どれだけ喧嘩することになるのか？　結婚するとしたら、結婚式にはいったい何を着るのか？　それにもし結婚するとして、僕らの関係は気取ったロマンチックな演出に耐えられるのか？

結婚するなら、D・Jのことはどうするのだ？　結婚についての彼との直近の話し合いはうまくいかなかった。僕らは二人とも結婚したいのかどうか自分でもよくわからなかったのに、それでも二人が結婚する可能性についてD・Jと話し合いを続けていたのは、なんというか、ゲイのカップルの六歳の息子が同性婚に反対なのは妙だと感じていたからだ。つまり、たとえ自分たちは結婚したいと思っていなくても、D・Jにはそう望んでほしいと考えていたのだ。

そういうわけで、キッチンカウンターの椅子に座って『ニューヨークタイムズ』の日曜版を読んでいたテリーは、また新たな同性カップルの写真をD・Jに指差して見せた。その週末にボストンで結婚したばかりのレズビアンのカップルだ。

「僕たちもいつかは結婚するかもしれないよ」とテリーが言った。

「『あなたはナンタラカンタラと誓いますか？　こっちのあなたはナンタラカンタラと誓いますか？』って言うおじさんがいるなら僕は行かない」とD・Jが言った。

「でも、結婚するときは誰かがそう言うものなんだ」と僕が答えた。「その誰かはおじさんじゃないかもしれないけど」

「なら絶対に行かない」とD・Jが宣言した。

僕たちはまた、ストレートの恋愛になくても、ゲイの恋愛には必ず備わっているあるものを、犠牲にする心の準備ができているかどうかもよくわからなかった。それはひそやかな尊厳だ。

同性婚が一つの選択肢となる前は、同性カップルが家族や友人たちの前で、自分たちが本当に、心からどれほど愛し合っているかについてのショーを催すことなど誰も期待していなかった。自分たちの関係を認めてほしいと望むストレートのカップルたちは、つねに結婚式という曲芸用の輪を飛び越えなくてはならなかったが、ゲイのカップルは違った。出会って二日か二ヶ月、あるいは二年で結婚して自分たちの関係を認めてと訴える行列の先頭に割り込むことは、僕らゲイにはできなかった。異性愛者たちとは違って、僕たちゲイは関係を本気で認めてもらいたければ二人の暮らしを必死で築き上げなくてはならず、そこに法律的な思惑や動機はなかった。自分たちの本気《コミットメント》の関係を見世物にするという選択を持たない——誓いの言葉も、ケーキも、指輪の交換も、乾杯もリムジンもヘリコプターもなし——僕たちは、ただただ二人で本気《コミットメント》の関係を生きるしかなかった。僕らはお互いの財産を相続することも、緊急時に相手のために医学的意思決定をすることも、互いの年金を受け取ることもできないかもしれないが、僕たちの関係を心から認めてもらえるとき、それは関係が長続きしていることや僕たちの暮らしぶりによってであり、披露宴でウエディングケーキからソリッド・ゴールドのダンサーたちが飛び出してくる前に口にした誓いの言葉によってではない。

僕とテリーの関係は、これまでもずっと自分たちで作り上げてきたもので、一部の人々がこの世に存在するはずがないと信じている愛の産物だ。教会や州に認められていないから、お互いへの愛にある種の尊厳がある。カップルだと紹介されると、時折ストレートのカップルからつき合ってどのくらいになるか聞かれることがある。これほど長く一緒に暮らしているとわかると、彼らはしばしば驚き、喜んでくれる。最初のうちは、多くのストレートが驚くのは、ゲイの男は安定した関係を築くのが苦手だという思い込みからだろうと思っていた。でもよくよく問いただすと——僕はよく問いただす——ゲイのカップルが二桁に届くほど長く続いていることにはもっと別の意味があるのだというストレートの人たちの説明を聞くことになる。僕たちはいつでも互いのもとを立ち去れるのにそうしない。それが意味しうることは一つ。僕たちは心から、本当に愛し合っている。結婚しているストレートのカップルの場合はそうではない。彼らは愛のために一緒に暮らしているのかもしれないし、誓いの言葉を重視しているからかもしれない。自分たちは「聖なる婚姻の秘蹟によって結合している」と思っているからかもしれない。結婚はしたものの、妻はソファでゴロ寝している夫にうんざりしているかもしれない。もちろん離婚は一つの選択肢だが、離婚がどれほど大変な体験か知っていて、別れずにいるカップルもいる。

ああ、たしかに。長くつき合っているゲイが持つひそやかな尊厳は、二級市民として扱われる不名誉に見合うものじゃない。長期間安定した関係にあるゲイのカップルが結婚できないのは、もちろん差別であり不公平なことだ。ストレートの男女はラスヴェガスでの泥酔した一夜の出会いで結婚することも可能で(それを禁ずる憲法修正案を出してはどうか?)、しかもその二人の関係は、そう、たとえばサンフランシスコで最初に結婚を認められて近々結婚するであろうレズビアンのカップルで五十一年間つき合ってきたフィリス・ライアンとデル・マーティンよりも法的に保護されている。そしてジュリーとヒラリーのグッドウィル夫妻よりも。彼女らはマサチューセッツ州を相手取る訴訟を起こし、結婚の権利を勝ち取った同性カップルだ。二人が結婚したのは、一緒に暮らすようになって十七年目のことだった。もしもラスヴェガスで結婚した花婿が、花嫁と一緒に教会を出るときに車にはねられたら、彼の妻となったばかりの花嫁が——花婿の両親でも兄弟でもなく——夫の医学的治療法を指示し、必要なら生命維持装置を外す法的権利を持つことになる。ところが五十一年も一緒にいても、フィリスとデルは、お互いのためのこうした終末医療についての決断を下すことができないかもしれない。残されたパートナーに敵意を持つ遠縁のいとこがひょっこり街にやってきて、終末医療に関わるすべてを決めてしまうことだってありえる。同性婚が認められればこうした不平等は是正されるだろうが、失われるものもある。形のない、僕たちだけが持っていた何かが失われる。

その夜遅くベッドの中で、テリーはスウェーデンの作家のミステリー小説を読み、僕は——他に何がある？——結婚についての本を読んでいた。

問題にぶつかると、キリスト教徒はしばしば聖書を手に取り、ページを繰ってみる。そこに自分の苦境に役立つ一行の聖句や詩篇の一編、あるいは寓話を見つけたら、それを神の啓示だと受け止める。もちろん、そのキリスト教徒が別の本——たとえば『種の起源』や『フィル博士の減量法』など——を手に取った場合でも、自分の問題に同じくらい関わりのある一節に出会う可能性はあるが、それをダーウィンの進化論は正しかったとか、どう見ても太り気味の男による減量のアドバイスに従うべきだとかいう神の啓示だと受け止めることは絶対にないだろう。

ともかく、僕がE・J・グラフの著書『What Is Marriage For?』〔副題付きで直訳すると『結婚はなんのため？ わたしたちの最も身近な制度の奇妙な歴史』〕と題する素晴らしい本を読んでいたそのとき、テリーが、それまで言っていた結婚したくない理由を修正した。彼が結婚したくない理由は、もはやストレートのまねをしたくないから、ではなかった。「結婚したくないのは、他のゲイたちのまねをしたくないからだ」とテリーは言った。「『ゲイ・ウェディング』に出てたやつらみたいなまねをするのはごめんだ。愛しているよ、ハニー。心から。でも僕には無理だ。お揃いのタキシードを着るのも嫌だし、きみの父さんが僕らに乾杯するのも聞きたくない。ケーキをお互いの顔に押しつけ合うのもまっぴらだ。結婚が、知り合い全員の前で茶番を演じることなんだったら、きみの母さんに伝えて。悪いけどできませんって」

テリーはふたたび本を読み始め、僕も自分のに戻った。そのとき読んでいたのは、グラフの著書の中の、十三世紀にカトリック教会が介入して結婚を統制したことについての章だ。それ以前のキリスト教徒らは結婚やセックス、そして子どもを持つことを拒否していた、とグラフは書いている。ローマやユダヤ社会に背いて社会秩序を破壊し、もう一度キリスト降誕を実現させたいと願ってのことだった。しかしキリストは現れず、ローマ帝国は滅び、キリスト教会はヨーロッパとヨーロッパが破壊しようとしていたまさにその社会を運営する責任を受け継いだ。

「カトリック教会が結婚をようやく秘蹟の一つと定めたのは一二一五年になってからであった」とグラフは書いている。「……そして教会が言う、二人の個人を結婚したカップルへと変えるものとは？——ここでドラムロール〔重大な発表の前などに行われる、ドラムの軽い連打〕——二人が個人的に交わす誓いの言葉だ。なぜドラムロールなのか？カトリック教会が、個人的な誓いの言葉を決して破れない秘蹟だと認めたからだ……果てしのない神学的な質疑や議論の末に、神学者らは、カップルの双方が自らの意思にもとづき、進んで『あなたと結婚します』と言った瞬間に結婚は成立し、永遠のものとなると定めた。たとえその誓いの言葉が、一人の立会人もなしに、完全に秘密裡に口にされたとしても」

傍点は僕による。

ヘニング・マンケルの小説をテリーの手から奪い去り、代わりにグラフの本を渡して僕は言った。

「とにかくこれを読んで」

そこには、僕たちが納得できる結婚式があった。その上好都合なことに、それはケーキの飾り人形や花屋さえまだ使われなかった頃の、より古風で伝統的な、神聖な結婚式であり、座席表の心配もいらなかった。もしも結婚が二人の人間が互いに約束を交わすことであり、その約束を誰の前でもしなくて良いのなら、それこそが静かな尊厳に満ちた結婚式だ。僕たちの記念パーティを結婚披露宴に変えるには、ドアを開けて会場に入る前に「きみと結婚します」とつぶやき合うだけでいい。そうしたと誰かに告げる必要さえない。

第9章 ブルー

その小さなレストランはブリティッシュコロンビア州、ヴァンクーヴァーにあって、店名をディッシュといった。オーガニックフードとしぼりたてのフレッシュジュースを出す店で、その店で食べるものはどれも美味しい。そう、テリヤキチキン以外は。あれはパサパサだった。でも、チキンのことで店にケチをつける気はない。なにしろこの店の豆腐スクランブルは、ついつい食べたくなる美味しさだから。僕は豆腐大好き人間ではない――そんな人間いるのか？　本当に？――でもディッシュの料理人たちは豆腐スクランブルの常識を覆した。よそのレストランで出される豆腐スクランブルとは違って、ディッシュのものは機内食の二歳児用オムレツみたいな味はしない。その秘訣は、僕の考えではディッシュの料理人たちが豆腐を卵に見せかけようとしてないからだ。豆腐は豆腐だ、そのどこが悪い！　とディッシュは豆腐本来の味を放置している。僕はこの店の大ファンで、ヴァンクーヴァーに行くときはいつもディッシュのそばのホテルに宿泊し、豆腐スクランブルとフレッシュジュースの朝食を食べに行けるようにしている。

パサパサのチキンや豆腐スクランブルの話はベストセラーにはなりそうにない。自己の体験を綴るこの回想記というジャンルは、幼少期の目を覆うような虐待を生き抜いた人々や（もっとありきたりの虐待を生き抜いた、野心満々の回想記作家に祝福あれ)、母国イランでの心も魂も枯渇させるような抑圧に耐えた人々、そして自らの腕を切り落とさざるをえなかったロッククライマーたちが席巻する文学的ジャンルなのだ。でも僕も実はこの豆腐スクランブルを陰鬱な話に発展させるつもりだから、どうか我慢して聞いてほしい。ジョージ・W・ブッシュが再選されたあと、僕の苦悩の引き金になりそうなことはたくさんあった——たとえばアメリカの十一の州で、同性婚を禁止する旨の州憲法の改正案が通ったことや、徴兵制が復活する可能性、あるいは北朝鮮やイラク、またはイランとの、もしくはその三国との来るべき戦争、さもなければニューヨーク市のバーでブッシュ家の双子の娘に出くわしたら何と言えばいいか、といったことだ。

ところがあのあと僕の頭から離れなかったのは、ディッシュの豆腐スクランブルだった。前回テリーと二人でヴァンクーヴァーに滞在したときは、ディッシュで朝食を食べてからスタンリー・パークを散歩し、本当にヴァンクーヴァーに住めればどんなにいいだろう、と話し合った。そこには大都市のよさのすべてが揃っている。街の密度が高く国際色豊かで、優れた公共輸送機関が完備し、都会的なくつろぎがある。ヴァンクーヴァーで出会う男はことごとくスノーボーダーでもあり、いかしたお尻の男が文字通りそこらじゅうにいるという長所もある。いかしたお尻を持つカナダの男のほとんどが、他の男にお尻を値踏みされても平気でいるということも間違いなく長所だ。つまり、カナダではあなたが誰と寝ているかを気にするものは一人もいない。望まない相手にあなたが寝ることを強要している場合以外は。カナダの政党がゲイやレズビアンを攻撃することで選挙に勝つことはない。むしろ負けてしまう。ヴァンクーヴァーでは、ゲイやレズビアンが朝食の豆腐スクランブルを楽しみ、ランチタイムに結婚し、夕食までスノーボーダーの男女のお尻を吟味して過ごすことができる。そういう場所なのだ。引っ越さない理由があるだろうか?

わかってる、わかってる、わかってる。落胆した民主党員やリベラル、そして進歩主義者らのカナダへ行くという脅し文句なら、アメリカで暮らす誰もが聞き飽きている。大勢のリベラルが行くと脅すだけで、実際に行くのはごく少数だから、誰の言葉であれそんな脅し文句を本気にしようとは思えない。ストレートの誰かがカナダへの移住を考えていると宣言するのを聞くと「ああ、そうなんだ。カナダにね。ティム・ロビンスによろしくと言っといて」と心で思う。

でもゲイの誰かがカナダへ行こうと思うと言い出したときにはそんな反応はしない。ゲイかレズビアンがカナダへ行くつもりだと言うのを聞いたらこう思う。「友よ、僕はきみの味方だよ」。僕たちゲイにとって、カナダ——合法な同性婚、食べるに値する豆腐スクランブル、スノーボードで鍛えたお尻、そして解禁されたマリファナの本拠地——への移住はジョージ・W・ブッシュ再選に対する過剰反応なんかじゃない。アメリカのリベラルは（ブッシュ再選で）青ざめているかもしれないが、アメリカのゲイやレズビアンは、それを通り越して青黒くなっている。二大政党制で、片方の政党——連邦政府の三つの部門（立法府、行政府、司法府）を統制し、「リベラル」であるはずの主要なメディアを支配することになった——が僕たち同性愛者を徹底的に攻撃することによって年々地盤を「固めつつある」国で暮らしていることが、アメリカのゲイやレズビアンに、虐げられ、命の危機にさらされていると実感させている。ストレートのリベラルは青ざめている。ゲイやレズビアンは青黒くなっている。

アメリカの多くのゲイやレズビアンたちが逃げ出すことを考え始めたのは、たんに極度の緊張からじゃない。共和党右派によるゲイやレズビアンに対する終わりのない政治運動の行き着く先を、心の底から恐れているせいだ。共和党は彼らを支持する宗教的右派の人々に、ゲイやレズビアンの存在は、アメリカの家庭や西洋文化を脅かすものだと説き、さらには、絶大な影響力を持つキリスト教保守派のリーダーであるジェームズ・ドブソンの主張によると、「地球の存続」への脅威である、と教えている。僕たちゲイは、無神論者のコミュニストと、四世紀にローマ帝国に侵入した西ゴート族、そして地球温暖化が、一つの巨大なミラーボールとなったかのような存在だ、と。

ドブソンの支持者たちに、同性愛者がこの地球に与えるだろう脅威とは何かと問いただすと、たいてい二つある答えのうちの一つが返ってくる。「同性愛行為は、人類滅亡の可能性を秘めた行為である」とロルフ・F・ウェステンドルフは宗教新聞の『北米ルーテル教会』に寄稿した。「これは出産の可能性をあらかじめ排除する行為である。故に、もしもすべての人間がゲイであれば、人類は今後五十年で絶滅する」と。

「もしもすべての人間がゲイであれば……」という言葉の根底にある想定はゲイへの賛辞だ、裏の意味があるにしても。どうやらドブソンやウェステンドルフのような人たちは、同性愛はとても魅力的だからそのうち異性愛者でいたいと思う人間は皆無になると信じているようだ。まともな人なら、長く貪欲な異性愛の歴史と六十億人という現在の地球の人口こそが、人類は決して異性愛のセックスに飽きることはないということの証だと考えるだろう。でもドブソンやウェステンドルフはそうじゃない。

それに、長年ゲイやレズビアンの近くで暮らし、共に仕事をし、一緒に出かけたりしながら、同性愛の魅力に屈しない大勢のストレートの人たちのことはどうなのだ？　僕はもう八年間もストレートの男性と共同でオフィスを使っているが、彼はいまだに女性と寝ている。雑誌『ニューヨーク』によると、ストレートの女性は今でもマンハッタンで結婚相手を探している。この前サンフランシスコに行ったときには、僕はこの目で男女がカーセックスしているのを目撃した。もしも異性愛者が、僕のオフィスやマンハッタン、そしてサンフランシスコのような同性愛がはびこっていそうな場所でうまく生息できるなら、異性愛者はドブソンやウェステンドルフのようなヒステリー野郎が信じ込んでいるよりもずっとたくましい雑草なのだ。

同性愛者が地球に与えるとされるもう一つの脅威についての主張はもっと論破しがたい。神はゲイを嫌っている——聖書にそう書いてある。「神はエビが嫌いだ」（レビ記十一章九-十二節）や「神はポリエステルと綿の混合繊維が嫌いだ」（レビ記十九章十九節）、「神は奴隷制度を容認している」（出エジプト記二十一章二十-二十一節、エフェソの信徒への手紙六章五-六節）、「神はしのごの言わずに税を支払ってほしがっている」（マタイによる福音書二十二章十七-二十一節）、そして「神は女子どもを殺してもいいと思っている」（申命記二章三十三-三十四節）などと並んで。神がソドムとゴモラを破壊したのはホモのせいだ、とキリスト教保守派は言う。僕らホモは刻々と臨界質量に達しようとしていて、そうなったら神は正気を失って地球を破壊してしまうから気をつけろ、と。神はすでに、現在の地球上でのゲイやレズビアンののさばり具合にひどく苛立っていて、僕らに思い知らせるつもりなのだ、とキリスト教保守派の著名人は言う。オレゴン州ポートランドのホテルの部屋のソファに座り、僕はケーブルニュースの大激論会で、ある「キリスト教指導者」が、二〇〇四年十二月二十六日の出来事（スマトラ島沖を震源とするマグニチュード九・一の巨大地震）、つまりアジアで五十万人とも言われる犠牲者を出した地震と津波のことを、神の怒りの証だと言うのを聞いていた。アジアへの怒り？　いや違う、同性婚へのだ。「神を不快にさせる行いが広がるのを許しておけば、必ず神の怒りを買うことになります」と彼女は言った。さらにカナダやサンフランシスコ、マサチューセッツでのゲイやレズビアンカップルの結婚を引き合いに出し、「同性愛者の結婚が神を心の底から怒らせ」た結果、大津波が起きた、と。

神は全知全能のはずなのに、その攻撃はなんだか当てずっぽうに見える。まるで至高の力を持つミスターマグー〔UPAアニメーションスタジオが制作したアニメーション。強度の近眼に気づかず失敗を繰り返す姿をユーモラスに描く〕だ。同性カップルがボストンやトロント、サンフランシスコで結婚し、すると執念深い近眼の神は地震を引き起こし、大津波がインドネシアやタイ、インド、スリランカを襲って、結婚式に呼ばれてさえいない二十五万人もの人々の命を奪ったらしい。

でも、僕のこの言い方は神様に不公平かもしれない。神様も時には直撃に成功する。マグニチュード六・七を記録した一九九四年のノースリッジ地震は、カリフォルニア州ロサンジェルスのサンフェルナンドヴァレーを見事に狙い撃ちした。宗教的保守派のリーダーであるパット・ロバートソンは、直ちにサンフェルナンドヴァレーを拠点とする数百万ドル規模のポルノ産業の名をあげつらい、地震で五十七名の命が失われ、何十億ドルもの損失が出たのはそのせいだと非難した。ほらね、神はポルノが嫌いなのだ、と言い、その日亡くなった人のなかに、ポルノスターやポルノ映画の監督、ポルノ映画のプロデューサーは一人も含まれていなかったにもかかわらず、神のメッセージは明らかだと述べた。サンフェルナンドヴァレーで汚らしい映画を作るのはやめろ、さもなければ罪のない部外者たちの上にもっと家屋を倒壊させるぞ、と。

でも、神と自然災害の関係でおもしろいのは、神は時折敬虔な信者たちをも攻撃するということだ。一九九四年、三月二十七日の神様からのメッセージはいったい何だったのだろう、と首をひねるほかない。サンフェルナンドヴァレーに地震をお見舞いしてから三ヶ月もしないうちに、神様はアラバマ州ピードモントの教会に竜巻を直撃させた。枝の主日〔イエスのエルサレム入城を記念するキリスト教の祭日〕の礼拝中に、ゴーシェン・メソジスト教会は全壊した。死者は二十人、負傷者は九十二人。死者には四歳になる牧師の娘も含まれていた。ロサンジェルスを襲った地震をポルノ産業への断罪だと指摘し、その十年後にアジアを襲った津波は同性婚に対する神の意思表示だと主張したそのキリスト教保守派の人々が、ピードモントの枝の日礼拝を襲った竜巻のこととなると恐ろしく無口になった。彼らに言えるのは、せいぜいこうだった。「神様は、ご自身の信徒の信仰をお試しになったのだ」

他人に何か悪いことが起きたときは神の怒りだと信じ、自分に悪いことが起きたら神様の抜き打ちテストだという人たちと、そもそもどうやって議論すればいいのだろう？

そして彼らの理屈を信じるなら、ドブソンの言うようにゲイやレズビアンは長期的な意味での地球の存続を脅かす存在であるばかりか、僕らの子どもたち世代への差し迫った脅威でもある。テキサス州の共和党が、ゲイやレズビアンが里親となることを禁止するよう強く求めたとき（テキサス州では一万六千人の子どもたちが施設や里親に養護されている）、禁止を支持する人々が挙げたのは、ゲイやレズビアンの両親に育てられた子どもたちは性的虐待に遭う可能性がその他の子どもの十一倍高いとする真偽不明の研究結果だった。このインチキ統計はＣＮＮで何度も取り上げられたが、疑問視されることはなかった。で、この大嘘の出処は？　ポール・キャメロン。ゲイ嫌いの精神科医でアメリカ心理学会から除名された人物だ。キャメロンは、一九八五年にはアメリカ社会学会からも「性やホモセクシャリティ、レズビアニズムに関する社会学的調査について、一貫して誤解し誤った解釈を伝え続けている」という理由で譴責を受けた。キャメロンの調査は、成人による同性の子どもに対する性的虐待の事例はすべてカミングアウトしているゲイやレズビアンによるものだとしているが、実際には子どもへのレイプの圧倒的大多数が異性愛の両親か、それ以外の家族の誰かによって行われている。カミングアウトしているゲイやレズビアンたち――テキサス州の改革法案のもとでは里親となるのを禁じられる親たち――が、自らが養護する子どもたちを虐待する可能性はずっと低い。キャメロンが撒き散らした嘘は同性愛者への冒瀆であり、間違いなくゲイやレズビアンの親たちへの暴力を誘発する。

ドブソンやロバートソン、キャメロンなどの分別のない狂人たちを政治基盤とする、すでに不適任者だと証明された人物を再選する国で暮らすことが、アメリカのゲイやレズビアンたちを、ストレートのリベラリストには到底推し量りようがないほどに怯えさせている。アメリカのゲイやレズビアンたちが、以前より必死で逃げ道を探しているのは、共和党が彼らのレトリックを実践し、僕たちが象徴すると言われている脅威に対して実際に何らかの手を打つ日が、すぐそこまで迫っているのではないかと不安だからだ。もしもホモが地球の存続を危うくしていて、ホモに対する恐怖と憎しみを煽り立てることによってある党が国政選挙に勝利したなら、遅かれ早かれその党は行動を起こす。そうだろう？　ゲイやレズビアンはアメリカの家庭を脅かす存在だとさんざん騒ぎ立てておいて、僕たちゲイが子どもを養子にもらい、郊外に引っ越して芝生を刈っている姿を、ただ手をこまねいて見ていることなどできるはずがない。

共和党はすでに彼らのゲイ嫌いの理論を実践している。ユタ、オレゴン、オクラホマ、オハイオ、ノースダコタ、モンタナ、ミシシッピ、ミシガン、ケンタッキー、ジョージア、ミズーリ、ルイジアナ、カンザス、そしてアーカンソーの各州では、共和党が支持する同性婚を禁止する旨の州憲法修正案が選挙で承認された。全米州議員協議会によると、さらに十七の州がゲイの結婚を禁止する州憲法修正案について協議中だ。他にも数多くのゲイ嫌いの法律の制定が進められている。テキサス州では、学校関係者らによって、ゲイやレズビアンの存在を認める記述のある教科書の検閲が行われている。検閲の対象となったある一節は、青年期には「他者に惹かれる」ようになると書かれていたが、「異性に惹かれる」と修正が施され、テキサス州のゲイやレズビアンのティーンエイジャーたちをさらに孤立させ怯えさせた（テキサス州でゲイのティーンエイジャーとして暮らすだけでもありえないほど辛いだろうに！）。アラバマ州では、共和党が実権を握る州議会が、州内の図書館に、同性愛を容認する内容のありとあらゆる──つまり全部だ──本を置くことを禁止にしようとしている。ああ、それに彼らは同性愛者が子どもを養子にすることも禁じようとしている。アラバマ州では五千名以上の子どもが里親制度で養育され、しかもそれが一人残らず異性愛の両親に捨てられ、虐待され、あるいは育児放棄された子であるというのに。

晴れた日の多いユタ州では、教師が「同性愛を唱導すること」（＝同性愛について言及すること）が州法で禁じられており、高校は、同性愛について論じていない信頼できる心理学の教科書を探しているが当然見つけるのは困難だ。「今の時代、ほとんどの出版社の教科書が少しは──一段落から数ページは──同性愛を取り上げています」と調査委員会のある教師は『ソルトレーク・トリビューン』の取材に愚痴をこぼした。「僕は同性愛について教える気はありません。でも教科書に載っていれば、生徒たちが読むのは防ぎようがありません」。おそらく神様は、ほとんどがカリフォルニア州にある教科書出版社への不快感を顕わにするだろう──何千何百のアフリカの人々を飢饉で餓死させることによって。クソっ、たぶん彼はもうやっている。

一方ミシガン州では、同性婚を禁止する州法に反対していた民主党の知事ジェニファー・グランホルムが、今やその禁止法の大ファンとなったように見える。グランホルムは、同性婚を禁ずる州憲法修正案が可決されると、州政府や地方自治体に対して、公務員に異性愛のカップルと同等のパートナーシップの恩恵を与えるのをやめるよう指示した。ミシガン州の法廷は、同性婚を禁止する州憲法修正案は、州による同性カップルへのパートナーシップのメリットの付与を禁止するものであるかどうか、また知事は裁判所が裁定を下すまでは行動を起こす必要がなかったのではないか、ということを今現在裁定中だ。しかし、真に勇気ある人〔ジョン・F・ケネディが執筆してピューリッツァー賞を受賞した『勇気ある人々』には、ケネディが理想とした八人の上院議員たちが描かれている〕であるグランホルムは、間違いを恐れずにミシガン州のゲイやレズビアンのカップルをとことん痛めつけ、権利を取り上げることにした。

でももっと最悪なのはヴァージニア州だ。二〇〇四年七月に発効した結婚是認法は、シヴィル・ユニオンを禁じるだけでなく、結婚に類似する権利を付与する可能性のある同性間のあらゆる契約関係を禁止した。法律はこう定めている。「シヴィル・ユニオン、パートナーシップ契約、あるいはその他の同性間の契約関係で、結婚に付随する権利と義務を付与する趣旨を有するものを禁じる」。ヴァージニア州で暮らすゲイのカップルは、永続的委任状を作成できず、遺言状で互いに財産を遺し合うこともできない。ジョナサン・ローチは『ワシントンポスト』に寄稿して、彼がパートナーと暮らすヴァージニア州の法律は、新たなジム・クロウ〔黒人差別〕の時代の幕開けを予告していると述べた。「奴隷たちが結婚できなかったのは、彼らが自分ではなく他人の所有物だったからだ。子どもたちもまたそうできなかったのは、彼らが親の保護のもとにあったからだ」とローチは書いた。「だとすれば、同性カップルから結婚する権利を奪うことは、法的な意味でカップルとして暮らす権利を否定するだけでなく、ゲイの自立した人間たる資格をも否定することである。これはゲイから人としての権利を奪うことだ。それによってわれわれゲイは社会的弱者となり、二級市民となる。われわれゲイの絆を奪うことは、自立して生きる権利を奪うことでもある」と。

ヴァージニア州の法律制定者たちは、ゲイから人間らしく生きる権利を奪うだけでは物足りなかった。州の保守派らはさらに二つのゲイ嫌いの法案を推し進めている。その一つは高校でのゲイのサポートグループの禁止。もう一つは同性カップルによる養子縁組の禁止を求めるものだ（ヴァージニア州では現在七千名の子どもたちが施設や里親に養護されている）。発議されたゲイによる養子縁組を禁止する法案が可決されれば、巡回裁判所の判事らはすべての養父母候補者に、彼らが「現在自発的な同性愛関係にあることが明らかになっているか」（どうやら自発的でない同性愛関係なら問題ないらしい）、あるいは彼らが「結婚しておらず、血縁や婚姻関係のない別の成人と暮らしているか」を問いただすことを義務づけられる。

当然ながら「意図せざる結果」という普遍法則が働くことが時折あって、それは一種のささやかな報いとなる。二〇〇五年三月、オハイオ州の裁判官が、新たに可決された同性婚を禁ずる州憲法改正案は、州のドメスティック・バイオレンス法の一部を無効とするものであると述べた。三月までは、オハイオ州のDV法は結婚しているカップルと事実婚のカップルを同等に扱うと考えられていた。しかし裁判官は、同性婚を禁ずる州の憲法修正条項は、既婚のカップルと事実婚のカップルを同等に扱うことを禁じるものである、との判断を下して、あらゆる虐待的なパートナーたちから間違いなく歓迎される先例を作った。裁判官は、タバコ一箱のことで同居している女性に暴力を振るったとして起訴された男について、DV法に抵触するとは認められず、軽度の暴行罪にすぎないとの判決を下した。『タイム』誌は「家庭内暴力で告発されている大勢のオハイオの男たちが、標準的な暴行罪に比べてより厳しく罰せられるDV法はもはや自分たちには適用されない、なぜなら暴力を振るったとされている女性と自分は結婚していないからだ、と法廷で主張するつもりでいる」と報じた。オハイオ州議会もなかなかやるね。

州にゲイ・バッシングをさせるだけでは飽き足らず、キリスト教保守派と彼らに同調する共和党員たちは、合衆国憲法の修正も推し進めようとしている――現行の修正案は多岐にわたり、同性婚やシヴィル・ユニオン、ドメスティック・パートナーシップを禁じているだけでなく、一般企業が社員のドメスティック・パートナーの権利を認めることも違法としていて、そうなるとテリーは僕の勤務先の健康保険に加入できなくなる。著名な保守派のコメンテーター、アンドリュー・サリヴァンは、こうした取り組みを「ゲイの恋愛への宣戦布告」と表現している。

　これらすべてのゲイ嫌いの法律制定の目的は？　アクセサリーをジャラジャラつけてはいるがたいした影響力もないマイノリティ・グループを痛めつけることがもたらす純然たる喜び以外の？　彼らの主張はこうだ。ゲイの人々、とりわけゲイのカップルを迫害することにより、社会が伝統的な家族を支持する姿勢を示せる、と。それってどんなふうに？

　今から数年前、ＡＢＣのニュース番組に出演したギャンブル好きで知られるウィリアム・ベネットが、それをすべて説明してくれた。「今の最新の科学的知見によれば、そんなふうに生まれつく人もいると信じるべきなのだろう」と彼は述べ、ドブソンやその他の「同性愛は選択だ！」派の人々と一線を画そうとした（こと同性愛に関しては、非常に多くの宗教的指導者たちが、選択の力を強く信じているのは、皮肉な話じゃないか？）。それでもベネットは、社会は積極的に同性愛者らを虐げるべきだと信じていて、それは「揺れ動く」バイセクシャルたちに自分をゲイだと認めさせないためなのだ。「どっちつかずの人々が大勢いる」とベネットは言った。「……揺れ動いている人たちが大勢いる。彼らに、社会がどちらを選ばせたがっているかを知らせるべきだ。そしてわれわれが選ばせたいのは異性愛だ」

　つまり社会は、カミングアウトしているゲイやレズビアンたちを徹底的にぶちのめすことによって、バイセクシャルの人々に「合図を送ら」ねばならない。すべては彼らの口からペニスを引っ張り出すためだ。これは理屈に合った行動に見える――少なくともあなたがゲイの人間を嫌っているなら。さもなければ、娘や息子がバイセクシャルではないかと不安に感じていて、カミングアウトしてゲイだと言わせるぐらいなら、脅して黙らせておくほうがいいと思っているなら。でも、この合図はいつまで続くのだろう？　アメリカ以外の世界の大部分がゲイやレズビアンに完全な市民権を与える方向に進んでいるというのに（圧倒的にカトリック色の強いスペインでさえ、同性婚を合法化している!)、ここアメリカ合衆国では、ゲイが出てくる書籍を禁止し、ゲイやレズビアンを二級市民扱いし、あらゆる手を使ってゲイやレズビアンのティーンエイジャーたちを孤立させ怯えさせている。

でも実は、その目論見はきっと失敗する。

「社会保守主義者が認識すべきは」とアンドリュー・サリヴァンは自らのブログ(www.andrewsullivan.com)に書いている。「ゲイであることをオープンにしている人々は消えてなくならないということだ」。そして同性愛者が〝消えてなくなる〟ことは「同性愛は選択」派のロビイストたちが議員に求めていることだ。彼らの同性愛者へのメッセージは、「きみたちにとって不快な状況を作り出しさえすれば、きみはストレートの道を選ぶだろう」。そして異性愛者への彼らのメッセージはこうだ。「きみたちはゲイのことなど考える必要ないはずだし、ゲイの結婚のことはなおさらだ。なぜなら生まれながらのゲイなどおらず、ゲイであり続ける人もいないからだ」

キリスト教保守派と彼らに賛同する共和党員たちは、同性愛に関するいくつかの質問を避けようとしている、とサリヴァンは続ける。「彼らの居場所は? どんな形で家族制の中に組み込むのか? 彼らの市民としての権利、さらに彼らの人としての権利をどのように認めるのか?」。同性婚賛成派はそれらの問いへの答えを持っている。僕たちゲイは市民のための制度すべての対象でありたい。同じ規則、同じ責任を適用してもらいたい、と。同性婚反対の人々の答えは——何なのか? 彼らはシヴィル・ユニオンに反対しドメスティック・パートナーシップにも軍隊への入隊にも反対で、同性愛者に対するあらゆる承認に反対している。文化的にも社会的にも忘れられた場所で、影のように暮らす人間を作りたがっている。ゲイの人たちがそれに協力的であり続ける限り——真実を隠し、うつむき、遠回しに物を言うゲームをしている限り——この方法は効果を発し続けたことだろう。しかしその協力体制はすでに終わっている」
協力体制が終わりを告げたのは何十年も前だ。ヴァージニア州やオハイオ州で可決されようとしている類の法律は、より多くのゲイやレズビアンたちに元いた州を捨てさせ、彼らをもっと歓迎してくれる州に逃れさせるだけで、ゲイやレズビアンが自分らしく暮らすのを止めることはできない。僕たちゲイはこれからもずっとセックスし、恋をし、家族を作ろうとする。疑問なのは、「ニュルンベルク法の化石」〔ニュルンベルク法は一九三五年に制定されたナチスの人種理論を制度化した法律。ユダヤ人を市民と認めずドイツ人との結婚等を禁じた〕である彼らの法律が失敗だと気づいたあと、社会保守主義者らはどうするのだろう、ということだ。僕らを狩り集めて強制収容所へ入れる？　有蓋車両にすし詰めにしてカナダへ送る？　壁の前に並ばせて銃殺する？

おっと、また感情的になりすぎた。強制収容所なんてありえない——父親もそう請け合った。
僕の父親は二〇〇〇年と二〇〇四年の大統領選でジョージ・Ｗ・ブッシュに投票し、そのことで僕にとやかく言われたくないと思っている。テリーと二人でサンディエゴに父親を訪ねて行くたびに、自分のように理性的な、平《ひら》の共和党員は同性愛者を嫌ってなどいない、と必死で伝えようとする。あれは選挙で優位に立つために共和党が利用している象徴的な「価値観」にすぎないんだ、と父は説明する。共和党はお前たちを強制収容所に放り込むようなまねはしない、と父は請け合ったし、父の見立てに間違いはないはずだ——彼は「ＦＯＸニュース」を一日中見ていて、もしも共和党が僕たちゲイを狩り集めるつもりなら、そのニュースはＦＯＸで流れるはずだから〔ＦＯＸは共和党寄りの大手ＴＶ放送会社〕。ああそれに、共和党は僕たちから子どもを取り上げたりもしない、と父は告げた。彼らは子どもを持つゲイのことは攻撃するが、世間には、今ある養護施設の数以上の養護すべき子どもたちがいると彼らは知っていて、共和党員の特徴はといえば財政的保守主義者であることで——それにもかかわらずブッシュは巨額の負債を抱えた——だから州の世話になる子どもたちをこれ以上増やしたくはないのだ。彼らは選挙に勝つまでゲイやレズビアン叩きを続けるだけだ。これは個人攻撃じゃない、ただの政治行動なんだ、と父は主張する。

「中絶問題と同じだ」と父は言う。「共和党は中絶反対を訴えるが、それについて何かしようとしてるわけじゃない。国民のほとんどは人工妊娠中絶に賛成だが、中絶反対論を唱えることによって、妊娠中絶反対派の票を共和党に取り込むのが狙いなんだ。同性愛についても同じだ。共和党は何も行動は起こさない。ただゲイ嫌いの選挙人たちの票を集めて共和党の支持母体を広げようとしてるだけだ」

でも父の分析には一つ大きな問題がある。共和党は、ヴァージニア州やカンザス州、オハイオ、ミシガン、さらにそれ以外の州でもじっさいに行動を起こしている。ミシガン州で共和党が後押しする同性婚禁止の州憲法修正案が可決された結果、ソーガタックで開かれたゲイのファミリーキャンプで知り合ったゲイのカップルの何組かが企業の健康保険に家族で加入する権利を失った。でもまあ、明るい面に目を向けようじゃないか——ミシガン州で暮らすゲイの友人たちは、今やミシガン州のドメスティック・ヴァイオレンス法に抵触することなく自由に暴力を振るい合うことができる。

僕と父親が一番最近選挙について直接話し合ったのは、サンディエゴにあるレゴランド〔レゴブロックで知られるレゴ社のテーマパーク〕に向かう車中だった。大統領選についての二人の論戦は三日目を迎えていた。僕は、僕のためにも、そして父にとっての孫のためにも共和党には投票しないでくれと説得を続けていたが、父はやっぱり、共和党のゲイ嫌いの選挙戦術や法案、政党綱領の重要項目を本気にしすぎるなと答えた。テリーとD・Jは後部座席で、テリーがインターネットでダウンロードしてきたレゴランドの地図を見ながら、どの乗り物に最初にダッシュするかを話し合っていた。だからD・Jが後ろの座席から話に割り込んでくるまで、父親と僕の選挙をめぐる議論を聞いているとは思いもしなかった。

「ジョージ・ブッシュはイタチ野郎だ！」とＤ・Ｊが大声で言った〔「イタチ」は「小ずるい人物」の意〕。

父親はしばらく黙り込み、僕は記憶の中の六四三三番地に引き戻された。物心ついた頃の記憶の一つは、父と母が当時の共和党の大統領、リチャード・Ｍ・ニクソンのことで言い争う光景だ。母はニクソンを嫌っていて、日中、子どもたちの前で「策略家ディック」〔「ディック」は「リチャード」の愛称〕とニクソンを揶揄することがよくあった。夜になると、子どもたちは母親が言っていた悪口を父親の前で繰り返した。父は当時シカゴで刑事をしていて、民主党支持者だった。そんなある夜、夕食の時間に、四人の子どもたちのうちの誰かが、誰だったか覚えていないが、大統領について何か失礼なことを言った――なんだったか覚えていない――すると父が怒りを爆発させた。

「だめじゃないか、ジュディ！」と父は言った。「お前は嫌いでも、彼はアメリカの大統領だ。子どもたちには大統領に敬意を払うように教えるべきだ！」

だから、父親がハンドルに両手を叩きつけ、Ｄ・Ｊに大統領を侮辱する言葉を教えたことについて僕を怒鳴りつけることを半分期待していた。それに備えて長い沈黙の間に言い訳を考えた。Ｄ・Ｊに大統領をイタチ野郎呼ばわりするように教えたのは自分たちじゃないと言うつもりでいた。学校で覚えてきたのだ、年長の子どもたち、僕たちと同程度かそれ以上にジョージ・Ｗ・ブッシュのことを嫌っているストレートの両親を持つ子どもたちから教わったのだ、と。でも父は激怒しなかった。クスクス笑い出した。

「Ｄ・Ｊ、彼は悪い人間じゃないよ」と父は言った「それにイタチ野郎でもない。お前の家族やすべてのアメリカ人のために最善を尽くそうと――」

「いや、彼は悪いやつだ。とても悪い人間だ」

口を挟んだのはD・Jじゃない。テリーだった。ぼくの父親がジョージ・W・ブッシュを擁護する発言をすると、テリーはいつも黙っているか部屋から出て行く。でも、ジョージ・W・ブッシュはきみの家族を守るために頑張っているのだと父がD・Jに教えるのを放っておけなかったのだ。

「ビル、悪いけどD・Jにジョージ・ブッシュがうちの家族のために頑張ってると教えるのはやめてほしいんだ」とテリーは僕の父親に言った。それからD・Jのほうに向き直って続けた。「ジョージ・ブッシュはきみの家族を苦しめるためならなんでもする悪いやつだ。いつでも好きなときにイタチ野郎と呼んでいいんだよ」

父親は参ったなというふうに首をかしげ、閉じた歯の隙間から少し空気を吸い込むと、そのまま運転を続けた。その後の道中では、みな選挙の話はしないようにした。

ディッシュの店の豆腐スクランブルを毎朝食べるのもいいかも、と考えるようになったのは、あのイタチ野郎が再選されたせいだけじゃなかった。二〇〇四年の十一月二日に、十一州でのゲイ嫌いの州憲法修正案が可決され、それは「バリュー・ボーター〔宗教や中絶、同性婚など、価値観を判断基準に投票する人たち〕」が断固反対を示そうと投票所に大挙して押し寄せたからだ——まあ、何に反対だったのかは僕にはよくわからないが。大統領選挙当日の出口調査からわかったのは、アメリカ国民の三分の一は同性婚に反対だが、三分の一は賛成で、あとの三分の一は、実質的な結婚であるシヴィル・ユニオンに賛成している。つまり、六〇パーセント以上のアメリカ人が、同性間の婚姻に相当する関係を法的に認めて良いと考えている。にもかかわらず、機会あるごとに国民は同性カップルの婚姻に相当する関係の法的承認に反対票を投じている。

でも、FOXニュースのキャスターが好んで指摘したがるように、アメリカ国民の大半はゲイの人間が

「け」のつく言葉、つまり結婚という言葉を使えるようになることに反対していて、十一の州で投票にかけられたのはゲイの結婚なのだ。国民の大多数が同性婚に反対しているという事実は、同性間の結婚が常軌を逸した行動であることの決定的証拠としてしばしば引き合いに出される。世論調査で国民の同性婚受け入れ準備ができていないとわかったのだから、マサチューセッツ州のあの裁判官らやサンフランシスコのあの市長、そしてオレゴン州ポートランドのあの郡書記がゲイやレズビアンのアメリカ人が結婚する権利を認めたのは早計だったということになる。でも、もしもアメリカの国民の大多数が間違っていたとしたら？　そんなことありえる？　一言で言うとイエスだ。アメリカの多数派は昔から間違い続けてきた。奴隷制度（かつてアメリカの国民の大半が支持していた）から女性の参政権（かつて国民の大半が反対した）、第二次世界大戦中の日系アメリカ人の強制収容（かつて国民の大半が賛成した）、そして異人種間の結婚（かつて国民の大半が反対だった）に至るまで。市民権の問題に関するアメリカ国民の過去の実績はひどいもので、だから何であれアメリカの国民の多くが罰しようとしているものには、自動的に疑わしきは罰せずの原則を適用したほうがいい。

でも、どうして僕らがそれを気にする必要がある？　テリーと僕は結婚を望んでいない。自分たちらしく暮らしたいだけで、たぶんそれぞれタトゥーを入れて、ずっとD・Jの両親であり続け、おそらくもう一人養子をもらう。あのイタチ野郎のジョージ・W・ブッシュがこの国を統治し／めちゃくちゃにし／続けようが、僕らには関係ないじゃないか？　僕たちはカナダまで行かずとも、これまでと同じように暮らしていける。

いや、たぶん無理だ。大統領選後、『ニューヨークタイムズ』のインタビューでジョージ・W・ブッシュは――またもや――ゲイやレズビアンのカップルによる養子縁組への反対を明言した。「調査からも」

とブッシュは記者に告げた。「子どもは男女が結婚して作る家庭で育つのが理想的だとわかっている」「調査」はそんなこと何一つ明らかにしていない。「専門家は、同性カップルに育てられた子どもたちが、より伝統的な家庭で育てられた子どもたちに比べて問題がある——社会性や学業面、あるいは感情面でも——という説の科学的根拠は皆無だと述べている」。『ニューヨークタイムズ』紙は正しくもそう報じた。

でもジョージ・W・ブッシュはちっぽけな事実なんかに自分の邪魔をさせたりはしない。同紙が大統領は事実を取り違えていると書いた後も、その見解を裏づける研究が一つも見つからないとわかってからも、ブッシュは同性カップルの家庭への——D・Jの家族への——攻撃をやめなかった。

再選されたわれらがアメリカ大統領がゲイの両親を攻撃し、同性婚を禁止する旨の合衆国憲法修正を再度要請するその数ヶ月前に、カナダの首相、ポール・マーティンはカナダ議会の下院で同性婚賛成の立場を明らかにした。

「一国の首相が自らの政治権力を用いて、国民の権利を守るどころかあからさまに否定することは……すべての少数派に対して、もはやその国のリーダーにも憲法にも、自分たちの保護や身の安全、そして自由の保障を期待することはできない、と示すものである。そのような行動は我が国を、人権保護が選挙やその他の思惑のもとにはかりにかけられ、もくろまれ、議論される国へと変貌させかねない。我が国を何十年も後退させるものである。それは、この国の少数派の人々に対する過ちであり、カナダに対する過ちでもある」

美味しい豆腐スクランブル、選挙で勝つために少数派を攻撃したりしない国のリーダー、スノーボーダーたちの引き締まったお尻——カナダ、気に入らないわけがない。

第 III 部

The Slippery Slope

急展開

第10章
プランナーに依頼する

大統領選挙の数週間後、母が電話で十周年記念パーティの日取りをはっきり決めてくれと言ってきた。僕たちの、どういう名目になるかわからない会のためにシアトルに来てほしいということは、すでに七月に親戚全員に伝えてあり、全員から出席の返事をもらっていた。でも来てくれる人たちは飛行機のチケットを買い、ホテルを予約し、職場に休暇を申請しなくてはならない。さっさと日にちを決めて遅くとも三ヶ月前には知らせないと、と母は言い張った。

僕は、どんな形のパーティにするか決まらず、具体的な計画が進まないんだと言い訳しようとした。記念パーティにするのか、結婚式なのか、「バイバイ、僕らはカナダに移住するよ」パーティなのか？

「そんなのささいなことじゃないの？」と母が言った。「あなたたちはパーティを開こうとしている――春節のパーティをね、わたしが聞かされたとおりだとすれば。だったら日にちを決めて計画を進め、それから決めればいいでしょ。結婚を祝う会にするのか、わたしはそれがいいけど、それとも記念パーティにするか、それでもいいと諦めてるのよ。でもとにかく日を決めなさい、ダニエル」

「わかったよ。決めるよ」と僕。

「今すぐって言ってるの」と母親が言った。「日取りを聞くまで電話を切らないから。嫌でも日を決めるか、わたしとずっと電話し続けるかどちらかよ」

一階にいるテリーに、冷蔵庫からカレンダーを持ってきてと大声で頼んだ。来年の春節は二月九日。直近の土曜は二月十二日だった。

「パーティは二月十二日にするよ、母さん」と僕は言った。「地球上のすべての人に存分に触れ回っていいから」

「ほんとにありがとう。じゃあ二月にね」

「え、嘘だろう?!」と僕は叫んだ。母親はもう電話を切っているものと思っていたが、切っておらず、僕の声を聞きつけて尋ねた。

「え？　どうかしたの？」

「何でもない、何でもないよ母さん。ちょっと気づいただけだ、その、カレンダーにメモしてたのをすっかり忘れたことがあって。じゃあね」

僕はカレンダーを手に階段を駆け下り、驚きの声を上げた本当の理由をテリーに見せた。中国製のカレンダーにはその年その年の決まった動物が描かれていて、十二種類の動物が順番にその年を祝福するようになっている。

「二〇〇五年は酉《コック》の年だ。これは縁起がいいぞ」〔cockにはペニスの意味もある〕と僕は言った。「そう思わない？」

サミュエル・ジョンソン〔イングランドの文学者、詩人〕流に言えば、十二週間後に親戚全員がオープンバー目当てにやってくるとわかっていることほど、集中力を高めるものはない。

僕とテリーは机の前に座り、今後十二週間でやり遂げるべきことをすべて書き出し、二人でやれる限度を超えていると気づいた。僕は几帳面な人間じゃない。家計簿をつけたことがない。約束をカレンダーに書き込んできちんと管理できない。契約書は読まずにサインしている（出版契約であれ、講演会の契約であれ、養子縁組の決定書であれ）。それに、本当なら間に合わせられるはずの締め切りを守ったことがない（ごめん、ブライアン）。僕はずっと、超几帳面でいつも書類をキレイに整理し、僕のために家計簿をつけ、半年ごとに僕がパスポートを失くしてないか確かめてくれるボーイフレンドが欲しいと思ってきた。でも残念なことに、結局僕の相方になったのは几帳面な男ではなかった。

もしも僕らが記念パーティもしくは、結婚披露宴かもしれない会を十二週間で準備するつもりなら、手助けが必要だった。

キャロラインを呼べ。

キャロラインは、僕が編集に携わっているシアトルの新聞『ストレンジャー』のために、いくつかのパーティや特別なイベントを企画したことがあるイベント・プランナーで、彼女に電話して僕たちの記念パーティになるかもしれないし結婚披露宴になるかもしれない会の企画を手伝ってくれないかと聞いてみた。僕たちの希望を伝えたあとでさえ、彼女は喜んで手伝うと言ってくれた。希望とは、宴会場のある中華レストランと中華料理、それに中国の伝統芸能の芸人が一人か二人、だった。

「日取りは？」と彼女は尋ねた。

「春節の次の土曜」と僕。「つまり、えっと、二月の十二日だね。十二週間後だ」

「うっそ。頭大丈夫ですか？」と彼女。

キャロラインの暴言は、パーティの準備を猛スピードで進めなくてはならないことか、あるいは僕らが二人とも中国人ではないという事実に関わりがあるのだろうと思った。でも問題は、キャロライン本人同様もっと現実的だった。

「この街に大きな中国人街があることを忘れてたとでも?」

いや、ほんとにそんなこと考えもしなかった。彼らが気を悪くするかな?

「そういうことじゃなくて」と彼女は言った。「中国の人たちは皮肉抜きで春節を祝ってパーティを開くから、宴会場つきの中華レストランはその週末はすべて予約でいっぱいになるんです。もちろん中国の伝統芸の芸人もね」

そんなこと思いつきもしなかったと認めざるをえなかったが、でもいまさら日を変えるわけにはいかない、と僕はキャロラインに言った。すでに僕の母親にそう伝えていて、彼女はもう飛行機のチケットを予約していた。

「日取りは動かせない」という僕の声には絶望の色がにじんでいた。「母に殺される」

「とにかく、心当たりに電話してみます」とキャロラインは言った。

「切り抜き魔ふたたび現る」。家のドアを入ると、テリーが午後の郵便で届けられた封筒を差し出した。中には切り抜きが一枚。

そのAP通信の記事には「結婚している人はより健康との調査結果」という見出しがついていた。「結婚している人々はそうでない成人よりも健康で、危険な行動をとることも少ない、と全米保健医療統計センターが報告した。この報告書は一九九九年から二〇〇二年にかけて、十二万七千五百四十五名を対象に行われた調査にもとづくもので、結婚している人は腰痛や頭痛、心理的ストレスを訴えることが少ないと証言していることがわかった。また彼らは飲酒や喫煙も少なく……」

母親に送り返す結婚に反対するニュース記事は苦もなく見つかった。それは母が送ってきた切り抜きの中にあった。「……夫は体重増加の傾向がある」と報告書は続く（傍点は僕が書き足した）。さらに読み進めると、「体重増加」とはばかでかい、脂肪太りのデカ尻の控えめな表現であるとわかった。「報告書によると、夫の七〇・六パーセントは太りすぎ、あるいは肥満である……」。そもそも、母親がこの切り抜きを送ってきたことがショックだった。意外に僕のことを知らないんじゃないかと思える振る舞いだから。母は僕が太ることを極度に恐れていると知っているはずだ。切り抜き魔《マッドクリッパー》もついに本当に血迷ってしまったのか？

肥満についての箇所にアンダーラインを引き、その切り抜きを新しい封筒に入れ、母親に送り返した。「スリムな独身男」と差出人欄に記入して。


「パーティの日取りを変更するかテーマを変えるかどちらかにしてもらわないと」とキャロラインが言った。「この街の宴会場つき中華レストランは、春節の前後の週末はすべて予約でいっぱいです。あなたたちの計画は絶望的よ」

僕はテリーの顔を見た。ブロンドの髪に青い瞳のボーイフレンドを。

「どうやら僕らは記念日を祝うパーティを春節のパーティにする運命じゃなさそうだ」と僕は言った。

「もう少し白人っぽいやつを考えるべきかもね」

「日を変えよう」とテリー。

「テリー、母さんが——」

「春節のパーティがいいんだ。そのために日を変える必要があるなら、そうしよう」とテリーは言い切った。「これで決まり」

「その後の二週の週末についてももう調査ずみよ」。キャロラインは、テリーの一方的な決定に対する僕の反応を待たずに言った。キャロラインと本式に話し合いを始めてからたった二分で、彼女はどちらが主導権を握っているのか見抜いていた。すべてを牛耳っていたのはテリーだ。「次の土曜日、つまり二月十九日なら、どこでも予約はＯＫ」とキャロライン。「でも、わたしが知ってる素敵な場所《スペース》があって、そこは二月二十六日なら空いてるの。そこにすれば協力してこの準備を進めるのに二週間の余裕ができるし。中華レストランじゃないけど、でも――」

「中華レストランでなきゃだめだ」とテリーが割り込んだ。「デカくてけばけばしい、赤と黒で塗られているような店。いかにも中華レストランっぽいのがいいんだ」

キャロラインは、シアトルの宴会場のある中華レストランで、十九日と二十六日に空きのある店のリストを差し出した。

「しばらくは、二人で嫌というほど中華料理を食べることになりそうね」と彼女は言った。「このリストのお店を下見してきてください。宴会場や料理が気に入るかどうかを」

「おもしろいことにね」と僕は誰にともなく言った。キャロラインもテリーも聞いていなかった。「僕らは二人とも、それほど中華料理が好きじゃない。一緒に暮らして十年になるけど、確か中華料理を食べに出かけたことは一度もないと思うけど」

「うん、でもこれから二週間はたらふく食べられるよ」とテリー。

「いや、きみがたらふく食べるんだ、テリー」と僕。「僕は新聞の編集の仕事があるしコラムも書かなきゃならない。このパーティのすべてを賄う金を稼ぐ必要がある」
険悪なムードになりつつあるのに気づいたキャロラインが慌てて代案を出してきた。「さっき話した場所を一度案内させて。とても素敵な会場だから。中華レストランでも、赤と黒で彩られたけばけばしい中華風でもないけど、二人には十分中華レストラン風に見えると思う。きっと驚くから」

僕たちの素敵な中華風記念パーティ、もしくは、もしかしたらの結婚披露パーティを、ほんの数週間でどんなふうに準備したかを話す前に、兄のエディに、この三年間彼の結婚式を笑い草にしてきたことを一言謝っておきたい。

エディとマイキーが一緒になったのは、すべて僕の母親のおかげだ。エディは、三十代の後半になって大学に行き直して学士号を取りたいと思ったものの、学生に戻るには年を取りすぎていると母親に相談した。「構うもんですか」と母は答え、自分が学士号を取ったのは四十代になってからだった、と息子に言った。マイキーはエディの指導教官の一人で、初日から先生に熱をあげたんだ、と兄は言いたがる。でも、エディは課程がすべて終わるのを待ってマイキーを野球観戦に誘った。そして一ヶ月後、兄は小型飛行機をレンタルし、夜明けのミシガン湖上空飛行にマイキーを連れ出した。二人で日の出を眺めながら、兄は彼女にプロポーズした。またもや衝動的な結婚？　今度は違った。兄とマイキーは二〇〇〇年の夏に婚約し、でも結婚したのは二〇〇一年の夏だった。

アイオワ州で。

七月に。

トウモロコシ畑で。

真昼間に。

エディとマイキーの結婚式のまさにその場所が、兄弟たちに何十年分もの話の種を提供した。アイオワ州のトウモロコシ畑で結婚する間抜けがどこにいる？　それも七月に？　昼日中に？　たしかに、そのトウモロコシ畑は花嫁がそこで育ち、彼女の両親が今も住む家の裏の畑だ――それにしたってアイオワ州の七月はべらぼうに暑いのだ！　エディの結婚式の朝、僕らが車でアイオワ州を走っていたときも、太陽はこの州のトウモロコシ畑やメチルアルコールの蒸留塔、そして豚の糞を貯める肥溜めに容赦なく照りつけていた。午前十時にアイオワ州ウォータールーに到着したとき、すでに気温は二十七度あった。それが正午には三十八度近くなった。結婚式が終わるまでに花嫁の付き添い役の若い女性が三人倒れ（当時妊娠中だった僕の妹もその一人だ）、倒れなかった招待客たちも、トウモロコシ畑沿いの濁った川から飛んできた蚊の群れに血を吸い取られてフラフラだった。

でも、エディの二度目の結婚式をこれほど……これほど……忘れがたいものにしたのは、たんにトウモロコシ畑や暑い夏の日、あるいは蚊の群れや妊娠中の妹が真っ逆さまに倒れたことのせいじゃない。儀式のせいだった。

兄のエディと僕は一歳違いで、とても多くのものを共有しながら大きくなったから――寝室、おもちゃ、友だち、先生、その他諸々、それにボーイスカウトでも同じ隊だった――性格はまるで違う（僕は神経質で、兄は体育ばかだ）にもかかわらず、十八歳まではとてもよく似た人間だった。同じ学校に通い、同じテレビショーを見て、同じ宗教教育に耐えた。でもその後、生まれ育った家を出て別々に暮らし始めた。どんな兄弟もそうであるように、僕らも、予想どおりと言えるような、言えないようなふうに、それぞれ異なる方向に変化を遂げていった。これは一人っ子以外の誰にでも起こることだ――両親とその兄弟に起こるのを実際に見てきた——でもそれが自分と兄の間に起こるとは考えられない。だから僕は、兄の身に起きた変化に対する心構えなどまったくなしにアイオワにやってきた。

　アイルランドカトリック教徒で、青い瞳の自分の兄が、ネイティブ・アメリカンの伝統的な結婚衣装であるスモックを着ているのを見たときは、笑いを噛み殺すのに苦労した。大きなポンチョはたくさんのリボンや鳥の羽、それに裾から垂れ下がるビーズで飾られ、日に焼けて蚊に食われた兄の顔が中央の穴から突き出している。花婿の付き添い係の一人で、シカゴの警察官で、かつて僕の父親と警察で一緒だった人の息子でもある男性はエディのスモック姿を一目見てこう言った。「いいね、エド。それって男物？」

　兄は、最後に会ってから一年か二年の間に、ネイティブ・アメリカンの精神性に興味を抱くようになっていた。腕にドリーム・キャッチャー〔アメリカの先住民に伝わる、馬の毛で編んだ、羽やビーズのついた輪。所有者に良い夢を見させると言われる〕のタトゥーまで入れていた。結婚相手のマイキーも、わずかにネイティブ・アメリカンの血を引いていた。彼女の父親の曽祖父がスー族の女性と結婚していたのだ。

　結婚式が始まる前に、エディの友人の一人でネイティブ・アメリカンではない男性が、「いぶし火の儀式」を執り行った。おかげでこの友人は火をつけたサルビアの枝の束を、参列者全員の鼻の下で振り回す羽目になり——参列者の中にはエディの喘息持ちの弟、ダンがいた。いぶし火の儀式は喘息発作を誘発し、僕は吸入器を取りに走った。

　かつてインデアンの土地だったグレート・プレーンズの真ん中の、かつてインデアンの作物だったトウモロコシ畑に佇み、白人の男がほぼ白人の女性とネイティブ・アメリカン風の儀式で結婚するのを見ていると……そう、なんだかポルターガイスト現象が起きそうな気がした。この一種の文化の盗用に、トウモロコシの行列の中からネイティブ・アメリカンの霊たちが現れ、全員の頭の皮を剥いてしまうのではないか、と思えた。ネイティブ・アメリカンの文化へのエディの真摯な賞賛も、そのとき僕たちがやっていたことが含み持つ邪悪さを帳消しにはできなかった。ヨーロッパ系アメリカ人は、ネイティブ・アメリカンから大陸を盗んで彼らをそこから追い出し、根絶やしにできなかった少数の部族を保留地に追いやり、ついには彼らの主要作物だったトウモロコシを交雑して専売特許を取得した。白人のアメリカ人がアイオワ州のトウモロコシ畑で、ネイティブ・アメリカンの伝統儀式で結婚するのは、一九四六年にドイツ人のカップルが、ベルリンの破壊されたシナゴーグの、フッパー〔ユダヤ人がその下で結婚式を行う天蓋〕の下で結婚するようなものだ。ちょっと無神経に思えた。

エディの友人や親族は、暑くて汗だくだった者も、罪の意識に苛まれていた者も、自分たちが知っている唯一のやり方でエディの結婚式に対処した。結婚式をいつ、どこで、どんなふうに行うかについての彼とマイキーの選択を、その日一日控えめに茶化し続けたのだ。エディは、僕たちが彼の結婚式を笑い物にしたことを決して許そうとしない。夏の盛りにアイオワ州のトウモロコシ畑で結婚したエディを、僕らが決して許していないように。エディは、新たに見つけたネイティブ・アメリカンの精神性を本気で大切にしていて、結婚の儀式やスモックや火をつけたサルビアの枝は、彼には重大な意味を持っていた。でも不幸にも、彼のアイルランドカトリック教徒の親族や友人たちには、それらはすべて馴染みのない奇妙なものだった。だから、兄のエディを——それ以外の親戚全員を——僕たちの十周年を祝う春節パーティに招待することに、僕はある種の不安を感じていた。エディがチペワ族でないように、僕も中国人ではなく、自分たちは、わざわざ笑い物になろうとしているのではないか、という気がした。

「どう、素敵でしょう？　ね、言ってたとおりじゃない？」

僕たちはキャロラインと一緒に、シアトルのスミスタワーの展望台を取り巻くバルコニーに立っていた。

四十二階建てのこのオフィスビルは、五十年間、ミシシッピ川以西で最も高いビルであり続けた。スミスタワーがオープンしたのは一九一四年のことで、銃の製造業者だったL・C・スミスの名を冠したものだ。ニューヨークやシカゴに高層ビルが次々と建てられるのを見たスミスは百五十万ドルを投資して、最上部に七階建ての尖塔を頂く高層のテラコッタタワーを完成させた。尖塔の真下の階にあたる三十五階にある展望台は、見事な彫刻を施された黒塗りの天井と、凝った模様を彫り込んだ黒っぽい椅子から、チャイニーズ・ルームと呼ばれている。天井と椅子はスミスの常得意だった西太后からの贈り物だ。けばけばしい中華レストランではないが、このチャイニーズ・ルームは素晴らしかった。

「シアトルの最高級の中華レストランの一つがスミスタワーとケータリングサービス契約を結んでるの。それからお酒は好きなものを持ち込めます」とキャロラインは言った。「あそこに小さなステージをセットできるから、どんな芸人を雇っても大丈夫。テーブルはあの辺りに並べられるし」

「ここにしよう」とテリーが言った。「予約して」。テリーは、キャロラインのリストにあった中華レストランのいくつかを下見に行き、どの宴会場も暗くてみすぼらしくて、汚かった、と言っていた。チャイニーズ・ルームはシミ一つなく、光り輝いていた。

「その前に検討してもらったほうがよさそうなことがいくつかあって」とキャロライン。「ここが借りられるのは午後十一時まで。つまりオールナイトのパーティはできません。夕食はここでとり、どこか別の店で二次会を開くことを考える必要がありそう。それから、この会場に収容できるのは百人までね」

キャロラインがテリーを連れてバー・エリアを案内して回っている間に、バルコニーをもう一周してみた。しばらくして、僕たちはスミスタワーの真鍮製のエレベーターに乗り込んで地上階へと戻った。エレベーターに制服を着たオペレーターが乗っているのは、シアトルでもここだけだ。

「もう十四年間シアトルに住んでるけど、ここにあんなスペースがあるなんて知らなかった」と僕はキャロラインに言った。「どうやって見つけたの？」

「わたしが結婚した場所なので」とキャロラインは答えた。

スリムな身体とブロンドの髪を持ち、色あせたブルー・ジーンズに赤のTシャツを合わせたキャロラインは二十六歳ぐらいに見えて、チャイニーズ・ルームで結婚式を挙げるには若すぎると思えた——それにその指に結婚指輪はなく、それもまた、チャイニーズ・ルームで結婚式を挙げた女性にはそぐわないと思えた。

「てことは……きみは結婚してるの？」

「いいえ、もう今は」とキャロラインは肩をすくめた。

「未亡人？」

「まさか」と彼女は笑った。「離婚したのよ」

「結婚はどのぐらい？」と僕が尋ねた。

「夫がコカイン中毒だとわかる前に、赤ちゃんができるくらいの期間」と言うとキャロラインはため息をついた。

いつの間にか、スミスタワーの前の通りまで来ていた。

「もう少し考えたほうが良さそうだ」と僕。「他の場所もいくつか見てみないと」

テリーは僕のほうを見て「いいから」、と口の形だけで伝えてからキャロラインに向き直った。

「予約して」と言い、「完璧だ」と続けた。

僕が何を考えているか、テリーはわかっていた。僕らのバツイチのウェディング・プランナーが、コカイン中毒の男とスミスタワーの最上階のチャイニーズ・ルームで結婚したという事実は、僕にはあらゆる縁起の悪さの源に思えたのだ。

「きみはどうしてここで僕らのパーティを開こうという気になったの？」と僕は尋ねた。テリーは手で両目を覆った。「きみにとっては訪れるのも辛い場所では？」

「わたしは気にしないから」とキャロラインは笑顔で答えた。

「その、僕らにとって縁起が悪いんじゃないかと思うんだ――」と僕は言いかけた。

「気を悪くしないで」とテリーが僕をさえぎってキャロラインに詫びた。「彼は病的なカトリック教徒なんだ」

「わたしが結婚した場所だからあなたたちのパーティを開くと縁起が悪いってこと？」とキャロラインが僕に尋ねた。

「うん」と僕は口ごもり、自分の靴を見つめた。

「そういうのは信じてないから」とキャロライン。「個人の責任でしょ。あなたたちの人生を台無しにできるのはあなたたちだけ。ここは素敵な会場、大勢の人々がここで結婚していて、その全員が離婚してるわけじゃない。そんな気弱なことでどうするの」


キャロラインはチャイニーズ・ルームを予約し、その後はテリーと二人で週に一度会って細かい問題を片付けていった。僕がやるべきことはそれほど多く残されていなかった――費用をすべて支払い、パーティの夜に会場に姿を見せること以外は。それでも仕事が二つだけあった。招待状の文章を考えることと、テリーが希望した特注のフォーチュン・クッキーに入れる占いの文言をひねり出すことだ。

招待状は、このパーティは僕たちの一大イベントで、みんなも本気で受け止めてほしいと伝えるものにしたいと、二人とも考えていた。みんなには、招待されたことを光栄に感じてもらいたかったけれど、結婚式だと公言したくはなかった。当座のところ、近々結婚するとは思えなかったからだ。「カップルが一生に一度だけ送る招待状にふさわしいものにしなさい。そうすればみんなもそのように扱ってくれるから」と母親はeメールで助言を送ってきた。「印刷はプロに頼んで、返信用のハガキも入れてね」。キャロラインが印刷業者を見つけてきてくれ、僕たちは招待状に入れる絵柄を選んだ――それには実は不謹慎な意味があった――が、招待状に書く言葉を思いつけずに苦労した。催促されてもえー、とかうー、とか言って何週間かごまかしていたが、とうとうオフィスのそばのカフェにいるところをキャロラインに捕まった。キャロラインは僕の前の席に座り、とにかく今やっていることをすべて中断して招待状を書き上げるように命じた。

「書くよ」と僕は答えた。「一つ言うことを聞いてくれたら」

「言ってみて」と彼女。

「きみの結婚の話を聞かせて」

キャロラインは笑い出した。

「すごく退屈な話だけど」と彼女は言い、「でもあなたが文面をひねり出すのに必要だというなら、話すわ」

キャロラインはびっくりするほど若く見える三十四歳で、二十六歳じゃなかった。元夫に出会ったのは二人が働いていたコーヒーショップで、どちらも二十代の後半だった。彼女によると、愚かで夢見がちだった二人は一年間つき合った時点で結婚を決めた。

「二人で言ったわ。『ねえ、わたしたち愛し合ってる！　結婚しよう！』って。二人の関係は完璧で、完璧な結婚式と完璧な披露宴を開いて、この結婚は完璧だと思ってた。でもその間じゅうずっと、彼はこっそりコカインをやってた」

キャロラインの結婚生活は五年間続いた。娘を妊娠しなければ三年ももたなかっただろうと彼女は考えている。結婚に終止符を打ったのは「夫のコカインの過剰摂取とそれに続く我が家のリビングでのジェリー・スプリンガー・ショー〔BBCの人気番組。不倫などの関係にある人が登場して激しい口論を繰り広げる〕並みの口論だった」と彼女は言った。「それですべておしまい」

二人ともしばらく黙って座っていた。

「離婚のどこが最悪かわかる？」とキャロラインが問いかけた。「自分たちも統計の中の有象無象のカップルの一つだったって気がするところ。また一組が破綻しただけだ、って気がするところよ」

キャロラインはコーヒーをすすった。

「もしも彼がコカインの過剰摂取で死んでたら」と僕は言った。「きみたちの結婚は成功だったとみなされただろう。でも離婚したから――」

「――失敗。わかってる。おかしな話よね。『ああ、前の夫が過剰摂取で死んでくれてたら、こんなふうに失敗者にならずに済んだのに！』。まさかと思うでしょうけどそんな考えが、離婚するために何千ドルも費やしていたときに、実際に頭をよぎったわ」

また結婚しようと思う？

「いいえ。結婚するのはすっごく簡単で、離婚するのはすっごく大変だから。それにロス（キャロラインが現在つき合っている男性）と最初に結婚するべきだったと思うと滅入っちゃう。勇気を出してもう一度結婚できたら、と思う。だって彼と結婚したいから。あのときだったらよかった、今じゃなく。あれをもう一度最初からやり通す気にはなれないわ」

「じゃあきっと、僕たちも結婚するべきだと思わないんじゃない?」

「わたしは、みんなじっくり見きわめるべきだとは思う」とキャロライン。「慌てて結婚する意味がわからない。結婚は慌ててするものじゃない。でもあなたたちはもう十年も一緒に暮らしていてお互いに愛し合ってる。テリーはコカイン中毒じゃないし。結婚するべき人たちがいるとしたら、それはあなたたちよ」

「元旦那は今もコカイン中毒なの?」と僕が尋ねた。

「いいえ、今はすっかりやめて落ち着いてる——娘に会いたければそうするほかないから」キャロラインはため息をつき首を振った。「あの人は夫としてはひどかったけど、いい父親なの」

キャロラインは、バッグの中から雑誌を取り出した。

「あなたが招待状を書き終えるまでここに座って雑誌を読んでます。出来上がるまでこのカフェから出しませんよ」

キャロラインを向かい側に座らせたまま、僕は大急ぎでなんとか役目を果たせそうな文言をこしらえた

……

ダニエル・K・サヴェージとテレンス・A・ミラーより

皆様にご出席を賜りますよう、心よりお願い申し上げます。

ダニエル・K・サヴェージとテレンス・A・ミラーの結婚式

ではありません。

というのも、二人は結婚できないからです。
二人が住んでいる州では、同性婚は法的に認められていないので。
たとえ認められていたとしても、そうしたいかどうか当人たちもわかりません。
ですから、結婚式への招待状のように見えるでしょうが、
実は、これはパーティへの招待状です――パーティはまだ合法だったっけ？――
ミスター・サヴェージとミスター・ミラーの十周年記念パーティへの。

日　二〇〇五年二月二十六日（土曜日）
時間　午後六時から
場所　チャイニーズ・ルーム、ワシントン州、シアトル
　セカンドアヴェニュー、五〇六、スミスタワー

ディナー（立食）を準備しています。オープンバー付き。
リ・バーにて二次会を行います。
贈り物、乾杯は辞退させていただきます。

「完璧だわ」とキャロラインが言った。「言葉遣いもバッチリ。みんな、どういう会かわかってくれると思う。あとはクッキーに入れる占いの文言だけね。月曜までにお願いします」

キャロラインがパーティの最終プランの確認のためにやってきた。招待状は発送済みで、返信ハガキが戻ってきつつあった。パーティは二箇所で開くことになった。チャイニーズ・ルームと、もう一つはテリーと僕が十年前に出会ったナイトクラブ、リ・バーで。ナイトクラブは結婚と似ている――十年続くものは少ない。でもリ・バーは特別だ。他にもナイトクラブができては消えていったが、リ・バーはずっとここで粘っている。一年、また一年と。

キャロラインは、僕たちに見せるためにメニューを持ってきていた。そのどこにもケーキが載っていないのに気づいた。テリーにはケーキが欲しいとはっきり言っておいたのに。

「ケーキがあるものだと思ってた」と僕はメニューから目を上げながら言った。

「二人でケーキはやめようと決めたんだ」とテリーが答えて、キャロラインのほうをジェスチャーで示した。テリーが二人と言ったのは、その二人のことなのだ。

「僕はケーキが欲しい」と断言してからキャロラインへ向き直った。「ケーキを出そう」

「ケーキを出すと〝結婚式〟ですと言ってるみたいだ」とテリーが言った。「そして僕は、これを結婚披露宴にする気はない」

「だったらウエディングケーキみたいだけどただの記念日のケーキだってことでいいじゃないか」と僕。

「ケーキは必要だ。僕はケーキが欲しい。どうしてもいる」

「こういうパーティでケーキを出せば、本当に一線を超えてしまうことになるわ」とキャロラインが加勢した。「ケーキがあれば、記念パーティが本物の結婚披露宴に見えてしまう。会場にケーキを置けば、二人は結婚したように見えるでしょうね。それでいいんですか？」

「いや、よくない」とテリーが答えた。

僕は断じて譲らなかった。本当は中華料理はそれほど好きじゃないし、伝統的な中国音楽は全然好きじゃない。ケーキのことが明らかになる数日前に、テリーは僕にＩＱＵというバンドがリ・バーでの二次会で演奏し、シアトル一のドラァグパーフォーマーのディナ・マルティナと、シアトルで一番いけてるＤＪのＤＪ・ファッキン・イン・ザ・ストリーツも出演することになっていると伝えた。テリーは自分の希望をすべて通そうとしていた。五百ドルもする「囍」の形の氷の彫刻（双喜紋、ダブル・ハピネスと呼ばれ、良縁のシンボルとして使われる）まで手配されていた。これでケーキがないならもうやってられない。そして実際、僕はキャロラインにケーキを二つ注文してと言った——チャイニーズ・ルームでのパーティ用とリ・バーでのパーティ用のだ。

「テリー、どうします？」とキャロラインが尋ねた。

「言うとおりにしてやって」とテリーは呆れたように目をぐるりと回した。「好きなだけケーキを買ってやって」

第11章　五つのケーキ

緑のケーキ

十三歳のとき、隣の、寝室が一つきりの小さなアパートメントで四歳の息子と暮らすシングルマザーが再婚した。披露宴をするのかと尋ねたら、結婚なんて大したことじゃない、紙切れ一枚のことだと彼女は答えた。二人とも結婚歴があり大ごとにする必要はない、と彼女は考えていた。僕は彼女が嘘をついているにちがいないと思い、悪いのは新しい夫だと決めつけた。実際、彼に好意を感じたことは一度もなかった。夫のほうは酒とタバコの臭いがしてあごひげを生やしていた。大ごとにしたがらないのは彼で、彼女ではないはずだ。

彼女のアパートを出た僕は、家に帰ってケーキを焼くことにした――それも一から。あの感じの悪い夫に結婚を祝う気がないのなら、僕が祝う、と心に誓った。その一年か二年前に思春期を迎えて以来、僕はケーキ作りに熱中していて、粉を振るったり、金属皿に油を塗ったりするのが実に上手くなっていた。なぜケーキ作りなのかって？　どうしてケーキ作りをしないでいられる？　男友だちは、思春期を迎えると僕を仲間はずれにした。レスリングやカウボーイごっこ、インデアンごっこをしたがる僕の気持ちが、過剰な性的関心を帯び始めたのを感じ取っていたからだ。女の子とつき合うわけにもいかなかった。そんなことしたら間違いなく見破られてしまう。そこで家でブラブラして、本を読んだり、エイトトラックの録音テープを聴くようになった。僕の母は、彼女の母親の料理の本とケーキ型をすべてもらい受けていて、ある日退屈していた僕はケーキを焼いた。十二歳から十四歳までの二年間、レイフ・ギャレットやショーン・キャシディを思い浮かべてマスターベーションしているとき以外は、僕はいつもキッチンにいてケーキを焼き、食べ、太っていた。

僕のケーキへの特別な思いは、レイフ・ギャレットへの特別な思いが生まれるよりも十年近く前からのものだ。両親は仲間内で最初に結婚して家庭を持ったカップルだった。しかし二人は友人との交際を続けたいと考え、誕生パーティや大晦日のパーティ、その他のどんな理由をつけたパーティにも自分たちのアパートを解放した。そうしたパーティの多くに、目玉として大きな四角いケーキが用意された。そしてたいてい、翌朝にはそのケーキの半分が残っていた。残念なことに、残った半分は前夜のどこかの時点を境に、砂糖をまぶした灰皿へと変貌を遂げていたけれど。いつも早起きの僕は、翌朝すぐに食堂のテーブルの上のケーキのところに直行し、誕生祝いのロウソクみたいにケーキから突き出すタバコの吸いさしを注意深くよけながら、どんどんケーキを食べていった。両親や兄弟がまだ眠っている間に、ケーキを端から薄くスライスすることもあった。その切れ端は前夜よりも程よく古びてカリカリになっていて、食べ過ぎた僕は糖分の過剰摂取による興奮状態に陥った。

自分でケーキを焼くようになる頃には、家でのパーティは過去の話となっていた。両親の友人たちはみんな郊外に引っ越すか離婚していた――またはその両方だったから。子どもの頃に食べた、古びた美味しいケーキを再現するために、自分で焼いたケーキを細く切ってカウンターに一晩放置し、乾燥させたりもした。

隣人女性が結婚した日に、僕は黄色いケーキ用バター一かたまりを練り上げ、異なる三つの大きさのケーキ型に流し入れ、焼きあがるのを待つ間に一ブロック先のスーパー、ウールワースに走った。一九七七年当時はウールワースは走っていける距離にあり、なんでも揃っていた。学用品からペットのインコ、母親への誕生日プレゼントもウールワースで買った。その店のカードコーナーで飾り人形を見つけた。花嫁と花婿は丸いプラスチックの台に貼り付けられ、頭上をプラスチックのアーチが飾っていた。

白いドレスは初めて結婚する花嫁、つまり処女の花嫁のためのもので、離婚したり夫に先立たれたりした女性が再婚するときはパステル系のものを、たとえば淡いグリーンやピンク、または黄色のドレスを着るものだと知っていた。前にも言ったように、僕は十三歳のゲイの少年だった。今回の場合、真っ白なウエディングケーキはふさわしくないから、ケーキを飾る砂糖ごろもにほんの数滴緑色の食紅を垂らした。ほんのりとした、素敵なパステルグリーンになることを期待したが、出来上がったのはボールいっぱいのくすんだ、深緑色のバタークリームの砂糖ごろもだった。プラスチックの花嫁の小さな白いドレスに塗る分を取り分けた後、僕はケーキを仕上げた。

素晴らしい出来栄えだ、と僕は思い——なにしろ三段だ！——隣人の家の裏口へと急いだ。これから心の地雷を踏みつけようとしていることには、まったく気づいていなかった。小柄なゲイの少年が、悲しげな、深緑色のウェディングケーキを手に裏口に立つ光景は、とても安っぽく、けばけばしくて物悲しく見えたにちがいない。彼女は僕を家に招き入れ、キッチンカウンターにケーキを置いた。とても素敵なケーキね、と僕に礼を言ってから、僕たち二人分のケーキを切り分けるためにナイフと皿を取り出した。彼女のキッチンテーブルの椅子に腰掛けて、使ったレシピのことやウールワースでどんなふうに花嫁花婿の人形を手に入れたか、なぜグリーンの砂糖ごろもにしたのかを、僕はペラペラとしゃべり続けた。さらには花嫁の白いドレスに塗るためにグリーンの砂糖ごろもを取っておくことをどんなふうに思いついたか、それはこれが彼女の初めての結婚式ではないからで、一度結婚したことのある花嫁は白は着ないものだから云々ということまで。

彼女は手にナイフを持っていて、おそらく彼女にはそのナイフで僕を刺し殺す権利があった。でもそうはせずにナイフを置き、片手をカウンターについてもう片方の手で両目を覆い、静かに涙を流し始めた。

桃色のケーキ

それからふた夏が過ぎた頃、叔母のリンダがシカゴのダウンタウンにある立派な高級ホテルで結婚式を挙げた。

リンダの結婚は、二つの理由で注目すべきものだった。まず、叔母は父の兄弟の中で、最初の配偶者、つまり夫のフランクと今も続いている唯一の例だ。二つ目の理由は、彼女の披露宴に出された巨大な桃色のウェディングケーキだ。

そのウェディングケーキは、それがリンダにとって最初の——そして願わくば——唯一の結婚だったにもかかわらず、パステルカラーだった。彼女は、僕の父の五人の妹たちの中で最後に結婚し、両親も気合が入っていた。披露宴には大勢の招待客を呼び、オープンバーに山盛りのエビ、そしてダンスフロアの中央のテーブルに巨大な桃色のウェディングケーキが用意された。

僕はその前の年の秋にケーキ作りをやめて、家から逃れる長い道のりの第一歩を踏み出していた。ずっと家にいてケーキやクッキーを作る気晴らしは自分を太らせるだけだと気づいた僕は、自分で自転車を買い、街じゅうを走り回るようになった。するとほんの二、三ヶ月で、僕はひょろりと背の高い、日に焼けた十五歳の少年となった。有り余る時間を、シカゴのゲイの多い地区を、自転車でただひたすらのろのろと行ったり来たりし続けていた。

友人との間で感じた疎外感は、家族との間にも広がっていった。僕は自分が同性愛者だとはっきり自覚していて、つねに警戒し、両親や兄弟に秘密を見破られるのではないかと怯えていた。結婚披露宴のときも、親戚と歓談して回ったりはせず、ホテルの廊下を行ったり来たりしていた。たまたま行き着いた地階のみやげもの店で、まさかと思う逸品を見つけた。ゲイのポルノ本だ。これは一九七九年のことで、昔から『ペントハウス』や『プレイボーイ』を置いてきたみやげもの店が、『プレイガール』や『ブルーボーイ』も置くようになっていた。自分と親戚関係にある者が店内に一人もいないのを確かめてから、僕は『ブルーボーイ』をこっそり盗み見た。

リンダとフランクの結婚披露宴には、畳んだコーデュロイの上着を腕にかけ、それで股の部分を隠して、ズボンの膨らみを誰にも気づかれないことを祈りながら戻った。宴は徐々に終わりへ近づき、僕は巨大な桃色のケーキが切られるのを今か今かと待っていた。ケーキ作りはもうやめていたが、それでもケーキは大好物だったのだ。たとえ、パサパサに乾いていなくても。リンダとフランクがついにケーキカットをしたとき、その中身が桃のスライスとレモンカードであるのを見てがっかりした。それはまったくケーキなんてものじゃなかった——スポンジケーキに見せかけた巨大なフルーツ・プディングだった！　しかも砂糖ごろもはまったく砂糖が入っていないような味がした。厚さが三センチもある桃色のバターを食べている気分だった。リンダのケーキに、僕は激しく落胆した。

数年後、激しく落胆したのは僕だけじゃなく、リンダも相当がっかりだったことを知った。叔母はケーキ職人に白い砂糖ごろもをかけたチョコレートケーキを頼んでいて、ケーキには果物は一切入れないでとわざわざ伝えていたのだ。披露宴で桃色の、桃がいっぱい詰まった巨大なケーキを見た叔母は、ケーキの代金は支払う必要ないわ、と父親に言った。

変態嗜好のケーキ

セックス相談のコラムニストをしていると――特に変態嗜好を楽しむことを推奨していると――他人の性的関心を自由にのぞき見する機会に恵まれる。その一例として、中西部の大規模な大学での講演会のあとに出会ったケーキフェチの男の話をしよう。

でもケーキ・フェティシストの話の前に、世間の禁欲教育推進者たちにひとこと言っておきたい。ありがとう、諸君。きみたちが推進する性教育というもの――役に立つ情報はほとんどなく、間違った情報だらけの――のおかげで、僕は食いっぱぐれることがない。僕のところには、初めてのセックスでは子どもはできないとか、アナル・セックスしかしていなければまだヴァージンだ（それなら、僕らが結婚を決意したらテリーは白を着られる）とか、中南米の小国に足を踏み入れただけでエイズになると思い込んでいるティーンエイジャーたちから毎日のように質問が届く。十八歳の高校三年生が、両親によって大学の寄宿舎に連れてこられた途端に、知識豊富で洗練された十八歳の大学一年生に大変身するはずがなく、そこで大学は僕に大枚を支払って禁欲教育が彼らに与えた損傷を修復しに来てくれと依頼する。程よく手軽な副業で、とてもありがたい。僕らの二軒目の家を禁欲教育屋敷と名づけたいほどだ。

大学での講演会では、二つの方法で質問を受け付けている。手を挙げて友人やクラスメイトの前で質問するか、事前に三×五センチのカードに質問を書いて提出するか。予想どおり、生《なま》の質問は政治的問題に関することが多く、匿名のカードはセックスに関する質問になりやすい。今も記憶に残るある講演で、内緒にしている性的嗜好を、変態嗜好のないパートナーにどう伝えるべきか、という質問を受けた。質問の主は、彼または彼女の変態嗜好がどんなものかは書いていなかった。

「きみが伝えていない変態趣味が、とんでもなく胸が悪くなるようなものだったり、とんでもなく珍しいものである場合は」と、変態嗜好をどうしたらいいですかという質問に対するいつもの答えを伝えた。「インターネットできみとよく似た性的倒錯者を探す必要があるだろうね。でもそれが穏健なものだったら、足フェチとかお尻をひっぱたかれたいといった類のことなら、セックス・パートナーにそのことを伝えればいい。ただし、大したことじゃない、という調子で話すように。きみ自身が、それが問題であるかのような言い方をしなければ、パートナーがそれを問題視する可能性は低くなる。特典か何かのように伝えるんだ。まるで、それがきみを、相手が知っているきみ以上に楽しくて刺激的なセックス・パートナーにするかのようにね」

講演終了後、講堂の後方でハンサムな男が所在なげにうろうろしているのが見えた。明らかに何か質問したがっているようだったが、講演後に残っていた学生たちの質問にすべて答え終わったときには、そのイケメンの男はいなくなっていた。この大学では、講演者は中庭のすぐ隣にあるキャンパス内の小さなホテルに宿泊させてもらえることになっていて、待っていた男もそれを知っていたようで、ホテルに戻ってみるとその彼がロビーに立っていた。男は近づいてきて自己紹介した。

「変態趣味について質問した者です」と彼は言った。

そして、あなたのアドバイスは役に立たなかった。なぜなら、自分の変態趣味はとんでもなく珍しく、でもとんでもなく穏健なものなので、と続けた。

「ということは、どんな趣味なの？」と僕は尋ねた。

学生は顔を赤らめて言いたくないと答えた。僕は、もう少しアドバイスしてあげたいけど、そのためにはそれがどんな種類の趣味か教えてもらう必要があり、そうでないと僕の時間もきみの時間も無駄にすることになると言った。それでも彼が言い出せずにいるので、僕は大声で変態趣味を挙げて言った。足フェチ、おしめフェチ、四肢の切断跡フェチ、近親相姦、おしっこフェチ、うんちフェチ、デブ専、逆アナル、バルーンフェチ、喫煙フェチ、緊縛、ＳＭ……

違う、違うんです——そんなんじゃありません。僕が魅力を感じるのはとんでもないものじゃないんです、と彼はさらに強調した。実際、彼の性的嗜好は甘く優しいものだった。そして彼を悩ませているのは、その嗜好の中身ではなく、同じ趣味を持つ人のことをまったく、一度も聞いたことがないという事実だった。知人の誰にも言わないと僕に約束させた上で（彼の知人は一人も知らない、と僕は指摘した）、学生は打ち明けた。彼はバースデーケーキフェチだった。それも、顔にバースデーケーキを叩きつけられるとオーガズムを感じると言うのだ。

読者が考えていることはわかっている。その男は僕をかつごうとしたのだ、と。でも、断言するが、かつぐ気など彼にはなかった——そして僕がどんなふうにそれを一瞬にして証明したかをこれから話すところだ。でも、僕は彼のその奇妙な嗜好を疑っていなかった。というのも、それは珍しいがよく知られている二つのフェティシズムの組み合わせだったから。世の中には、パイを顔に投げつけられるとオーガズムを感じる人たちがおり（屈辱、もしくはユーモアがたまらないわけで、おそらく子どもの頃に三ばか大将（ボードビル出身のコメディ・グループ。パイ投げも行った）のお決まりのギャグを見すぎたせいだ）、「ドロドロで汚い」セックス、つまりベークトビーンズや泥、からし――そのどれでも――の中を転げまわり、全身ドロドロに汚れ、無害な不潔さの中でセックスするのが大好きな人々がいる。僕はその両方のフェティシズムを、直にではないけれど、よく知っていたから、可愛い女の子にバースデーケーキを顔に投げつけてもらうところを夢想しているストレートの青年と、ホテルのロビーで立ち話している状況もありえないとは思わなかった。

メモをとっていいかと尋ねてから、彼にいくつか質問をした。この嗜好にはまったのはいつ頃？「ずっと昔です」。子どもの頃に誰かにケーキを顔に投げつけられた経験は？「そんな覚えはありません」。「ケーキに特別な好みはある？」。「何段か重なっているやつがいいです。クリームが表面だけのケーキではなく。層になっていて厚みがあるほうが、顔が貫通するのに時間がかかるから」。自分の顔に自分でケーキをぶつけたのは何歳の時？「十三歳」。誰かに初めてケーキを顔に投げつけてもらったのは何歳の時？

青年は小さくため息をついた。

そして「まだ誰にもやってもらったことがないんです」と答えた。

ただ一度だけ、ガールフレンドに自分の性的嗜好を打ち明けたことがあるが、即座に別れを切り出された、と聞いたときには胸がつぶれる思いがした。それから、怖くて誰にも話せないのだという。

「その女の子はばかだ」と僕。「きみは素敵だよ――僕なら一も二もなくきみの顔にケーキを投げつけるけどね」

神に誓って言うが、それは誘いなんかじゃなかった。冗談まじりのお世辞のつもりだった。そのハンサムなケーキ・フェティシストにちょっかいを出すつもりなんてなかった。彼はストレートで、僕はゲイで、それにもう時間も遅かった。僕はストレートの男に本気で惹かれることはまずないし、なにより僕の手元にバースデーケーキがあるわけでもなかった。でも、僕ならケーキをきみの顔に投げつけると言ったとき、彼はクリスマスの朝の子どもみたいに目を輝かせ、まったく予想もしていなかったことを言い出した。

「本当に？」と彼は言った。「やってくれるんですか？」

「えっ、ああ、もちろんだよ、たぶんね。だって、そうだろ？」と僕はもごもご言った。なんせ彼はとても傷つきやすそうだったから！　断ればもう立ち直れないように見えたから！　「でもケーキがないしね。それに僕はどう見ても可愛い女の子じゃないし、明日の飛行機も早いから――」

「あなたが女の子じゃなくても平気です」と青年は言った。「ケーキは買いに行ってきます。本気で言ってくれているなら。からかってるだけじゃないなら」

僕に何ができたろう？　あなたならどうする？　キリストならどうするだろう？

半時間後、彼は僕のホテルに戻ってきた。店で買った二段のケーキを一つどころか二つも持って。数分間のぎこちない世間話のあと、本当にやりたいのかと彼に確認した。顔にケーキを投げつけられる初体験を、ゲイの男で済ませてしまって本当に後悔しないのか？　青年は、どうしてもやりたいのだと強く言った。彼は洋服を脱ぎ、バスタブにひざまずいた。僕は服を着たままだった。これは彼の願望で、僕のじゃなかったから――それに、その青年が裸でいる姿を見られるだけで十分な報酬だったたし。きみを振ったガールフレンドは間抜けだ、と言いながら、僕はケーキの蓋を開けた。

「じゃあ目を閉じて。僕をヒラリー・スワンクだと思って」

ウェディングケーキ

おっと、この話に関係ありそうなことを一つ言い忘れていた。僕はすでに結婚を経験している。結婚式を挙げ、誓いの言葉を交わし、相手の指に指輪をはめ、二人で披露宴も行った——僕はすでに一度、結婚のフロアショーの主役を初めから終わりまで演じたことがある。結婚に関する本の二百何ページ目かに入っているというのに、最初の結婚について話すことを思いつかなかったとは。それは括弧付きの「結婚」でも、大げさで芝居じみたボブとロッドの「結婚」でもなく、合法的で適切な結婚で、法的に有効な結婚証明書と司祭、それに真っ白いウェディングケーキもすべて揃っていた。なぜそれが記憶からすっかり抜け落ちていたのかわからない——いや待て。記憶から抜け落ちた理由はよくわかっている。それは相手が女性だったからだ。

サンフランシスコやポートランドで同性カップルが結婚し始めてからしばらくして、『ストレンジャー』のライターの一人であるエイミー・ジェニゲスが、ガールフレンドのソニアと二人でキング郡役所に結婚証明書の申請に行くと決意した。それに僕もついて行った。ワシントン州では同性婚は法的に認められておらず、二人が申請書をもらえないことはわかっていたが、エイミーの狙いは問題提起することだった。ゲイが非常に多い街であるシアトルで、同性婚の問題になんの政治的動きもないことに、彼女は苛立っていた。特に我慢ならなかったのはシアトルの選出議員たちで、男も女も票と選挙戦への寄付欲しさにゲイ・イベントには顔を出していた。オレゴン州やニューメキシコ州の郡の事務官、サンフランシスコ市長やニューヨーク州の町、ニューポルツの町長らは身の危険を冒して同性婚を支援していたのに、シアトルの政治的リーダーらは沈黙のままだった。エイミー曰く、「いったいどうなってんの?」だ。

エイミーとソニアがキング郡管理局のビルの四百三号室にいた事務官に結婚証明書が欲しいと伝えると、気の毒なその女性は顔面蒼白になった。彼女は上司を呼び、上司は感じのいい年配の男性で、エイミーとソニアは結婚証明書をもらえないのだと説明した。そこで僕は、エイミーと僕ならもらえますかと聞いてみた——僕はゲイでボーイフレンドと同棲中で、エイミーはレズビアンでガールフレンドと住んでいますが、と詳しく話した。僕と彼女は愛し合っていないし、子作りの予定もない。これからもそれぞれの同性のパートナーと寝る、とはっきり決めています。それでも結婚証明書をもらえますか？

「もちろん」とその男性は答えた。「五十四ドルお持ちであれば」

十分後、僕は結婚証明書を手にしていた——テリーとではなく、エイミーとの結婚の。まったく、皮肉な話だ。結婚という神聖な制度は、どんな犠牲を払ってでもホモの手から守らねばならないが、ダイクとの結婚を望むファグは、誰でも五十四ドル支払えば結婚証明書を手に入れられる〔「ダイク」は同性愛の女性に対する蔑称。「ファグ」同様、著者は偏見への皮肉を込めて使っている〕。ワシントン州ではゲイの男とレズビアンの女は、州ばかりか宗教的右派の祝福まで受けて結婚することができる。なぜそんなことに？ それは片方が男で片方が女だからだ。その片方がゲイの男で、もう片方がレズビアンの女であることなど誰が気にするだろう？ 同性愛卒業運動とはつまり、ファグとダイクを引き合わせて結婚させることなのだ。

同性婚に反対する人々の言い分のなかでも特に奇妙なのが、ゲイやレズビアンは差別などされていないというものだ。僕たちゲイもすべての異性愛者と同じ権利を享受している。いつでも好きなときに、異性の誰かと自由に結婚できるじゃないか、と。

急進的右派のウェブサイト、FreeRepublic.com のある寄稿者も言っている。「この国の法律は一つとして同性愛者の結婚を禁じてはいない。彼らは異性の誰とでも自由に結婚できるのだから。しかし同性愛の活動家たちは、それでは満足しないのだ」と。

結婚証明書を手に入れた僕とエイミーは考えた。何だこれ！　宗教右派が愛のない、まがい物の、そもそも不純な結婚を支援するというなら、こっちもやってやろうじゃないか。こうして僕たちは、そのまま結婚することにした。すでに結婚証明書を手に入れたのだから、二人が結婚して、同性婚を禁ずることがいかにばかげたことかを世間に知らしめようじゃないか、と。僕たちはナイトクラブを予約し、司祭を雇い、ケーキを注文し、集まったお金はすべてアメリカのゲイの人権グループ、「ラムダ・リーガル」に寄付することにした。

そして、大騒ぎになった。

結婚証明書を手に入れた翌日の『シアトル・タイムズ』の朝刊を「ゲイの編集者に法廷に突き出されるんじゃないかと、役人たちは心配顔」という見出しが飾った。「この騒動の主はダン・サヴェージ氏で」と記事は始まる。「昨日、シアトルのウィークリー新聞、『ストレンジャー』の編集者であるサヴェージ氏が、地元のいくつかのゲイの人権団体とキング郡の行政官ロン・シムズに対し、同性婚を禁止する州法に異議申し立てをするよう求めた。［サヴェージ氏がキング郡役所に姿を見せた後、同性婚の］唱導者たちやシムズ氏は、彼らが自ら精選したゲイのカップルらより先に、サヴェージ氏が州法に異議を申し立てる訴訟を起こすことを危惧している。そうなれば、好感度の高い地元のゲイのカップルのケースを法廷への試金石にするという彼らの計画に、支障が出るからだ」

記事には地元のゲイの人権グループのトップの談話も紹介されていた。その人物の考えでは、テリーと僕は「好感度の高い地元のゲイ」ではなかった。彼らが求めるゲイのカップルとは？　「理想を言えば、安定した長期的な関係を築いているカップルで、できれば子どもがいればいいでしょう」と彼は述べた。

言外の意味は？　テリーと僕は長続きしない不安定な関係のゲイのカップルで、D・Jはホログラムだということだ。このゲイの人権グループのリーダーは、僕が訴訟を計画したのは宣伝のためで、自分の行動がゲイの人権運動にどのような害をもたらすかを、ちょっと立ち止まって考えてみるという態度が不足している、との憶測を述べた。

これには、二つのちょっとした皮肉な結末がある。第一に、僕は訴訟を起こすつもりはなかった――そもそもできなかった。キング郡役所で、僕はどんな権利も否定されなかった。結婚証明書は手に入った。だったら何を訴えるというのだ？　僕の家族を侮辱したゲイの人権グループのリーダーが、面倒でも電話を手に取り、役所に問い合わせてみればわかったことだ。二つ目は、彼が率いる人権グループだ。ラムダ・リーガルのキング郡オフィスは、僕とエイミーが結婚式の収益を寄付しようとしていたまさにその組織だった。

ワシントン州最大手の新聞記事で、ゲイの人権運動のリーダーたちに僕とテリーの関係を中傷されてから二週間後、僕は立ち見まで出る満席の会場に集まった人々の前に立ち、エイミーと誓いの言葉を交わした。三百名の人々の喝采とヤジを浴びながら、指輪型のキャンディをお互いの指に滑らせた。SPEEDOの白の海水パンツをはき背中に白い羽をつけた手足の長い少年が、天使に扮して僕とエイミーの頭上を飛び回り、周囲には、指輪持ちの少女や花嫁の付き添いの女性たち、花婿の付き添いの男たちを演じる、個性豊かな役者たちがひしめき合っていた。花嫁の母親に扮した大柄な女装の男がエイミーに寄り添って泣きまねをした。司祭が、エイミーと僕が神聖なる婚姻に入るべきでない理由を知る者は、と問いかけると、集まった人々は口々に囃し立てた。「あいつらヘンタイ！　あいつらヘンタイ！　あいつらヘンタイ！」。この結婚式はパロディであり、茶番で、偽物だった――一つのちっちゃな、些細なことを除いては。それは、この結婚は法律的にはまったく合法だったということだ。僕たちは法律にもとづいて結婚証明書を交付され、エイミーと僕は実際に結婚した――そう、実際九分どおり結婚していた。だが結婚証明書を持っているだけでは、結婚したことにならない。誓いの言葉を交わすことにも効果はない。結婚するにはもう一つやるべきことがある。郡役所で結婚証明書と一緒に渡される大量の書類にサインして送り返さなくてはならないのだ。その書類が無事郡役所に届いた時点で、ようやく法的に結婚したことになる。

僕とエイミーは書類を役所に送り返さなかった。ワシントン州と宗教的右派は、二人の同性愛者による愛のない偽物の結婚を喜んで認めるだろう。でもエイミーと僕にはできなかった。誓いの言葉を交わし、司祭によって夫と妻であると宣言され、一度だけ控えめなキスを交わし、みんなからライスシャワーを浴びせられたあと、エイミーと僕は結婚証明書と、郡役所に送り返すはずの大量の書類を破り捨てた。結婚したいかどうか自分でもよくわからない僕だが、エイミーと結婚したくないことはわかる。

すべてが終わってから、ケーキを切った。白い砂糖ごろもがかかった背の高いチョコレートケーキで、一番上に花婿と花嫁の人形が飾られていた。それはリンダ叔母さんが自分の結婚式に望んでいたケーキだった。飾り人形は、二十五年前に僕が隣人女性のためにウールワースで買ったものに似ていた。そしてケーキを切り終えると、エイミーと僕はそれぞれのケーキを相手の顔に投げつけた。僕はその体験を、あのときのバスタブの中の青年ほどには楽しめなかった。

僕のケーキ

テリーはほんとにケーキにはまったく関心がなかったから――僕のケーキへの思い入れの深さも、砂糖衣をめぐる長い歴史も知らなかったし、ケーキフェチの青年の話を聞いたのもこれが初めてだ――ケーキの注文は僕とキャロラインに一任した。ただし一つだけ希望があった。チャイニーズ・ルーム用のケーキは中華風にすること。装飾や、食事や、出し物がすべて中華風なんだから、と。ところで、アジアンレストランでデザートを頼もうとしたことがある人なら誰でも知っているように、中華料理や日本料理、韓国料理、ベトナム料理には見るべきデザートがない。日本食レストランの抹茶アイスクリームは別にして、アジアンレストランの多くはデザートを出さず、おそらくそれが、僕がこれまで中華料理を好きにならなかった理由の一つだ。メニューにデザートが載っていないとわかっているから、別のレストランで食べたいと無意識に思ってしまう。

キャロラインが、どんなケーキでも――あらゆるケーキを――作ってくれる店を見つけてくれた。「マイクの素敵なケーキ屋さん」、だ。テリーが希望する赤と黒のけばけばしい中華風に飾られたケーキを作ってもらい、試食することもできる、とキャロラインは言った。キャロラインは座ってマイクと相談を始め、濃い赤の砂糖衣をかけた三段のホワイトチョコレートのケーキで、周囲を金と黒の帯で飾り、一番上の段から中国のランタンをぶら下げたいと説明した。リ・バーでのパーティ用のケーキは、大手のイタリアンベーカリーに頼みに行き、プラスチックの留め具でつないだ何段もあるパステルカラーの巨大なケーキにして、ローズボウルのパレードの山車を飾れるほどたっぷりの砂糖衣の花で飾ってほしいと注文した。

この二つの素敵なケーキにかかった費用の総額は？　千ドルとちょっと。

「ちくしょうめ」と僕はイタリアンベーカリーの駐車場を出る車内でぼやいた。「結婚ってやつはやたら高くつく！」

「ほんとに」と彼女が答えた。「でも今のところ予算内よ」

「予算？」と僕は考えた。「そんなものあったっけ？」

「予算っていくらなの？」と僕はキャロラインに尋ねた。

「テリーから聞いてませんか？」とキャロライン。「あなたには話を通してあると言ってたけど」

「いや、聞いてない」と僕。「つまり、このパーティにお金がかかるのはわかってるけど、それがいくらになるかは把握してないんだ。で、これまでにいくら使ったの？」

「二万ドル以内には抑えられそう」とキャロラインが答えた。「テリーともそう約束してます」

車を運転していたのが僕じゃなくてよかった——というか、運転できなくてよかった——運転してたら車をどこかにぶつけてただろうから。

「決して安くはないわ、こうしたパーティは」。キャロラインはなだめるように言った。「ただの記念パーティなら話はまた別なんだけど。でもこれは結婚披露宴風の記念パーティで、だから高くつくんです。今、ケーキに千ドル使いました。他にもケータリングや、お酒、会場装飾なんかに——」

「まじかよ……」と僕は口の中で言った。

「でも、いいこともあるわ」とキャロラインが言った。「あなたたちはドレスを買う必要がないでしょ。それだけでもう五千ドルの節約よ」

第12章
四つの喧嘩

お金

「じゃあ、トップシークレットの予算について聞かせてもらおうか」

D・Jを寝かしつけ、テリーと僕はソファに座ってビールを飲みながら『サウス・パーク』を見ていた――ゲイのライフスタイルの定番だ。そして、僕が予算の話を持ち出さなければ、ソドミーにも取りかかっていただろう。

「無理のない額だよ」とテリー。「カード払いは一切ないし」

「預金をすべて使い切ることになるんだ」と僕。「そのどこが無理のない額なんだ？　もしも、そう、キャロラインに見せられた予算項目の中に、お土産用として五百ドルもする箸があるのを見つけた僕が脳卒中を起こし、半年間働けなくなったらどうするんだ。どうやって食べていくんだよ？」

実際、僕はキャロラインから五百ドルの箸の載った予算表を見せられて脳卒中を起こしそうになったから、これはまったくの仮定の話じゃなかった。

「きみがケーキ一つに千ドル使ったってキャロラインから聞いてる」とテリー。

「ケーキ二つだ」

「ああ、二つね。ならいいのか。ケーキ一つに五百ドルは手頃な値段だけど、招待客へのお土産に五百ドルは使いすぎってことか。それとも、くだらないものに無駄金を使うのがきみだったらかまわないってこと？」

僕は黙って座っていた。ケーキを二つも買うのはばかげたことだったけど、いまさらどうしようもない。

「これは一生に一度のことだ」とテリーが言った。「この先こんなパーティを開くことはもうない。僕たちの素敵なゲイの愛を祝う唯一のチャンスなんだ。全力でやるべきだと思うんだ」

「『全力で』やることと、『全力で』暴走することは別だろ」

この時点で、話し合いはいつものただの金がらみの喧嘩となった――車内での音楽をめぐる喧嘩同様、これもCDに焼いておくべきものだった。プレイボタンを押すだけで、それぞれの言い分を繰り返し主張しあう手間が省ける。その言い分とは絶対に変わらないもので、要約すると次のようになる。

ダン　きみはお金を稼ぐ苦労を忘れちゃったんだ。銀行口座に魔法のように湧いて出てくるものだと思ってる。だから考えなしに使うんだ。

テリー　僕がきみの金を使わないなら、誰が使うんだ？　ねえ、ビールをもう一本取ってきてよ。ドケチさん。

たぶん僕はテリーの言い分を公平に伝えていない――テリーが自分の意見を正確に伝えたけりゃ、自分で本を書くしかない。

お金のことで何度喧嘩を繰り返しても、彼の考えになじむことができない。ずいぶん昔に、テリーは僕に、自分が稼いだお金を自分の物だと考えるのをやめさせた。現実には、送られてくる小切手はすべて僕宛だったんだけど。僕たちは二人で一緒に家庭を作っており、テリーは素晴らしい親で、僕とD・Jの世話をとてもよく見てくれるから、彼には入ってくるお金を自分の物でもあると考える権利がある。僕たちはチームなのだ。もしもテリーが僕の衣類を洗濯したり、夕飯を作ったりしてくれなければ、僕は今ほどたくさん仕事ができなかっただろう。僕は、衣類が洗濯され、冷蔵庫がいっぱいの家に帰って来るのが嬉しいし、テリーは陶芸の仕事が軌道に乗るまでの間、お金の心配をせずに済むことを喜んでいる。それでも、入ってくるのと同じスピードでお金が出て行くと、僕は不安になる。

　これはどうしようもない。子ども時代、うちの両親は慢性的に金欠だった――シカゴの警察官の給料で、歯科矯正中の四人の子どもをカトリックの学校に通わせれば当然そうなる――だから、たとえ今は（おっと、魔除けの木に触れなくちゃ）たっぷり持っていても、お金の話には神経質になる。とはいえ、もう気にならなくなったことが一つある。「GD（＝golddigger）」問題と僕らが呼んでいるものだ。僕は、奥義すぎて僕自身試したこともないセックスの手法についての質問に答える仕事でそこそこ世間並みの収入を得ていた。一方、僕らが出会ったときにテリーは何をしていたか？　彼はマリファナを常用する二十三歳のビデオと本の店の店員で、あえて無目的な生き方を選んでエクスタシーを常用する友人たちとパーティ通いをしていた。長髪でこれといって野心はなく、当時も今も、人類史上最高に魅力的なお尻の持ち主であり続けている。

　話を「GD」問題に戻そう。テリーが僕の家で暮らすようになって二年ほど過ぎ、養子をもらおうかと考え始めたちょうどその頃に、心配した友人が僕を脇に呼び、この耳にちょっとした毒を注ぎ込んだ。彼は、僕がテリーと家族になろうとしているのは間違いだと考えていた。「きみの華奢で可愛いボーイフレンドが、ただ金目当て《ゴールドディガー》のヒモ男じゃないとどうしてわかる？」と。毒は効果を表した。それから一ヶ月後のラスヴェガス旅行で、テリーはカジノホテルのヴェネティアンで、サイコロばくちで損をした。「でもまあ」とテリーは言った。「たかがお金じゃないか！」。僕は黙っていたが、一晩中、あの友人の言葉が頭を離れなかった。翌朝プールに行ったときに、僕はテリーに、サイコロばくちのテーブルで彼が言ったことが気になっている、と伝えた。

「『たかがお金』じゃないんだよ」と僕。「ときどき、きみはただの金目当て《ゴールドディガー》じゃないかと不安になる」

僕たちはプールにいて、テリーはもう何周も泳いだあとだった。テリーは悲しげな目でしばらく僕をじっと見つめ、立ち上がるとホテルの中庭の反対側の隅のバーのほうに歩いて行った。着ているのはSPEEDOの水着一枚きりで、僕を含むその場の全員の目が、バーへと向かう彼の姿を追った。中庭の向こうの端に大勢のゲイの男の集団がいて、しゃべったり、タバコを吸ったり、日焼けを楽しんだりしていたが、テリーが近づいてくると押し黙った。テリーが通り過ぎると、グループの男の一人が立ち上がり、バーまでテリーを追って行って自己紹介し、飲み物をご馳走しようと申し出た。テリーはにっこり笑い、手振りで僕を指し示した。帰りにテリーがふたたびグループの前を通り過ぎると、別の男が自分の胸に手を当て、心臓発作が起きたまねをした。

戻ってくると、テリーは僕の隣の寝椅子に座ってビールを手渡した。

「ハニー、もしも金目当てなら」テリーは中庭の向こう側にいるゲイの男たちのほうに首を傾けながら、ゆっくりした口調でこう言った。「もっと金持ちの男だって落とせるよ」

キャロラインが数枚のＣＤを手に僕のオフィスに駆け込んできた。「とにかくこれを聴いて」と言うと一枚を僕のパソコンに滑り込ませた。

中国伝統芸人が、中国の伝統楽器を演奏しながら中国の伝統民謡を歌っていた。これは、テリーがチャイニーズ・ルームでのパーティのために予約するようキャロラインに頼んでいた奏者だ。この奏者が無理だった場合を備えて、テリーは他に二人の奏者を選んでいた。彼女はそのＣＤも持っていた。

「でも、この女性が〝ベスト〟よ。信じられないと思うけど」とキャロラインが説明した。

さて、無礼な言葉を吐く前に、これだけははっきり言っておきたい。中国の人々の耳には——つまり中国系アメリカ人ではなく、中国で生まれ育った中国人の耳には——僕のパソコンのハードディスクを今にも溶解させてしまいそうなこの中国の伝統民謡はうっとりするほど美しく、とても感動的に聞こえることはよくわかっている。でもアイルランド系アメリカ人である僕には、まるでジョージ・フォアマンのグリルで生きたまま焼かれる猫の叫び声のように聞こえた。

「中国のものは、可愛くてちょっと奇妙でしょ」とキャロライン。「あなたたちのパーティの準備をするのがこんなに楽しいのは、その可愛く奇妙な感じがあるせいでもあるのよね。でも中国風をどこまで追求するかには限度があると思うの」

テリーに中国音楽をやめるよう掛け合ってみたが、頑として譲らず、そこで僕に口添えを頼みたい、ということだった。すでにＡＰマイナス三週間で——anniversary party《記念パーティ》まで三週間という意味だ——時間がなかった。他の芸人を予約するなら、すぐに取り掛かる必要があった。僕は兄のエディの一件と、彼が自分の結婚式の汚名をすすぐにはまだ三、四十年はかかるだろうという事実に思いを馳せた。そしてキャロラインに、会場の片隅でピアノを——厳かで、西洋人の耳に心地よい曲を——演奏してくれる感じのいい男性を雇ってくれと頼んだ。

「テリーには何と？」とキャロライン。

「テリーには何も言わないことにする」と僕。「少なくとも、もう手の打ちようがなくなるまでは。僕と予算のときみたいに」

二週間後、テリーが音楽の件を確認するためにキャロラインに電話をかけた。キャロラインはピアノを弾いてくれる人を、ラウンジ・アーティストを予約してあると答えた。そして、ダンの承諾をもらったとつけ足した。

「あなたにも許可をもらってあるものと思ってたわ」とキャロラインは嘘をついた。

帰宅してみると、テリーはひどく腹を立てていた。

「きみがどこかのダサいピアノ弾きを雇ったことを怒ってるんじゃない」とテリーは言った。どう見ても、これまでの長い長い年月で一番怒っていた。「きみが黙っていたことに腹を立ててるんだ」

「きみこそ二次会に出演するＤＪも生バンドもドラァグクイーンもすべて決めただろ」と僕。「僕にはなんの相談もなしに」。でもきみはドラァグクイーン好きだし、あのＤＪはカッコいいと言ってたし、生バンドは、ミニー・リパートンの『ラヴィング・ユー』をテルミン〔電子楽器の一種〕ですごくいい感じに演奏する。だからきみに相談する必要があるとは思わなかった、とテリーが言い返した。「ああ、でもきみが僕の意見を聞かなかったことに変わりはない——それに予算だって一度も見せてもらわなかっただろ」

僕は切り札を出した。

「中国の民謡は、〝この記念パーティの汚点〟になっていたかもしれないよ？　僕の親族が、パーティに出演した中国の奏者についてあれこれ言うのを、この先一生聞き続けたいときみは本気で思ってるの？」と僕は言った。「だって僕はその罪をかぶる気はないから。全部きみのせいだと言うつもりだから」

「そんなの別の話じゃないか！」とテリーが声を張り上げた。

「まったく同じさ！」と僕もどなり返した。もはや僕らは、『ゲイ・ウェディング』のビデオに出てきた喧嘩ばかりするカップルとなんら変わりなかった。「エディはネイティブ・アメリカンではなく、僕らも中国系アメリカ人じゃない。可愛くてユーモラスなテーマも、度を越すとみなをイラつかせるだけでまともに受け止めてもらえなくなる。エディの結婚式では、燻したサルビアの枝がそうだった。僕らのパーティでは、伝統的な中国民謡がそうなるだろう。あのCDを聴いたか？　あれじゃ、パーティに来てくれた全員の夜が台無しになっちゃうよ！」

テリーは静かに部屋を出て行った――僕が正しいとわかっている時だけ、テリーはそうする。雇ったピアニストは、サンフランシスコのチャイナタウンを舞台にした、リチャード・ロジャースとオスカー・ハマースタインのミュージカル、『フラワー・ドラム・ソング』の楽曲をすべて弾けると伝える暇もなかった。結局のところ、テリーは、珍妙な中国の曲を聴けるのだ。

壁画

「あの招待状はどうなってるの？」

電話の主は母だった。でも何を言ってるのかわからなかった。招待状は何週間も前に発送ずみで、すでにシカゴやサンディエゴ、スポケーン、ニューヨーク市、ワシントンDC、それにポートランドやオレゴンからの返信ハガキも届いていた。何を騒いでいるのだ？　やがて、母は「招待状がちゃんと届いてない」と伝えたかったのではなく、招待状に使った挿絵について、いったい何事かと尋ねたかったのだとわかった。招待状の表には、背の高い華奢な帽子立てに、バイキングの角のついたヘルメットが三つかかっている油絵が印刷されていた。絵の縁は黒ずんでギザギザになっており、ところどころに下まで貫通する穴のようなものも見えた。

「あなたたちが中国をモチーフにしたパーティを開くとみんなに言っといたのに、あんな妙なバイキングのヘルメットの絵柄入りの招待状が届くんだもの」と母親は言った。「みんなを驚かす趣向でもあるの？それともバイキングのヘルメットは、ゲイの暗号か何か？」

「バイキングのヘルメットはゲイの暗号じゃないよ」と僕は答えた。「二人並んでるバイキングなら、たしかにそう。でもバイキングのヘルメットは違う」

「だったら、みんなにはどう言えばいいの？」

「みんなには関係ないことだって言っといて。そんなことをいちいち気にする人なんているわけないよ」

「ダニエル」と母がたしなめた。「結婚の慣習について無知なのがバレバレよ」と言うと、母はまるで英語を母国語としない人に話しかけているかのように、噛んで含めるような口調で続けた。「カップルが結婚式の招待状に挿し絵を載せたら、招待された人たちは、その絵は二人にとって特別な意味を持っているはずだ、と思うものなの。この絵には何か重要な意味があるはずだ、そうでなきゃ使うはずがない、とね。そうでしょ？　多くの場合、絵の意味は明らかよ。ハートと花とか、金の指輪が二つとか、カップルのスナップ写真。でもバイキングのヘルメットが三つ？　意味を自力で解き明かすのは難しすぎるから、いったいどういうことなんだろう、とみんな不思議がるわ。そして普通はその意味を知りたくなるものなの。自分たちが招待されたパーティに、どんな心構えで行けばいいかのヒントになるから」

「なるほどね」と僕。「実は、みんなで長いボートに乗り込んでピュージェット湾を漕ぎ渡り、ブリマートンの海軍の造船所を襲撃する予定なんだ。まず凌辱と略奪の限りを尽くしてからケーキカットをする」

しばらくの沈黙。

「あれはわたしへの当てこすりじゃないの？」と母が尋ねた。

「母さんへの？」

「そう、わたしへの当てこすり！　あなたたちは、強引な母親に髪をつかまれ祭壇まで引きずっていかれた、まるでバイキングの襲撃か何かに遭ったみたいにね」

「母さん、いい加減にしてくれ」

ビリーの精管切除手術を、母は自分の子育てへの批判だと言い、今度は招待状のバイキングの絵までがそうだと言うのだ。母親とはみな、自分となんの関係もないあらゆる事柄に、自身の子育てへの批判を読み取るものなのか？　それともこれは、僕の母親だけが持つ異常な能力なのか？

「それで？」

「それでって、何が？」

「それで、バイキングのヘルメットの意味を教えてくれるの？　くれないの？」

傍点をつけて話すのは疲れるので、秘密を明かすことにした。

「僕とテリーがどんなふうに出会ったか覚えてる？」と僕。「バーですっかり酔っ払い、男子トイレでイチャイチャすることになったって話を？」

「もちろん覚えてる」と母は答えた。「とても健全な行いだったと言いたいところだけど、あれはそうじゃなかったわね」

話を進める前に、僕の母親は決してカマトトぶるタイプじゃないと言っておきたい。彼女は昔からセックスをユーモラスに捉えられる女性だった——それにトイレについても。あるとき、石膏でできたマリア像を母が友人からお土産にもらったことがあった。両手を広げ、下方を見つめるそのマリア像は、高い棚の上や教会の壁のくぼみに置いて、信徒たちを見下ろすように作られたものだった。母はそれを我が家のトイレの水洗タンクの上に置いた。タンクの上に置かれたマリアの目は、便器に向かって立つ僕らのちょうど股のあたりを直視することになる。母親は息子たちに、おしっこをするときは便座を上げてからにしなさい、マリア様が見てるわよ、と言っていた。

で、バイキングのヘルメットの話に戻ろう。

「あの絵はバーのトイレの壁に飾られていたものなんだ」と僕は説明した。「横長のシンク型便器の上の壁にね。つまりあの絵は、僕らが出会った夜を密かに意味するものにすぎない。母さんの子育てに対する風変わりな批判なんかじゃなく」

母に言わなかったのは、そのバイキングのヘルメットの絵は、リ・バーの男子トイレの横長の小便器の上にはもうないということだ。それは僕らのリビングにあった。あのときの自堕落なセックスから健全で長続きする何かが生まれたことがはっきりしたあと、テリーと僕はリ・バーのオーナーのスティーブ・ウェルズにあの絵をもらえないかと聞いてみた。彼は喜んで僕らに進呈したいと答えたが、簡単だったのはイエスの返事をもらうまでで、そのあと家に持ち帰るまでが大変だった。パリスという名の、シアトルきっての画家は、便器の上の壁に直接バイキングのヘルメットを描いていた。そこで大工を雇って絵の周囲に切り込みを入れてもらい——絵の縁がギザギザになっているのはそのせいだ——縦十五センチ横十センチのウォール・ボードをそっと抜きださねばならなかった。絵に空いた穴は、トイレの壁の骨組みをなす厚さ五センチ、幅十センチの板にウォール・ボードを止めつけていた釘の跡だ。リ・バーからバイキングのヘルメットの壁画を持ち帰った僕らはそれを額に入れ、今はリビングの壁にかけてある――しめて九十キロのその絵を。

ときどき、眠れない夜は、リビングに座ってバイキングのヘルメットを見上げ、それがリ・バーの小便器の上を飾っていた長い年月に、その絵を見上げてきた幾多の男たちのことを思った。幾多の男たちと、その手に握られた幾多のペニス、そして下水溝に流れ落ちていった大量の尿のことを――そしてある夜、テリーと僕はその絵の前で抱き合った。薄っぺらな出会いだった。でもそれが何だ？　ずっと仲良くやっている、上品で感じのいいカップルの多くが、とても安っぽい出会い方をしている。更生施設や、セックスワークで、あるいはクリントン大統領のホワイトハウスで奴隷のように働く中で出会った幸せなカップルを知っている。数年前に昔ながらの盛大な結婚式に出席したことがあるが、僕は、二十代の名門出身の花嫁が三十代の資産家の花婿と知り合ったのは、花嫁が働くニューヨーク市のＳＭクラブだったことを知る、ひと握りの招待客の一人だった。彼女はプロの女王様役で、彼は客だった。ある日のこと、二人はバーで偶然出会った。決まり悪そうだったから、お酒を届けた、と彼女は言った。二人はすぐに、女性は優れているという強い信念以外にも、自分たちには多くの共通点があると気づいた。こんなに素敵な二人の出会いのエピソードを、家族や親戚に話せないのが本当に残念だ。

薄っぺらな出会い方をしたカップルは、それを恥じる必要などないし、むしろ世間の人々に自分たちの体験を語る義務がある、と僕は思う。薄っぺらな出会いでも、長く続く、愛ある関係に発展する可能性がないとは言えないと、みんな知る必要がある。テリーと僕は、あの夜、リ・バーのトイレで最後まで行かなかったが仲は深まった。それでいいのだ。誰もが素敵な出会い方をするわけじゃない。僕らの招待状に薄っぺらな遊興の場にあった絵を使うのは、僕らの関係もそういう場所から始まったのだからちょうどいい。過去十年間、シアトルのパンクファンやジャズファン、暴力団員、麻薬の売人たちが、あの絵の前で排尿しつつホッと一息ついてきた。ニルヴァーナのアルバム『ネバーマインド』の発売記念パーティはリ・バーで開かれたから、カート・コバーンがあのバイキングのヘルメットの前でおしっこをした可能性もある。そして今は、僕の兄弟、両親、友人、そして大叔母たち全員がその絵を見ていて、その事実は薄っぺらで、倒錯的で美しく、感動的だ。

僕が話し終えると、母はため息をついた。

「みんなに、バイキングのヘルメットの意味を話しておくわ」と母。「ケイティ叔母さんは別にして。叔母さんには、あの子たちは角つきヘルメットに思い入れがあるとだけ言っておく」

電話を切る前に、あと一つだけ質問があると母は言った。

「みんなどんな服装で行けばいいか知りたがってるんだけど」

「何でも。いつも結婚披露宴に着ていく服で来てくれればそれでいいよ」と僕が答えた。

「あなたたちは何を着るつもり？」と母。その声には傍点が少しずつ入り込み始めていた。

「いつも結婚式に着て行ってる服だよ」と僕。

ピシリ、と何かがひび割れる音がふたたびかすかに聞こえた。母親の手の中でダイエットコークが凍りつく音だ。

「ダニエル」

「母さん」

「頼むから、結婚披露宴にいつも着て行っている服は着ないと約束して」

僕は、結婚披露宴や葬儀、洗礼式、退職記念パーティ、その他の正式あるいは略式の親族の行事にジーンズとTシャツで出席することで有名だった。改まった格好で行こうと思ったときは、野球帽をかぶる。もうすぐ四十になるというのに自前のスーツを持っておらず、ネクタイをするくらいならブラをしたいくらいだ。「上品な」洋服が落ち着かないだけでなく、着ても滑稽に見えるから、スーツを買う気になれない。この二十年間、他人の特別な日に皿洗い人のような格好で出席しておいて、自分の特別な日にスーツで登場するつもりはまったくなかった。

「そんなまねをしたら、過去にその人たちの特別な行事に僕がジーンズにTシャツで出席したカップルや誕生日を迎えた少年少女、生まれたての赤ん坊、定年退職者、そして亡くなった人たちに対して、当時にさかのぼって失礼になる」と僕は説明した。「つまりさ、僕が自分のパーティにだけスーツで現れたら、それは何を意味すると思う？　『あなたがたの特別な行事にはジーンズとTシャツで出席しますが、自分の特別な日にはスーツを着ます』。相当失礼な話だろ！」

「だったらどうして他の人にはドレスアップして来いなんて言えるの？」

「他の人たちにも、僕がするのと同じようにしてくれ、と言ってるだけさ。この種のパーティにいつも着ているような服で来てください、僕もそうするつもりですからって」と僕。「だからみんなには、いつも結婚式に着ていく服で来てと伝えといて。僕も自分のパーティに略装では出席しない。だったらみなが略装にする必要ないだろ？」

「ダニエル、あなたの考えてる略装がどんなものなのか、想像しただけでゾッとするわ」

口論

「で、僕らは結婚するの？　そういうこと？」。テリーがD・Jのシャワーの前後の世話をし、寝る準備をさせている間、僕はネット・サーフィンをしていた。そのあとテリーに代わってD・Jに寝る前のお話を読んでやっていると、テリーは僕のブラウザの閲覧履歴をチェックしながらそう言った——法的に言えばプライバシーの侵害だが、僕も以前はずっとテリーに同じことをしていた。やらなくなったのは、僕がダウンロードしたポルノ画像はすべてテリーによく似た男たちだったのに対して、テリーがダウンロードしたポルノ画像は僕とは似ても似つかない男ばかりだと気づいてからだ。テリーの閲覧履歴を見ると自尊心がズタズタに傷つく、だから僕はやめた。でも、その夜テリーが見た僕の閲覧履歴はいつものようなニュースとポルノ画像が入り混じったものではなく、カナダで結婚する方法についてのサイトへのリンク集だった。

「どうかな」と僕は答えた。「ちょっと考えてただけ。つまり、今回みんながシアトルに来てくれて、僕らの十周年記念パーティは結婚披露宴にそっくりで——間違いなく同じくらい費用もかかる——ってことは、その、ちょっとカナダまで行って結婚して、片付けちゃってもいいのかもって。さっさと行動を起こせばいいんじゃないかって」

「きみがそうしたいの？」とテリーが問いかけた。「きみは結婚したいの？」

「わからない」と僕。「きみは結婚したい？」

「いや、僕はしたくない」とテリー。「今はね」

「そうすべきなんじゃないかって気がしてきたんだ。つまり、D・Jのためにさ。母さんが言うように」

「D・Jのため？　あの子は僕らに結婚してほしくないと言ってるんだぜ」とテリー。

「Ｄ・Ｊは間違った理由で結婚に反対してるんだ」と僕。「結婚は、彼の〝男の子は、女の子は〟こういうものってこだわりをなくさせるいいチャンスかもしれない」

「あるいは一生の心の傷を残すチャンスかも」とテリーが反論した。「結婚はしない、と二人で決めたはずだろ」

「わかってる」と僕。「子どものいるカップルは結婚すべきじゃないかと思っただけだ。たぶんね。古い人間と呼ぶなら呼んでくれ」

「きみの母さんと話したの？」

僕は肩をすくめた。バレバレだ。

「言っとくけど」とテリーが念を押した。「結婚するなら、先にタトゥーを入れるのが条件だ」

「……のもの」のタトゥーの話は、まだ立ち消えになどなっていなかった。セックスするといつもその話が持ち上がったが、そういう場面では二人とも「誰々のもの」という表現をたまらなくエロティックに感じたからだ（個人情報を明かしすぎだと言う人は、テリーがこの段落から僕に削除を求めた二つの文章を読むべきだ）。でも期限はどんどん迫っていた。もしも「……のもの」のタトゥーを入れるなら、遅くともパーティの一週間前には入れたい、とテリーは言った。結婚するしないにかかわらず、僕たちがし、な、い、と決めている結婚指輪の代わりに披露したいと思っていたから。タトゥーの傷がきれいに治るには時間がかかるのだ。

僕がヴァンクーヴァーでの急ごしらえの結婚について調べている間に、テリーはタトゥーについて率先して事を進めていた。入れると決めた場合に備えて、友人にデザインまで考えてもらっていた。テリーに僕の腕に入れるタトゥーのアセテート・フィルム――〝テリー・ミラーのもの。一九九五年から〟――を見せられたときには、その時やっていたことを中止してセックスを始める羽目になった。

二人の絆を再確認し終えると、タトゥーは急に素晴らしいアイデアでもなんでもなく思えてきた。それがタトゥーの問題点だ。少なくとも僕の考えでは。「……のもの」のタトゥーのことを話すのは楽しくセクシーで、僕は興奮しすっかりその気になってしまうが、セックスした後で、「テリー・ミラーのもの」のタトゥーを永遠に自分の身体に刻みつけると考えても、それほどセクシーに感じられない。僕はタトゥーをアダルト・グッズとみなしたわけで、アダルト・グッズを使った人がみな言うように、セックスが終わるや否や、それはちっともセクシーに見えなくなる。事が終わればさっさとどこかへ片付けてしまいたくなるものなのだ。でもタトゥーはセックスが終わっても捨てられない。ずっとつきまとわれることになる。

タトゥーを入れることへの危惧は、外出するたびに増幅する。シアトルのどこに出かけても不運なタトゥーの成れの果てを目にすることになる。バーのテーブルでコラムを書きながら目を上げると、中年女性の股上の浅いジーンズと丈の短い上着の隙間に、不幸な運命を辿った、民族風のタトゥーを見つけてしまう。二羽の巨大な漆黒の猛禽がつがうのは、彼女のお尻の割れ目のすぐ上だ。そのタトゥーは、それを入れている女性同様、おそらく昔はセクシーだったのだろう。でも今は、それからどれだけ長い年月が過ぎたかを見せつけている。

とはいえ、シアトルに一人だけタトゥーを――それもいくらでも多くのタトゥーを――入れたいと思わせる人物がいる。僕たちのお気に入りのあるレストランで、四年ほど前からずっと給仕をしてくれているハンサムな男性ウェイターのことだ。僕らはその店に感傷的な思い入れを持っている。テリーと僕がD・Jを養子にすると決めた店なのだ。そのイケメンがウェイターをし始めたときは、彼のタトゥーは数えるほどしかなかったが、その後の数年間に、彼のぴったりした黒のTシャツの下から新しいタトゥーが徐々にはみ出し、その両腕や首へとゆっくりと広がっていくのを僕らは見てきた。

このTattooed Rocker Boy＝TRB（タトゥーを入れたロック好きの青年）へののぼせぶりは、まるで僕らしくない。普通なら僕はロック好きの男は好きじゃないが、TRBは性的対象ジャンルを取っ払ってしまうほど魅力的だったのだ。彼が僕の好きなタイプのウェイターだったことも手伝った。つまり、彼はほとんど口をきかない。僕たちのテーブルを担当するようになってからのこの五年間に、彼が発した言葉の数は一ダースにも満たない。彼は僕たちのテーブルに近づいてきて注文票の束を取り出す。注文をメモし、料理を運んでくる。皿を片付ける。お釣りをくれる。その沈黙にはなんの敵意も含まれていない。ただ心地よく、安心感のある効率の良さが感じられるだけだ。だいたい、ウェイターは「ご注文は何にいたしましょう？」「お味はいかがでしたか？」「またご来店くださいませ」などと言う必要が本当にあるのだろうか？　レストランでの注文の手順なら、みんな知ってる。どうしてTRBともあろう者が、ウェイターと客の間で交わされる無意味でありふれた行為のために息を無駄にする必要があるだろう？　僕は彼が注文を取るためにそこにいると知っているし、彼も僕が注文をしに来ているとわかっている。

僕がTRBのレストランに行ったのは、タトゥーを入れるかどうかについてテリーと議論し、それからセックスし、その後また議論になった朝のことだった。TRBが無言で注文を取りに来たとき、首に新しいタトゥーが増えているのに気づいた。喉ぼとけの下に描かれた大きな半円の中に、文字が書かれていた。半円は完璧な弧を描き、文字はどれもくっきりはっきりしていた。誰であれこのタトゥーを描いた人なら、テリーと僕がずっと話し合っているタトゥーを任せられるだろう、と僕は考えた。

僕は話しかけようと口を開いた。TRBに新しいタトゥーのことを尋ねたかったのだ。右耳の下の大きな赤いドクロから始まり、左耳の下の濃い青色のサソリまでほぼずっとつながっているタトゥーのことを。でも僕の口から出たのは「卵二個の両面半熟焼きとベーコン、トースト、ポテトはなしで黒すぐりの紅茶を」という言葉だけで、彼は背を向けて立ち去った。

僕はルックスのいい男に弱い。僕は彼らを恐れていて、その恐怖症は昔通っていたカトリック系の男子高校に端を発している。徹底した同性愛的かつ同性愛嫌いの学校だ。ティーンエイジャーの男の子たちのお尻を叩くことを含む仕事をする、二人の専従の躾係りの若い僧たちの存在を、他のどんな言葉で説明すればいいのだろう？　あるいは上級生たちが水泳の授業に裸で出ていたことを？　あるいは僕たちがたびたび無理やりひざまずかされたことを？　でも、同性愛は密かに行われていたが、同性愛嫌いはあからさまに——暴力を伴って行われた。ゲイとみなされたものはみな、間違いなく日常的に叩きのめされる運命だった。神よ、シャワー中に勃起してしまった少年を助け給え。見栄えのいい男はちょっとファグっぽいと思われたから、イケメンのストレートの少年たちは、その分より暴力的な同性愛嫌いとなる必要があった。ハンサムな少年のそばにいるときの一瞬の油断——コーデュロイのズボンのお尻をぼんやり眺める、上級生と目が合ったのを目撃される、シャワー中のあの忌まわしい勃起——が命取りになりかねなかった。いまだに僕は、イケメンの男たちと話すのが苦手だ（ただし、眺めるだけなら問題ない。ＴＲＢの例でわかるように）。ハンサムな男たちとの社交的なつき合いの場では、僕が彼らを嫌っていると思われることがよくあるが、僕の口数の少なさを敵意だと勘違いされてしまうのだ。でも僕が顔をしかめ、地面をにらみ、ぼそぼそと話すのは、彼らにボコボコにされるんじゃないかと不安だからだ。

その朝、ＴＲＢにタトゥーのことを聞けなかったのもそのせいだった。ＴＲＢは黙って卵料理を運んできて、黙って皿を引き、黙って釣り銭をくれた。でも同じ日の数時間後、通りを歩くＴＲＢを見かけた。

通りで見た彼はそれほど恐ろしく見えなかった。たぶん僕が座っておらず、自分の顔がちょうど彼の股の位置にあって、その顔を見上げる姿勢じゃなかったからだ。彼の首のタトゥーのことを話題にすると、TRBはとても喜んで、そのタトゥー作家の名前を教えてくれた。

「これから彼と飲みに行くところです」とTRBは言った。「会ってみたければ、一緒に来てもいいですよ」

TRBは本気で一緒に（タトゥー作家とも一緒に）飲みに行こうと誘っているのだろうか？ まるで学校一のイケメンに卒業記念のダンスパーティに誘われているような気分だった――いや、実際それ以上だ。ビールまで飲めるんだから。僕はテリーの携帯電話に電話し、ストレートのロック好きの青年に人気の今風のバーである、リンダの店に、タトゥーの絵柄の有力候補を持ってくるよう頼んだ。

「おたくらどうかしてるんじゃないの？」

TRBのタトゥー作家のエゴはその絵柄が気に入らなかった。エゴはテリーと同い年で、髪は赤毛で薄くなり、二月のシアトルだというのにタンクトップ姿で、両方の腕や背中に入れたタトゥーを見せびらかしていた。デザインしてくれた友人の名誉のために言っておくと、エゴはデ、、、、、、ザインそのものはとても気に入った。問題は中身だった。

「名前はやらない」と彼は首を横に振った。

僕はすばやくTRBの喉に目をやった。

「それは言葉だ。名前じゃない」とエゴがTRBの新しいタトゥーを指して言った。「名前のことを、この業界でなんと呼んでるか教えようか？ 『死神のキス』だ。客たちはやってきてこう言う。『ああ、わたしたちとってもとっても愛し合ってるの！』。半年後、俺たちはそのタトゥーを消す作業をすることになる。そのうち半数は、あの時どうしてタトゥーなんて引き受けたんだと、逆恨みしてくる」

「僕たちは別れない」とテリーが言った。「もう十年も一緒にいるんだ。子どももいる。僕らについては心配いらないから」

エゴはテリーを見て、それから僕を見た。

「もしも二人に百パーセント別れない自信があって、どうしてもお互いに名前を入れ合いたいというのなら、やるよ」と言いながら、エゴはテリーに名刺を渡した。名刺にはドクロが描かれていた。「でもきっと、おたくらは後悔することになる。それから、もしも別れた場合、名前を隠すタトゥーを頼みにうちに来るのはお断りだ」

「予約をとるよ」。テリーはエゴにそう告げると僕のほうを見て「D・Jを迎えに行かなくちゃ」と言った。僕らは帰るために立ち上がり、僕はエゴと握手し、力になってくれたTRBにも礼を言った。

TRBはうなずいただけで、一言も発さなかった。


家に帰ってみると郵便が届いていた。『ニューヨーカー』や『ニューリパブリック』等の雑誌に混じって、差出人欄に「切り抜き魔」と書かれた封筒があった。中には三枚の切り抜きが入っていた——一つは『シカゴ・トリビューン』紙の、結婚後もいつまでもスリムでいたいカップルがとるべき方策。もう一つは『シカゴ・サンタイムズ』紙のタトゥーを取り除く方法と技術、もう一つはセレブに人気のゴシップ雑誌に掲載された、ヘナ染料を用いた一時的なタトゥーの記事だった。

「ヘナのタトゥーはどうかな?」と僕は切り抜きをテリーに手渡しながら聞いてみた。「三週間か四週間で自然に消えるんだって。これならタトゥーは入れても、永遠にタトゥーを背負って生き続けなくて済む」

テリーが僕を睨みつけた。

「そうだね」とテリーが言った。「ヘナのタトゥーもいいかもね――三、四週間で立ち消えになる結婚ができるなら」

「ごめん」と僕。「ヘナがちょうど良い妥協案になると思っただけなんだ」

「つまり、一時的なタトゥーで僕を満足させて、きみは死が二人を分かつまでと誓うってこと?」

「いや――」

「もうどうでもいいや」とテリーが言った。「タトゥーを入れるのか、入れないのか? 結婚するのか、しないのか? いつまでも決着のつかない議論はもううんざりだ。頭がおかしくなりそうだよ。とっとと決めて、ごたごた言わずにそのとおりにしよう」

第13章
三つのセカンド・オピニオン

僕がタトゥーを入れなければテリーは結婚しない。テリーが僕と結婚しないなら、僕はタトゥーを入れない。堂々巡りだった。

誰かの助言が必要だった。

「これまでに受けた質問で一番奇妙だったのはどんなものですか？」の次に、プロの人生相談コラムニストがよく質問されるのは「助言が欲しいときは誰に相談に行きますか？」だ。僕はたいてい母親に相談するが、この件に関しては、母には、控えめに言っても利害の対立があって、公平な意見が期待できないことはわかっていた。そこで同業者を陪審員として招聘することにした。僕以外のプロの人生相談コラムニスト三名の陪審員団だ。

この世にプロの人生相談コラムニストは、それほど多くない——ここで言う「プロの人生相談コラムニスト」とは、人生相談欄への執筆で生計を立てている人のことで、副業として人生相談欄に書いている人は含まない。アン・ランダーズはプロの人生相談コラムニストだ。大統領に助言したり、アメリカの決して終わりのない信仰復興運動を率いていないときだけ人生相談に乗っているビリー・グレアム〔キリスト教福音派の伝道師。ニクソンなど保守派大統領の霊的助言者を務めたこと、信仰復興運動の主力となったことで知られる〕はプロの人生相談コラムニストではない。

人生相談コラムニストの多くが人とは仲良くやりなさいと読者に勧めているが、僕たちコラムニストはお互い仲良くするのが苦手なようだ。アン・ランダーズは、自分の双子の姉妹、アビゲイル・ヴァン・ビュレンが競合する人生相談コラムを始めてから、彼女とは何十年も口をきかなかった。『シカゴ・トリビューン』紙がエイミー・ディキンソンに人生相談コラムの執筆を依頼し、彼女のことを「新たなアン・ランダーズ」と謳い上げると、ランダーズの娘で多数の媒体に同時配信される人生相談コラム、『Dear Prudence』を担当するマーゴ・ハワードはいい顔をしなかった。僕自身も、週刊誌に書いている同業の二人の人生相談コラムニストたちと、公然といがみ合っている。

この業界は競争が激しくて仲良くなんてやってられない。新聞の数は限られている。新聞に掲載されている誰かのコラムを読みながら、「なぜ僕のコラムを載せてくれないんだ?」と考えずにはいられないし、他人のコラムを読めば「僕ならもっといいアドバイスができた!」とどうしたって思ってしまう。

他の週刊誌の人生相談コラムに書いている人たちのことはライバル視せずにいられないが、日刊紙に書いている人たちのことは広い心で受け止められる。僕の人生相談コラム『Savage Love』はどの日刊紙にも配信されておらず——この先も、決して配信されることはない。アメリカの「家族で読む新聞」にとっては、僕は「ファック」を好んで使いすぎるし、不貞を絞首刑に相当する罪だと考えていないところが、さらに僕を不適格者にしている。そのマイナス面は、おそらく今以上の数の新聞に書くことはないだろうということだ。ちなみに『Savage Love』はアメリカのオルタナティブな週刊紙のすべてを制覇している。プラス面は、主流の人生相談コラムニストたちを高く評価できることで、というのも、エイミー・ディキンソンやマーゴ・ハワードのコラムを掲載している新聞が僕のコラムを載せる可能性はゼロだから。

日刊紙の人生相談コラムニストはライバルではなく同業者だ。そこで困ったときには頼ることにした。自分の悩みをコラムニスト宛の手紙にしたため、今日のこの業界の三大コラムニストに送った。マーゴ・『Dear Prudence』・ハワードとエイミー・『Ask Amy』・ディキンソン、キャロリン・『Tell Me About It』・ハックスだ。三人とも、返事を書ききれないほどの手紙をもらうから、僕からの手紙を彼女らの書類受の一番上に置いてもらうために、ちょっとしたコネを利用しなくてはならなかった。

僕は三十九歳のゲイの男性で、いくつかの難しい選択を迫られて悩んでいます。三十四歳のボーイフレンドと十年間一緒に暮らしていて、六歳になる息子が一人います。実家の母親は僕たちに結婚してほしがっています。彼女は正式に結婚すべきだと言い張っていますが、この十年間僕らがお互いを「ボーイフレンド」と呼び合っているのにうんざりしたのだと思います。問題は、僕とボーイフレンドが結婚したいのかどうか自分でもわからないことです。僕は、自分たちの関係に悪運を呼び込むことを恐れています――これまでずっと順調だったのに、わざわざ何かする必要があるでしょうか？　僕たちが暮らす州は、同性婚を法的に認めていないので、結婚してもその制度の恩恵を受けられるわけではありません。ボーイフレンドは、「ストレートのまねをしたくない」と言っていますが、母親はそこに苛立っています。僕たちは親として子どもを育てていて、彼女の考えではそれこそ最高にストレートっぽい行為だからです。

ああ、息子ですか？　彼も反対です。息子は、信じられないかもしれませんが、「男の子は男の子とは結婚しないものだ」と言います。僕たちの息子がです！　子育てをどこで間違えたんだろう？

ボーイフレンドと僕は、「○○のもの」というお揃いのタトゥーを入れることも検討しています。彼の腕には僕の名を、僕のには彼の名を入れるのです。そのほうがいいと思いますか？　それともさっさと結婚するべきでしょうか？

ワシントンの悩める者より

悩める者様

お二人は結婚すべきだとお母様がお考えになる理由が気になります――宗教的な理由なのか、あるいはもしかすると、洋服ダンスの中のミント・グリーンのシフォンレースをあしらった「花嫁の母」用のドレスが着たくてたまらないのかもしれません。その場合は、躊躇なくタンスから出して自由に着て歩くことをお母様に勧めましょう。

結婚を望んでいるのは、お母様ただ一人のようですね。つまり彼女は母親の役目を果たそうとしているのです――彼女に祝福を。あなたも、息子さんが大きくなって誰かと何年も親密な交際をするようになればわかります――あなたも同じことを望むでしょう。ひょっとしたら――あなたも晴れの日のためのちょっとしたシフォンの服を用意することになるかもしれませんね。

わたしは、恋愛に関しては「壊れていないなら下手にいじくるな」派です。あなたがたが同性婚を認める州に住んでいたらよかったのですが。そうすれば、他の誰もが知っていることをあなたがたも実感できたでしょう――それは、結婚には壊れたものを修復する力はないけれど、二人の関係を変える力は確かにありそうだ、ということです。

タトゥーのアイデアには賛成できません。タトゥーは人間関係に悪いカルマを作り出すように思えます。こう書きながら、アンジェリーナ・ジョリーのことを考えています。彼女は間違いなく、あのタトゥーの多くを消す羽目になるでしょう。
この答えがお役に立てばいいのですが。大掛かりな「僕たちは結婚していない」パーティを開いて、招待客たちがあなたがたを正式にカップルと認め、祝杯をあげられるようにすれば、誰もが多少とも不満を解消できるのではないかと思います。

——エイミー・ディキンソン

悩める者様
わたしは今、信念は、異性愛者の結婚と同様に絶滅の危機に瀕しているのだろうか、と考えています。結婚する理由として、あなたは次のことを挙げました。
1. お母様を喜ばせる
2. ステレオタイプな意味付けを拭い去る
結婚しない理由としては
1. 縁起担ぎ
2. 「ウヘッ、それってストレートっぽい」
お母様はしっかりした信念をお持ちですね。わたしにもあります。贈り物をもらうためだけに結婚するのもありだ、と(冗談です。わたしは、誰でも、結婚すべきかどうかを自分で決めるべきだと思っています)。あなたがたの六歳のお子さんも、信念を持っています。人と違う意見を言える勇気は素晴らしいです。

あなたは結婚の価値を信じていますか。信じていませんか？　あなたの価値観はそれを必要としますか、しませんか？

——キャロリン・ハックス

悩めるあなたへ

プルーディは親を喜ばせるための結婚が良いとは思いません。お母様自身の結婚も——その一つ一つが——彼女自身の選択の結果なのです。あなたがたの場合は、二人とも、うまくいっている関係をいじくりまわすことにためらいがあるようです。多くのストレートのカップルも同じように感じています。逆に、長いつき合いのカップルが実際に結婚してみて関係が刷新されたと感じるケースも少なくありません。六歳の息子さんが結婚を望んでいないというのは、興味深い——そして示唆に富む——事実です。息子さんの懐古的で異性愛者的な傾向に下手に干渉しないほうがいいかもしれません（別の観点から言うと、干渉したほうがいいとも言えます）。

プルーディからのアドバイスは、タトゥーのインクで二人の愛を表明するのはやめなさいということです（アンジェリーナ・ジョリーの場合もうまくいきませんでした）。結婚しないことを選択するなら——それがあなたがたの希望だと感じました——お母様には二人を祝福するちょっとした儀式を開いて祝っていただきましょう。そうした儀式にはもちろん拘束力はありませんが、年老いたお母様が「子どもたち」の関係に承認を与える良い機会にもなります。念のために申し添えると、同性婚に関するプルーディの信頼性の高さは疑いようもありません。ほんの数ヶ月前に、彼女は二人のゲイの紳士のために（世界一年をとった）花持ちの少女役を果たしました。

プルーディより愛を込めて

――マーゴ・ハワード

優れた人生相談コラムニストはみなそうだが、エイミーとマーゴも直感的に手紙の書き手、つまり母親やボーイフレンド、息子との意見の対立の渦中にある僕の味方をした。そしてそうするべきだ。質問してきた本人が、頭がおかしいとか自己破壊的人物に見える場合を除いて、人生相談コラムニストの仕事は、購読者である質問者が何を望んでいるかを見抜き、その人にそうしなさいと助言することだ。コラムニストに届く手紙の大部分は、何であれ、彼らがやりたいこと、あるいはやらねばならないとわかっていることを、実行する許可をもらいたがっている人々からのもので、すべて「お母さん、やっていい？」のファイルに分類される。

でもキャロリンはみなと同じようにはしなかった。僕たちがしたいと思っていることをするようアドバイスするでもなく、なんの助言もせずに、僕たちに二つの問いを突きつけた。その言葉は他の二人のものほど耳に心地良いものではなかったが、その分、この問題の核心により近づいていた。「あなたは結婚の価値を信じていますか、いませんか？　あなたの価値観はそれを必要としていますか、いませんか？」

これらの質問に正直に答えろと言われれば、はい、結婚の価値を信じています、確かに、と答えるべきだろう。問題は、僕が住んでいる国には、僕がすることになる種類の結婚の価値を認める人がほとんどいない、ということだ。だったら僕自身が何を信じていようと、同じじゃないか？

第14章
二つの至福の時

D・Jが真夜中に起きて耳が痛いと言い出したのは、APマイナス二週間という時だった。日中D・Jのお守りをしているテリーは、夜中の親の務めはすべて僕の担当だと信じていた。耳が痛い、風邪をひいた、怖い夢を見た——どんな真夜中の危機であれ、ずっと起きてD・Jの世話をするのは僕の仕事なのだ。でも実を言うと、そんなのどうってことない。もともと眠りが浅く、たいていなんやかやで起きている。でもテリーには内緒にしておいて。寝ずにD・Jに付き添う夜を、目一杯利用させてもらってるんだ。

D・Jに子ども用のタイレノール〔鎮痛解熱剤〕を飲ませてから二人でリビングのソファに横になり、薬が効いてくるのを待った。日曜の朝の三時だった。スケートボードの話や学校の話、それに耳痛に象徴されるこの世の不公平についても話し合った。D・Jは、大人たちが絶対、何があっても耳痛にならないのは不公平だと考えている。子どもは絶対、何があっても会計検査を受けたり、アイオワ州に起訴されたり、訴訟を起こすと脅されたりしないだろ、と僕は指摘した。だから差し引きゼロだ。

そのあと性の話になった。

「大きくなったらジョシュアとゲイをやりたい」とD・Jが突然言い出した。話題が急に変わったのには驚いたが、晴天の霹靂というわけではなかった。それ以前から「ゲイ」であるとははっきり言ってどういうことなのか、いろいろ聞いてくるようになっていたのだ。D・Jは両親がゲイであると知っていて、「ゲイの結婚」がしょっちゅうニュースになっていることも、自分の両親が結婚すればそのゲイの結婚になることもわかっていた。ゲイとは何かを、古いチ・チ・ラルー〔著名なドラァグクイーンでゲイポルノビデオの監督、プロデューサー〕のビデオをデッキに放り込まずに説明しようと最善の努力をしてきたにもかかわらず、D・Jはまだよくわかっていなかった。どうやら、ゲイとは親友と暮らすことだと結論づけたようだった。

　これは子どもを持つ同性カップルに特有の、すべてがあべこべの世界にいるように思える瞬間の一つで、養子にした子どもの出生証明書の「母親」と「父親」の欄に書かれた自分たちの名前を見たときもそう思った。D・Jに、大人になってもきみはゲイにはなれないと言いたくはなかったが、彼がゲイになるとは思えなかった。ゲイであることとストレートであることを、「AまたはB」の事象のように話すのは、誤解の元だろう。ゲイかストレートかのどちらかになると言うと、性的指向はコイントスのように決まるものだ、という間違った印象を与えてしまう。

　でも見込みは五分五分ではなかった。D・Jはストレートになるという見込みのほうが明らかに大きかったから、もう少しできみはゲイにはならないと告げてしまいそうになった。D・Jはトラックで遊び、パワーレンジャーが好きで、初めてフットボールを手にしたときに、完璧なスパイラルパスを投げた。この子はストレートだ。でも、万一ストレートにならなかったときのために、僕はゲイもストレートも含めて、知っているすべてのカップルの名前を挙げ始め、D・Jもそれに加わった。エディとマイキー、ビリーとケリー、ローラとジョー、両方のおばあちゃんとおじいちゃん、マークとダイアン、ティムとアビー、マイクとジョン、シャーリーとローズ、ブラッドとレイチェル、ナンシーとバラク、デイヴィッドとジェイク、エイミーとソニア、ヘンリーとベス、モーリーンとエド……

「知ってる男の人のほとんどが結婚している相手は……？」と僕は問いかけた。

「女の人」とD・J。

「それは、たいていの男の人は大人になると女の人を好きになり、たいていの女の人は男の人を好きになるからなんだ。そういう男の人のことを『ストレート』と呼んでいる。男の人を好きになる男たち、つまり僕やもう一人の父さんは『ゲイ』と呼ばれてる」

「僕はゲイになる？」

「わからない。でも、たぶんそうはならない」と僕は答えた。「たいていの男はゲイじゃない。きみがゲイになることもありえるけど、ストレートになる可能性のほうが高い。ビリーおじさんやエディおじさん、ティムやブラッドやバラクみたいにね」

「でも、僕はパパたちみたいにゲイになりたいんだ」

なんてこった、と僕は思った。どこかでキリスト教原理主義者が胸を痛めていることだろう。それこそ、同性愛者は親として不適格だとする彼らが恐れ、主張していることだ。僕たちの子どもはゲイになりたがり、両親を熱心に見習い、両親の性的指向を取り入れるだろう、と彼らは言った。もしも、性的指向は選択可能だと考えるなら——そうでないという証拠は山ほどあるが——彼らが恐れるのも無理はないかもしれない。でも性的指向は選択できるものではなく、生まれつきの傾向で、僕が自分の両親と同じストレートになることを選べないように、D・Jも自分の両親と同じゲイになることを選べない。

「これは自分で決められることじゃない。父さんも自分で決めたわけじゃない。これはきみの心が決めることなんだ」

「いつ決めるの？」

「大きくなったら」と僕。「その日が来たら、自分が男の人と女の人、どちらを好きになるのかを、きみの心が教えてくれるよ」

　長い沈黙が続き、D・Jは寝ちゃったのだなと思った。D・Jは僕の脇腹に頭を乗せて僕に寄り添って寝ていたから、こちらからは顔が見えなかった。そのままじっとして、D・Jが深い眠りに落ち、ベッドまで運んでいっても目を覚まさなくなるのを待った。僕はその時間をいとおしんでもいた――会話じゃない。会話は、正直言って死ぬほどドキドキした。あれはいわゆる重要な父子の会話で、うっかり失言して子どもの人生を狂わせるのが怖くて、その瞬間をまったく楽しめない類のものだ。僕が静かに味わっていたのは、親だけが経験できる、芳しく、うっとりさせられる二つの感覚だ。それは自分の子どもの香りとその身体の重みだった。D・Jが家にやってきて初めて、大きくなった子どもを持つ親たちが、なぜ孫を欲しがるのかが理解できた。自分の子どもが大きくなってしまったら、この二つの感覚、つまり子どもの湿りけのある芳醇な香りと、自分の手に重ねられた子どもの手の感触、そして本を読んだりテレビを見たりしているときに膝に乗ってくる子どもの、親を信頼し、満足しきった身体の重みを、もう一度味わえる唯一の方法が孫を持つことなのだ。

　もうすぐ七歳の誕生日を迎えるD・Jは、そろそろ大きすぎて僕らの膝に座れなくなってきた。寄り添って眠るのも物理的に難しくなりつつあるし、そのうち精神的にも難しくなってやめることになるだろう。近い将来、D・Jは僕たちから物理的に距離を置くようになるだろう。僕が両親と距離を置いたように。それまでは、母親の膝と父親の肩だけを生きがいに生きていた僕が、ある日突然、両親との身体的な触れ合いは短いハグが精一杯になっていた。僕とD・Jにもその日が来たら、膝に乗せた子どもの重みをもう一度味わいたくて、子どもを持てとD・Jにせっついて困らせることになるだろう。でも今のところは、おそらくは残り少ない、この貴重な至福の時をせいぜい楽しむつもりだ。

「おばあちゃんが、結婚は愛する人とするものだって」とD・Jが急にしゃべり出した。眠ってはいなかった。ただ静かに考えていたのだ。

「そうだね」と僕は答えた。「おばあちゃんはたしかにそう言っている」

「でもパパは僕を愛してるけど、僕とは結婚しない」

「大人の愛は特別な種類の愛なんだ」と僕は説明した。「人は、兄弟やお母さん、それに子どもにはそういう種類の愛は感じない。人の心の中には、世の中に出て、新しい誰かに出会いたい、これまで会ったことのない人に会いたいという気持ちがあって、その新しく出会った誰かを愛するようになるんだ」

「どうして?」

「そうやって人は新しい家族を作るものだからだよ。なんの関係もなかった二人がお互いを好きになって、それぞれの家族を紹介し、新しい親戚が生まれる」

「おばあちゃんとおじいちゃんみたいに?」

「そのとおり。前は僕の母さんとテリーの母さんは知り合いじゃなかったけれど、今はうちの家族を通してつながってる。そしてある日、きみも一緒に新しい家族を作りたいと思う誰かと出会って、たぶんそれがきみが結婚する相手なんだ」

「どうして?」

「結婚は出会ったその誰かとの約束だからさ。その人とずっと一緒にいる、ずっとつながっているという約束なんだ。僕の母さんは永遠に僕の母さんだし、きみにとってはずっとおばあちゃんだ。きみはずっと僕の息子だ。でもきみが新しく誰かに出会って愛し合うようになったときは、もしかすると、きみはその人を愛するのをやめるかもしれない。結婚はずっとお互いを愛し続ける努力をします、という約束なんだよ。ずっと一緒にいられるようにね」

「ヘンリーのパパとママは愛し合うのをやめたの?」

ヘンリーはD・Jの友だちで、両親が醜悪な離婚調停のまっ最中だった。

「うん、そうだよ」

「じゃあ約束を破ったんだね?」

「うん、たぶんそうじゃないかな」

D・Jはふたたび静かになった。

「パパたちは結婚したい?」とD・Jが言った。

「そう思うときもあるし」と僕。「思わないときもある。おばあちゃんはパパたちに結婚してほしいと思ってる。でもD・Jはそう思っていないだろ」

「そう思うことにした」

「どうして?」

「だってパパたちはずっと一緒にいないとだめだから」

「一緒にいるよ」と僕。「僕たちは愛し合っていて、これらもずっとそうだから」

D・Jはソファに起き上がってじっと僕の目を見つめた。「パパたちには約束してほしい。指切りして、本気の、一生の約束をして、絶対に約束を破らないでほしい」

つまりD・Jを結婚賛成派に鞍替えさせたのは約束という言葉だった。子どもは、言葉を話せるようになるとすぐに記録をつけることを覚える。神よ、赦し給え、一週間仕事で家を空けた後、約束していたおもちゃを持ち帰れなかった親や（異常性欲者専用の拘置所にお土産屋さんはなかった！）、約束していたスケートボードのお出かけに子どもを連れて行けなかった親を（雨は言い訳にならない！）。子どもたちにとって約束は何よりも重要なもので、なぜなら、子どもたちには約束しかないからだ。彼らは何一つ所有せず、何一つ思いどおりにできない。両親がした約束だけが、彼らが手にしているすべてなのだ。すべての約束を果たせる親はいないが――子どもだって無理だ――あなたの親としての信頼度は、子どもがその頭の中につねに携帯している、約束を守った回数vs約束を破った回数をもとにランクづけされる。破る回数より守る回数が多ければ、成績のいい親となる。守るより破るほうが多ければ、問題のある親だ。

「つまり、パパたちに結婚してほしいと思ってるの？」

「うん」

なんと――予想もしなかった二つ目の至福の時がやってきた。思いがけない喜び、眠らずに夜を過ごす僕へのご褒美。息子から、結婚の許可をもらったのだ。

「テリーに言っとくよ」と僕は言った。「あっちのパパが何と言うかだね」

また長い沈黙が続き、D・Jもついに眠ってしまったのだと僕は思った。「ニューヨークタイムズ」の日曜版が、玄関の外階段に届いたのが聞こえた。

「ねえパパ、もしも二人が結婚したら」とD・Jが言った。とても眠そうな声だった。「『あなたはナンタラカンタラと誓いますか』って言うおじさんはいる？」

「うん、いるよ」

「『では、ナンタラカンタラのキスを』とも言う？」

「うん、言うよ」

「なら僕は行かない。でも二人は結婚しなくちゃだめだよ。パパとテリーは約束して。でも僕は見に行かない」

第15章
もう一度、最後の説得

「ちょっと話があります」と母が言った「二人とも、年寄りに敬意を表してよく聞くように」

「ジュディ――」とテリーが言いかけた。

「黙って聞くように」

すでにAPマイナス一週間で、僕たちは義理の父親であるジェリーの退職を祝う会に出席するために飛行機でシカゴに来ていた。すべてを有能なキャロラインの手腕に託して。僕らの結婚披露宴風の十周年記念パーティの準備は順調に進んでいる、あなたたちはどうぞ自由に週末にシアトルを留守にしてくれてかまわない、とキャロラインは言った。パーティ会場に到着するとすぐに、母親に脇へ呼び寄せられた。母はD・Jに、パパたちと話があるから、あっちでコーディと遊んでおいでと言った。

「まずこの問題を片づけさせてちょうだい」と母は話し始めた。「さてと、あなたたちの関係は、結婚とどこがどう違うの？」

何か言うと巧みに言いくるめられるとわかっていたから、僕らは口を閉ざしていた

「わたしの目には、同じに見えるわ。まさに結婚そのもの、結婚のあるべき姿に。だから二人は結婚すべ

きだと思う。ダニエル、あなたの両親は、そしてテリー、あなたの両親も、異性愛者だから結婚したわけじゃなかった。愛し合っていたから結婚したの」

母は会場をぐるりと見回した。それで終わり？ もしもそうなら、いつもの母の話と比べると全然大したことない。僕は大きく息を吸って口を開こうとしたが、その瞬間に母が手で制した——まだ話は終わりじゃなかった。全然。

「あなたのお父さんとわたしが、二人の関係を法的にも教会にも祝福してもらえたのに、あなたたち二人がそうしてもらえないのは、本当におかしなことだと思う。あなたたちは、ジョージ・W・ブッシュに投票した馬鹿者たちのせいで、いくつかのことを奪われた。でもあなたたち自身が自分たちから奪っているものもある。『僕はこの人のことを自分のことのように大切に思っています』と大っぴらに伝えて、周囲のみんなから讃えられ、応援すると約束してもらえるチャンスを、あなたたちは自分でふいにしているの」

また沈黙。

「あのね母さん——」

「まだ話は終わってないわ。結婚しないのはもちろん自由よ。でもね、教えてあげましょうか？」

僕たちは「何を？」という顔をした。気後れして言葉が出なかった。

「ジェリーとわたしも、結婚しなくてもいいと思っていたの。二人とも結婚の悪い面を知ってたから」と母は言った。「どちらも長い結婚生活の末に離婚して、心に傷を負っていたけれど、また人を信じられるようになって、でもそれはとても大変なことだった。それぞれが経験してきたことの後では、『あなたを信じます』なんてそう簡単に言えることじゃなかった、本当よ。二度目だから、それがどういうことなのか、はっきりわかっていたわ。結婚は危険な賭けだと感じられ、二人とも愚か者に見られたくはなかった。わたしたちはお互いを信じる必要があったけれど、それはとても難しいことだった。そして信頼こそが結婚の本当の意味なの。あなたとテリーは信頼し合っている。二人は、いいときも悪いときも一緒にいることを選んだカップルに見える。お互い欠点があってもそれを我慢し合い、愛し合う二人に。お互いを尊敬して愛し合う二人、子どもを養子にして一緒に育てたいと思うほどお互いを愛している二人に。あなたたちは結婚したいと考えるべき二人に見える」

「ジュディ！」

叔母のリンダが会場の遠くのほうから母に声をかけた。叔母は夫のフランクと一緒だった。母は手を振り返した。

僕たちは首を縦に振った。やっぱり怖くて口がきけなかったから。

「あなたたちの何が問題なのか言ってあげましょうか？」と母はこちらに向き直りながら言った。「くだらない人たちが、お前たちは結婚する価値がないとあなたたちに告げた。自分が正しいと思うことをし、とにかく結婚しちゃって、ざまあみろ、と彼らに中指を立ててみせることもできた。でも二人とも、それをするには物事を難しく考えすぎるのね。そこで結婚を拒否することによって彼らの鼻を明かすことにした。あなたは結婚を『ストレートのまね』と言い、あなたは『悪運を招くこと』と言う。でもね、言っておきたいことがあるのよ、ダニエル。人生はそもそも大きな賭けであり、みんないつかは死んでしまうの。そしてテリー、あなたはストレートのまねをすることなんて恐れずに、これからはわたしが知っているあなたらしく行動するべき——真面目で、大人で、責任感ある人間であるあなたは、自分が家族になろうと決めた相手と、大人らしく本気の関係を築くべきよ、あなたの両親がそうしたように」

「これで話はおしまい」と宣言して母は立ち上がった。「みんなに挨拶してくるわ。二人とも、今日は来てくれてありがとう。二人が来てくれたことを、ジェリーもとても喜んでる」

「ごめん」。母がリンダに挨拶しに行ってしまうと、僕はテリーに謝った。「うちの母さんはときどき──」

「正しい」とテリーがさえぎった。「ときどき、あの人は正しいことを言うね」

第16章
見込みゼロ

シカゴを出て家に戻ったときには、テリーの考えはまた元に戻っていた。結婚しろという僕の母の意見は間違っている、と。僕も賛成せざるをえなかった。パーティまでは一週間もなかった――今さらどうしろというのだ？　大急ぎで得体の知れない司祭を雇い、チャイニーズ・ルームで大掛かりな偽物のゲイの「結婚式」をするのか？　それとも、盛大な記念パーティを開く前夜に車でカナダへ向かい、そこで法的に認められた結婚をし、逆戻りして国境を越えた瞬間に自分たちの結婚証明書がただのかぼちゃに戻ってしまうのを見るのか？

だからやめた。僕らは結婚しなかった。どうして言いなりになる必要がある？　僕の友人のデイヴなら――彼は昔「結婚するゲイのカップルは、低能同士が互いに博士号を与え合うために一緒になるようなものだ。そんなことで賢くなるはずがなく、だから結婚しようとは思わない」と言っていた――屈服しただろうが、テリーと僕は違った。僕たちはもっと頑固にできていた。

でもパーティの計画は予定どおり進めた。正直言うと、パーティを開くことにもためらいを感じ始めていたが、今さらどうにもしようがなかった。親戚や友人たちはすでにこちらに向かっていたし、ケーキやチャイニーズ・ルームの使用料、氷の彫刻にすでに大金を支払ってもいた。こうして、親戚や友人たちが集まって僕らの十周年を一緒に祝ってくれ、僕らの長きにわたる、同性同士の、最高に機能的だけど欠陥のある関係がもつひそやかな尊厳が、長きにわたる結婚制度との火遊びに耐えて保たれた。パーティでは、僕はジーンズにボタンダウンシャツ姿で、D・Jは野球帽を後ろ前にかぶり、乾杯の音頭はなかった。来てくれた人々には、赤と黒で飾られたケーキを配り、僕の兄たちが酉年についてちょっとしたジョークを披露し、翌日にはみんな飛行機で帰って行った。

でもまあ、結婚について考えるのは楽しかった。いつの日か、アメリカでも僕たちの結婚が法的に認められるようになり、そうなったら僕らももう少し考えるだろう。ああ、それについてまた本を書くことになるかも。でもその日までは、僕らはストレートのまねをしすぎる危険を犯すつもりはない。どうして悪運を呼び込む必要がある?

それと、結局タトゥーも入れなかった。

おしまい

謝辞

担当編集者であるブライアン・タートの忍耐力と判断力とその手腕に、そして著作権代理人であるエリザベス・ウェールズの行動力と忍耐力、そして多大な支援に感謝する。また、土壇場になって飛び入り参加してくれたダットン社の編集者、ジュリー・ドーティーにも感謝を伝えたい。

ティム・ケックとブラッド・シュタインバッハーをはじめとする、『ストレンジャー』紙のすべてのスタッフに心から感謝している。オレゴン州ポートランドのバー、リングラーズとパウエルズ・ブックスのみなさん、ワシントン州シアトルのヴィクトリア・コーヒー、フュエル・コーヒー、十九番アヴェニューとアロハ・ストリートの交差点にあるタリーズ・コーヒー、そしてヴァージニア・インのスタッフのみなさんにもとてもお世話になった。それから、あちこち飛び回って取材してくれたブルック・アダムズ、原案を読んで意見をくれたエリ・サンダース、素晴らしい装丁をしてくれたケイト・トンプソンにも感謝している。

最後に、これまでの人生で出会ったすべてのカップルに——ゲイもストレートも、結婚しているカップルもしていないカップルも——長年にわたり僕とテリーに素晴らしい手本を示し続けてくれたことを感謝したい。ジュディとジェリー、ビルとジョー、クローディアとデニス、ティムとアビー、ボブとケイト、ブラッドとレイチェル、ナンシーとバラク、ビリーとケリー、ヘンリーとベス、エディとマイキー、イータとカール、ローラとジョー、マイクとジョン、マークとダイアン、モーリーンとエド、デイヴとジェイク、そしてエイミーとソニアのみなさんだ。みんなが無事マロニー葬儀社に行き着くことを願っている。

第17章 実は結婚した

ちょっとふざけただけ。

僕たちは結婚した——だって、してないなんて、まさか。コメディのラストは結婚で終わるに決まってるだろう？　表紙に結婚指輪が描かれた本が、結婚で終わらないなんてことがありうるのか？　それに、いずれにせよそこの聡明なあなたは偽の結末に騙されなかった。「おしまい」まで読んで「嘘だろ」と思い、ページをめくり続けて隠された最後の二章を見つけた。あなたを騙すことはできなかったわけだ。

いや、もしかするとうまく騙せたのかも。あなたはページをめくり続けなかった。「おしまい」の文字を読んで本を閉じ、ポイと投げ捨ててしまった。僕の縁起を担ぐ癖やテリーが見世物になりたくないと言っていること、そしてD・Jがあなたはナンタラカンタラと誓いますかの場所には行かないというのを読めば、結局結婚しなかっただろうと思うのが普通かもしれない。となると、あなたがこの章を見ることはない。たぶん誰も見ない。

それは困る。だって僕らは事実結婚したから。D・Jをがっかりさせるわけにはいかなかった。二人はずっと一緒にいると約束してほしいとD・Jは言い、僕らは彼の期待に応えたいと思った。僕の母を落胆させるのも忍びなかった。母は二人が結婚するのを見たがった。でも一番大きな理由は、僕ら自身ががっかりしたくなかったということだ。僕たちも結婚したいと思ったし実は二人ともこの間ずっとそう望んでいたんだと僕は思う。二〇〇四年はずっと二人とも気のないそぶりを演じてきたが、遅かれ早かれお互いを正式な夫にしなくてはならないと、どちらもわかっていたのだと思う。でもいよいよその決断が間近に迫ると、二人とも逃げ腰になるばかりだった。テリーの足は、『ゲイ・ウェディング』のビデオを見た後一歩も進めなくなった。僕の足は、シアトルで催されたウェディング・エキスポ会場に入って半時間で凍りついた。でも自分たちの結婚披露宴風の記念パーティのためのケーキを選んでから、飛行機何機分もの親戚の第一弾がシアトルの空港に着陸するまでのどこかの時点で、凍りついていた僕たちの足は溶け始めた。僕たちは結婚を望んではいたが、でも自分たちのやり方を通したかった――悪運を呼び込むことも、パンダになることもないやり方を――そしておそらく、ぎりぎりまで決断を先延ばしにすることが、その二つを避ける最善の方法だと二人とも無意識にわかっていたのだ。

そういうわけで、記念パーティの二日前に僕たちは車に飛び乗り、国境を目指した。三時間ほど車を走らせたところで、カナダへ入国するためのノロノロ進む車列の後ろについたとき、そんな状況には不似合いなある直感が、僕の頭に閃いた。

多くの結婚が破綻する理由が、不意に理解できたのだ。

文化的保守主義者らは、高まる離婚率を、彼らが認めないあらゆる事柄、たとえば外で働く女性が増えていることや、ヴェトナムで死ぬのを嫌がる臆病者のヒッピーたち（臆病者の共和党員たち――ジョージ・W・ブッシュ、ディック・チェイニー、ジョン・アシュクロフト、ビル・フリスト、カール・ローブ、ニュート・ギングリッチ等々とは混同しないように）の間にゲイリブ運動が広まっていることと関連づけて嘲り笑ってきた。でも合衆国の離婚率が上昇し始めたのは二十世紀の初めで、保守派が毛嫌いするカウンターカルチャーや人権運動が出現するよりずっと以前のことだ。そして二十世紀全般を通して見られる社会現象はただ一つ。離婚率の曲線とぴったり重なる曲線は一つしかない。

自家用車の保有率だ。

一八八〇年当時、アメリカ国内で車を所有している人は一人もおらず、離婚するカップルは、二十一組に一組だけだった。それが一九一六年には、アメリカ国内の車の保有数は三百五十万台で、九組に一組が離婚し、その当時の、世界一の離婚率となった。現代では、アメリカ国民は二億三千台の車を保有し、国民一人当たりの車の保有数は他のどの国より多く、二組に一組が離婚していて、やはり世界最高の離婚率を誇っている。偶然の一致？　僕はそうは思わない。

進化の研究者らによると、現生人類はアフリカのサバンナから進化してきた。人類は、まとまりのない大集団をなして大草原を駆け回り、新鮮な空気を満喫し、時折より大きくてより速く、よりタチの悪い哺乳類に狙い撃ちされてきた。一つ、人類の祖先が持っていた利点を挙げると、お互いにうんざりしたときにサバンナのどこか遠くへふらりと行ってしまえることだった。創造論者〔聖書の創世記にあるとおり、この世の物質や生命はすべて神によって創造されたと信じる人々〕たちが常々言うように、化石記録には欠陥があるが（聖書にはないのか？）、それでも科学者たちは、人類の祖先が進化の過程で高速道路を行き来する小さな金属の箱に入っていたことはないと、かなり確信を持って断言できる。要するに、ホモ・サピエンスは、長時間、逃れるすべのない固く閉ざされた空間で、誰もが背筋を伸ばして座り続けられるようにはできていない――身体的にも精神的にも――ということだ。ドライブ中にふらりとどこかへ行ってしまえないことが、ほんの些細な行き違いがたちまち大きな衝突に発展する原因だ。あなたはそこから逃れられない。籠の鳥だ。

それが今僕の身に起きている――まさに今、僕はこれをラップトップパソコンで書いている――テリーとＤ・Ｊと一緒の車内で、カーステレオからはアイアン・メイデン〔イギリスのヘビーメタルバンド〕のＣＤが爆音で流れ、木曜の午後にカナダへの入国手続きを待つ、遅々として進まない車列に並ぶ車の中で。僕は頭が割れるように痛み、テリーは低血糖の症状が出ていた。退屈でたまらないＤ・Ｊは積もる不満を僕たちにぶつけた。僕らの一見結婚披露宴のような記念パーティまであと四十八時間を切り、カナダまでひとっ走り行ってくるつもりが、ひとっ走りでは済まないのではないかと心配になってきた。パーティまでにもう一度国境を越えてシアトルに戻れなかったらどうしよう？　それにこの車から当分出られないとなると、盛大なパーティの前日に別れましたと報告することになるかもしれず、そしたら招待客たちはどう思うだろう？

Ｄ・Ｊが両親である僕たちに結婚してもらいたいと明言したあと、僕は何ヶ月か前に問い合わせたことのある結婚プランナーをインターネットで検索した。

前に相談したときには、その結婚プランナーが提示した見積額は七百五十カナダドルだった。それだけ払えば、結婚証明書と立会人二人、その場にふさわしい音楽、それに結婚式を執り行うカナダのマリッジ・コミッショナー〔司祭に代わり宗教色のない結婚式を行う資格を持つ世話人〕を準備してくれるとのことだった。でも、パーティ直前の月曜日――母のオスカー俳優並みのスピーチのあとだ――にシカゴから自宅に戻って電話をかけて、その週の木曜日に結婚式をしてもらえないかと聞いてみると、僕たちがパーティの前にヴァンクーヴァーまで行けるのはその日だけだったにもかかわらず、答えはノーだった。その週はヴァンクーヴァーでウェディング・エキスポが開かれるからお役に立てません。その翌週ならいつでも、喜んであなたがたの素敵なゲイの結婚式のお手伝いをしますが、今週はすべて予定が詰まっていて、と彼女は言った。僕が、金曜には、僕の親戚が記念パーティに出席するためにシアトルに到着し始めるから、どうしても金曜日までに結婚しなければならないのだと説明しても、わたしにはどうしようもありません、と彼女は譲らなかった。がっかりして電話を切ろうとしたそのとき、「ああ、もう！」と彼女が小さく叫ぶのが聞こえた。絶対に自分の名前は出さないと僕に約束させた上で、彼女はある名前を告げた。

「わたしがこんなことしたと知られたら、この業界の同僚たちに殺されますから」と彼女。「でも、いいですか、『カレン・エル』という名をグーグル検索してみてください。彼女はマリッジ・コミッショナーで、とても素敵な女性で、彼女ならあなたがたのために結婚式を行ってくれるでしょう。何が必要かは彼女が教えてくれるはずです」

二分後、僕はカレン・エルの夫のボブと電話で話していた。ボブによると、カレンは喜んで僕らの結婚式を執り行うだろうが、今週の木曜はうまくないとのことだった。その日はすでに二件の結婚式の予約が入っている。一つは午後に、もう一つは夜に。でも午後に一時間だけ空きがある。もしも僕らが午後の四時から五時の間に自分たちのコンドミニアムに来られるのなら、彼女は喜んで結婚式を行うだろう、と。行きます、と僕は告げた。

「結婚証明書は持っていますか？」とボブが尋ねた。

いいえ、持っていません、と僕は答えた。どこでもらえるかわかりますか？

「うちから二、三ブロック離れた場所にロンドン・ドラッグスがあります」とボブが答えた。「途中で寄ってもらってくればいい」

「ドラッグストアで結婚証明書を？」。僕は疑い混じりに尋ね、入り口の脇の風船ガムのマシンが、折りたたまれた結婚証明書入りのプラスチックのボールでいっぱいになっているところを思い浮かべた。

「ええ、もちろん」とボブ。「百ドルと有効なＩＤカードを持って行ってください。書類を何枚かもらえますから、それを持ってきてカレンに渡してください。あとはこちらでやりますから」

翌朝、シアトルを出発した車の中で僕の携帯電話が鳴った。カレンからの約束の時間の確認の電話だった。すでに午前十時でヴァンクーヴァーまでは普通でも三時間半はかかる。ギリギリかも、と僕はカレンに告げた、でも間違いなくそっちへ向かってます、と。

「よかった！」とカレンは言い、「国境を越える車の列が長くないことを期待しましょう。では、四時に。結婚証明書と指輪を忘れずにね」と続けた。

指輪。

「クソっ《ファック》、どうするテリー」。僕は自分の携帯電話の底の部分の小さな穴を小指でふさぎながら言った。

「指輪を忘れてた！」

「一ドルだよ！」

後部座席でオレンジジュースを飲んでいたＤ・Ｊが叫んだ。二人の口からあふれ出る悪態を減らすために、テリーはパパたちが汚い言葉を使ったらいつでも一ドル請求していいとＤ・Ｊに約束していた。散々な結婚式当日となったこの日の終わりには、Ｄ・Ｊは自分用の車を買えるほどのお金を手に入れていた。

もともと、Ｄ・Ｊはこのカナダへの旅に一緒に来る予定じゃなかった。彼は僕たちが結婚することを望んではいたが、その様子は見たくないとはっきり言っていた。だから友だちの家に泊まらせてもらうように頼んであったが、その友だちがインフルエンザにかかってしまい、急遽お泊まりは中止になった。つまりＤ・Ｊは、好むと好まざるとにかかわらず、僕たちが結婚するところを見なくてはならなくなった。

指輪、指輪、指輪。いったいどうしてそんなものを忘れてしまったのだろう。ウェディング・エキスポにも山ほど展示されていたし、結婚している友人たちはみんな指輪をしている。「この指輪もて汝をめとる」のどこをどう取り違えれば、こういうことになるのか。不意に情けなくなってきた。結婚式の災難の中でも、指輪を忘れてきたドジな花婿以上に陳腐な失態があるだろうか？　以前参列した結婚式で、新郎の付き添い役の男が、祭壇の前でポケットに入れたはずの指輪が出てこないふりをしていたことを、鮮明に思い出した。

うへぇ――ストレートそっくりじゃないか！

車は州間高速自動車道を降り、シアトルのダウンタウンにある大きな商業施設を目指していた。テリーが、安い指輪を短時間で購入でき、サイズも合わせてもらえる店を知っていたのだ。十分後、僕たちは老齢の中国人夫婦が、中国の伝統的な宝飾品を、別の老齢の中国人たちに売って二人でどうにか食べている小さな店の、手垢で汚れたショーケースを覗き込んでいた。でもこのハウス・オブ・ジェイドという店は、シアトルのパンク好きの若者やヒッピー、ミュージシャンらに人気のずんぐりした安っぽい銀の宝飾品に混じって、ちょっと味のある品も置いていた。

D・Jの機嫌を直させようと、父さんたちのために指輪を選んで、と言ってみた。すると我が家の小さなヘビメタファンは二つの銀の指輪を指差し、それはどちらも中央に大きなドクロがついたものだった。テリーはのけぞって大笑いした。その週の初めに、僕はD・Jが欲しがったアイアン・メイデンのお弁当箱に待ったをかけた。ゾンビや骸骨の絵がついたお弁当箱は一年生にはふさわしくないと思ったし、彼が通う歯が浮くような政治的中立を掲げる小学校では、好評を博すとは思えなかったからだ。でも音楽やファッションについてはいつものことながら、僕は意見を押し通され、テリーはD・Jにアイアン・メイデンの弁当箱を買ってやり、その弁当箱はD・Jの教師に大ウケだった。

「テリー、僕はドクロの指輪はつけないよ」と僕は小声で言った。

「つけるのは一日だけだ」とテリーが答えた。「だったら何でもいいんじゃない？」

「こっちの指輪なんかどうかな？」と僕は言い、D・Jの注意をシンプルな銀の指輪に向けた。「こっちのほうがよさそうだ」

「それともこっちなんかどう？」とテリーが手錠のついた銀の指輪を指差した。

D・Jはまるで頭の足りない人を見るような目で僕を見上げた。親になるということは、いつの日か、自分の金で生活している誰かに（言っておくがテリーではない）、恥ずかしくて人に見せたくない存在とみなされるようになることだとは知っていた。僕の収入があるからこそ買える食べ物や洋服、スケートボードの恩恵を受けておきながら、息子が僕のことを救いようのないバカだという目で見る日が来ることは重々わかった上で親になった。でも、息子が声を二オクターブも下げ、歯嚙みしながら「ダアアアアアアアッド」と言う日がこんなに早くやってくるとは思ってもみなかった。初めてその音を聞いたのは、ワシントン州スポケーンのスーパーマーケットにいたときだ。D・Jが歩けないというから抱き上げておんぶした。するとD・Jは「ダアアアアアッド」と声を上げ、「僕は赤ちゃんじゃない！」と言った。他の大きな男の子たちがお父さんにしてもらっているように、肩車をしてもらいたかったのだ。D・Jは三歳だった。

「他の指輪はみんな間抜けっぽーい」とD・Jは言った。「ドクロがかっこいい」

「でも、ちょっと合わないかなあ」と僕は言った。「結婚指輪にふつうドクロはついていないよ」

「ダアアアアアアアアアアアアッド」

アの音がさっきより延びたのは、僕の馬鹿さ加減にD・Jのイライラが倍増したからだ。

「パパは死ぬまでテリーと一緒にいると約束するんでしょ。だったら指輪のドクロを見たら、パパたちは二人とも死んじゃって、骸骨になって、顔がドクロになっちゃうまで一緒にいるんだって思い出せるでしょ」

僕はクレジットカードを取り出した。

たいていの場合、車でアメリカからカナダに入国するほうが、カナダからアメリカに戻るより簡単だ。でも僕たちが結婚を思い立った日はそうではなかった。渋滞の列のお尻についたのは午後二時十五分で、一時間経っても、まだ税関まで一マイル以上あった。

「クソっ《ファック》、やっぱり飛行機にするべきだったな」とテリーが悪態をつき、D・Jはまた一ドルせしめた。

「ああ、そうだよ」と僕も叫んだ。「飛行機にすべきだったよ。悪かったな！」

「こんなサイテー《シット》なことになるなんて」とテリーが文句を言った。

「二ドルだ！」とD・Jがはしゃいだ。「あと二ドル払ってよ、パパ！」

「一ドル硬貨はもう一枚も残ってない！」とテリーが叫ぶ。

「やめてくれよ《ジーザス・クライスト》、テリー！」と僕も叫んだ。

「三ドルだ！」とD・Jも負けずに大声を出した。

「もうみんな、静かにしよう」とテリーが命じた。低い、威嚇するような声だった。「国境を越えるまで、この車に乗っている者は全員、一言もしゃべらないこと」

僕たちはもう四時間近く車の中にいた。シアトルを大急ぎで出てきたから、食べる物を持ってくることも思いつかなかった。ヴァンクーヴァーには、僕らの素敵なゲイの結婚式の前に遅めのランチを食べられるくらいの時間につけるだろうと思っていた。国境で二時間以上待たされるとは予想もしておらず、車内に座っている三人とも低血糖のよくない症状を発症し、苛立っていた。この分では、結婚式をしてもらえる時間に到底間に合いそうになかった。

そしてテリーは、すべては僕の責任だと認めさせたがっていた。

テリーは飛行機で行こうと言っていた——ヴァンクーヴァーまでは飛行機ならたったの半時間だ。車列に並んでじりじり進んできたこの時間だけで、飛行機でヴァンクーヴァーに飛び、結婚式を挙げ、またシアトルに戻ってくることができた。でも僕が飛行機は嫌だと言い、それというのも、テリーに言わせると、僕が「愚かで迷信深い、カトリック教徒のばあさんだから」だ。飛行機恐怖症だからといって、いつも飛行機に乗らないわけじゃない——仕事でたびたび飛行機に乗っているし、ミシガンに行ったときはむしろ飛行機にしたかった——でも僕は、テロリストに飛行機をハイジャックされることから、整備不良でエンジンが飛行中に汚物溜めに落下し、客室内のありとあれゆるものが汚物まみれになることまで、起こりうるあらゆるリスクをあれこれ想像して、しばしば神経をすり減らしてしまう（飛行機の清潔さについてのある調査から、検査したすべての物の表面に糞便が付着していたことがわかっている。すべての背もたれ、ドアノブ、ブランケット、枕、頭上の荷物入れの掛け金に人の排泄物がついていた。今度、自分のトレイテーブルを下ろそうとしたとき、あるいは可愛いフライトアテンダントをナンパしようと考えたときに、それを思い出すといい）。そして僕が最も恐れているのは、飛行機事故の記事の冒頭を必ず飾る「運命のいたずらの逸話」に登場することだ。「ジョー・ブローのアトランタでの商談が中止になっていなければ、部品を販売するこのセールスマンは、昨日不運にも離陸時に墜落したアメリカン航空のキャンセル待ちの席を入手できる時間に空港に着くことはなかっただろう……」、「オハイオ出身の主婦、スージー・サンシャインが、二百ドルの旅行券と引き換えに遅い便への変更を承諾していなければ、昨日の午後、ネブラスカ州オマハ上空で爆発したユナイテッド・エアラインの不運な事故機に乗り合わせることはなかっただろう……」

飛行場で搭乗を待っているときに、空港職員が遅い便に変更してもいいという人を募り始めると僕はどうしていいかわからなくなる。もしも遅い便に変更してその飛行機が墜落したら、運命のいたずらの記事に使われるのは間違いない。でも時に、運命のいたずらの記事に、飛行機事故を生き延びた人が取り上げられることがある。「もしもその某男性が、オーバーブッキングとなっていた——そして不運に見舞われた——アラスカ航空の便の席を譲っていなければ、彼もまた昨日非業の死を遂げた百九十名の乗客の一人となっていた……」

だから、テリーとD・Jの三人で車でどこかに行きたいと思うことはめったになかったけれど、すべての友人や親戚たちが僕らの記念パーティのためにシアトルに到着することになっている日の二日前に飛行機でヴァンクーヴァーに行くなんて、ありえないことだった。あまりにも危険すぎる。そんなことをしたら、究極の運命のいたずらとして紹介されることになる。「ダン・サヴェージと、長年彼と連れ添ったテリー・ミラーは、十周年記念パーティの前に結婚して家族を驚かせようと思い立ち、シアトルのパーティ会場に招待客らが集まる日の前日に飛行機でヴァンクーヴァーに向かうことにした。楽しいはずのお祝いの会は重苦しい集会に一変した。彼らを乗せたカナディアン航空の運命のジェット機は、ヴァンクーヴァー国際空港に着陸直前にドーナツショップ、ティムホートンズに墜落。乗員乗客全員の命を奪い、ヴァンクーヴァーのダウンタウンの三平方マイルにわたってクルーラーを撒き散らすこととなった……」

だから、車内に閉じ込められ、さっさとどこかに消えることもできず、飲み物も食べ物もなしに、カナダ国境に向かって這うように進み、その間にも二人が結婚するまたとないチャンスがゆっくりと失われようとしているのは、僕のせいだった。
「きみときみがクソみたいに怖がってる〝運命のいたずら〟のせいだ」とテリーが小声でぶつくさ言った。
「四ドルだ」とD・Jが後部座席でつぶやいた。

養子をもらうことを考えている同性カップルは、これから話す点には是非注意してもらいたい。

D・Jが生まれたとき、僕たちはラストネームを決めかねていた。ラストネームは、旧来の結婚とは異なる形式を選んだストレートのカップルにとっても難しい問題だが、同性カップルにとってはなおさらだ。僕のラストネームにした場合とテリーのラストネームにした場合、二人のラストネームをハイフンでつないだ場合と三人とも新しいラストネームを名乗る場合の、それぞれの利点を二人で話し合った。そして本当に最後の最後になって――D・Jが生まれて二日後に僕らは病院にいて、養子縁組を法的に成立させる書類にまさに署名しようというときに――D・Jには彼の母親のラストネームをつけようと決めた。「D・J」はダリル・ジュードの略だ。ダリルはテリーの亡くなった父親の名で、ジュードは僕の母の名の男性形。ラストネームをD・Jの母親のラストネームであるピアースにすることによって、D・Jは僕の家と、テリーの家、そしてメリッサの家から一つずつ名前をもらったことになる。

でもこの思いやりに満ちた僕らの意思表示は、その後重大な悪影響をもたらし続けている。男二人が、そのどちらともラストネームの異なる小さな子どもを連れて飛行機に乗るのは簡単なことではないし、別々のラストネームが記載されたパスポートを持つ三人が家族として国境を越えるのも容易ではない。過去にも、仕事熱心な空港職員や税関職員に、D・Jを誘拐してきたのではないかと尋ねられたことは数え切れない（実際に子どもを誘拐中の人間が、そんな質問にどう答えるというのか？「ああ、そうです。この子を誘拐してきたところです――わかりますか？」とでも？）。今は、旅行に出かけるときは、D・Jのパスポートと彼の元の出生証明書、養子縁組決定書、そして養子縁組成立後に発行された、僕の名が「母親欄」に、テリーの名が「父親欄」に記載された出生証明書を必ず持っていくようにしている。

あと三台ぐらいで税関というときになって、それらの書類をすべて閉じてあるバインダーが車内にないことにテリーが気づいた。家のキッチンのテーブルの上に置いてきたとテリーは言い、ハンドルに顔を埋めて呻いた。今度は僕がD・Jの懐を少しばかり豊かにする番だった。パスポートは持っていたが、ミスター・サヴェージとミスター・ミラーがミスター・ピアースの両親であり、法定後見人だと証明する術はなかった。三時四十分に税関職員がいるガラス張りのブースに車を寄せた僕らは、Uターンして引き返せと命じられることを覚悟していた。

「九十日以内にブリティッシュ・コロンビア州で結婚する予定はありますか？」

「あと十分以内に結婚したいです」と僕が答えた。

僕たちは、ブリティッシュ・コロンビア州ヴァンクーヴァーにあるロンドン・ドラッグスの、洞穴のような店内に設けられた保険サービスカウンターの職員の前に立っていた。何らかの奇跡で、税関職員は三人のパスポートをちらっと見ただけで通れと手で合図した。そのときはほっとしたがあとから腹が立ってきた。僕らがD・Jを誘拐してないとは限らないじゃないか？

カレンとボブから、結婚証明書がもらえると聞いていたドラッグストアにたどり着いたのは四時二十分だった。店の奥にある国営の保険カウンターの前の列にテリーがD・Jと並んでいる間に、僕は調剤カウンターに走って自分用のコデイン入りタイレノール――カナダでは処方箋なしで手に入る――と水のペットボトル、それにトレイルミックス〔ナッツ、ドライフルーツ、シリアルなどを混ぜたスナック〕を一袋買った。テリーとD・Jは簡単に食べられるものを必要とし、僕はストレスとアイアン・メイデンに誘発された頭痛を治す必要があったから。大急ぎで保険カウンターに戻ると、コデインの錠剤を四粒自分の口に放り込み、D・Jのためにトレイルミックスの袋を破り開けてやった。D・Jは中身を一目見るなりぐずり始めた。間違ってM&Mが入っていないトレイルミックスを買ってしまったのだ。僕と同じく頭痛を感じていたテリーはコデインを拒否し、コーラが欲しかったのに、と文句を言った。買ってきてと言わなかったじゃないか、と僕は反論したが、それは言い訳にならなかった。十年間も一緒に暮らしていれば、テリーが頭痛のときはコーラさえあればいいと知っているはずだ、というのがテリーの言い分だった。

そんなふうに言い争いながら、僕たち三人は結婚許可証を購入するカウンターに徐々に近づいていった。カナダの公務を担う優秀な男女を侮辱する気はないし、僕たちに結婚証明書を発行してくれる国に来られたことをとても嬉しく思っているが、どうしても聞きたいことがある。いったい全体、どんな学力テストに不合格になれば、カナダのドラッグストアで結婚証明書を発行する仕事に就けるのだ？　コンピュータ化された入力フォームを前に、その痩せて背の高い、たっぷりした口ひげを蓄えた東南アジア系の職員は、注意深く僕らの名前と誕生日、出生地、そして僕らの両親の名前と出生地を入力していった。そして、最終版の正式な結婚証明書が発行される前に、チェックするための試し刷りを僕たちに差し出した。正式な結婚証明書に間違いがあれば、無効となる。正式な証明書が印字される前に間違いを見つけられなければ、新しい証明書を発行してもらうためにまた百ドル支払う羽目になるのだ。

試し刷りでは、僕のファーストネームとテリーのミドルネーム、そして二人の誕生日、僕の出生地に間違いがあった。僕のファーストネームであるダニエルは「ドゥニエル」、テリーのミドルネームのアーサーは「ルサー」、そして僕の出生地であるシカゴは「シガガ」と書かれていた。時間が刻々と過ぎるなか、係員はゆっくりと情報を入力し直した。その間にとうとうD・Jが泣き出した。M&Mを買ってトレイルミックスの袋に混ぜたかったのだ。テリーが、ちょっと行って自分用のコーラとD・JのM&Mを買ってくると言うと、係員がまだ行かないで、とテリーを制した。法的ないくつかの理由から、係員がフォームに記入する間、二人とも彼の目の届くところにいなくてはならなかったのだ。彼から受け取った二回目の試し刷りでは、二人の誕生日と「ダニエル」と「アーサー」の綴りは直っていたが、シカゴに関してはまだちょっと問題が残っていて、今度は「シカコ」と書かれていた。三度目の挑戦では、シカゴは「チカゴ」になっていた。

時刻は四時四十分。

僕は職員が右手の人差し指で一つずつ、ゆっくりキーを押していくのを、カウンターから身を乗り出すようにして見守りながら、もう一度とてもゆっくり「Chicago《シカゴ》」の綴りを告げた。

C. H. I. ...

C. A.

C.

「違う!」と僕はちょっと大きすぎるほどの声を出した。「Gだ! 次は『G』です! それから『O』」

「オー!」と彼は言った。「シカゴね。イリノイ州の! 行ったことあります!」

職員は最終版の正式な、一切間違いのない僕らの結婚証明書を印刷し、他の何枚かの書類と一緒に大きな白い封筒に入れて僕に手渡した。

「百ドルになります」と彼は言った。

証明書を無事に手に入れたところで、テリーはD・Jと後で行くから車の後ろでまってと言い残して、二人でM&Mとコーラを買いに走った。僕は係員にクレジットカードを渡し、大急ぎで伝票にサインした。でも僕が立ち去る前に、係員にはやるべき最後の仕事があった。

「あなたとミラーさんの晴れの結婚の日を最初にお祝いさせていただいてよろしいでしょうか？」と彼は言った。「お二人が、わたしどもの国で結婚できたことを誇りに思います。お二人の前途を心からお祝いいたします」

「ありがとう」。僕は心の底から感激していた。タイプが下手だろうが、綴りが間違っていようがいいじゃないか。彼は、僕がこれまで出会ったカナダの公務員の中で最高にいい人だった。

「わたしも結婚しています」と彼は続けた。

「シカゴ」とうまく打てなかったあの人差し指を使って、職員は机の上の写真立ての中の、サリーを着た女性と、逆立った黒い髪をもつ二人の幼い子どもの写真を指し示した。

「結婚」と彼は言った。「結婚は誉れなことです」


車に戻ってみると、テリーはカレンと電話中で、ロンドン・ドラッグスから彼女の家への道順を聞いているところだった。時刻は四時四十五分。あの職員がどんなにいいやつだったかをテリーに教えてやりたかったが、いきなりまくし立てられて何も言えなかった。

「今すぐやるか」とテリーは言った。「明日の朝やって、その後車で帰るかだ」

「きみはどうしたいの?」と僕。

「どっちでも」とテリー。

D・JはM&Mとトレイルミックスを手でつかんでは口に押し込み、テリーはコーラを一気飲みしていた。僕はもう頭痛はなくなっていたが胃が痛んだ。空きっ腹に、適量の二倍のコデインなど飲むものじゃない。

「朝にしよう」と僕は言った。「こんな状態じゃとても――」

「すぐ行きます」とテリーが電話に向かって言った。

「ハニー?」

「このクソ面倒くさい仕事をとっとと片づけよう」とテリーは言い、D・Jはまた一ドルもうけた。


カナダは錯覚に陥りやすい場所だ。風景もアメリカそっくりで、アメリカにいるように感じられ、ケベック州を除いては、耳にする言葉もアメリカと同じだ。

でも、アメリカじゃない。

僕はこれまで、数々のカナダのテレビ番組に出演してきた――『マイク・ブラードのオープン・マイク』『ヴィッキー・ガボリオ・ショー』『カナダAM』、『@ジ・エンド』――そして、カナダのテレビ局のプロデューサーに、このショーがどんな番組なのか教えてほしい、心構えができるし、どう振る舞うべきかもわかるので、と尋ねると、答えは決まって「言わば、カナダ風の(アメリカの番組名を入れる)です」で始まる。カナダのテレビの人気ショー番組に、アメリカ人として出演するのは、代替現実の世界に、北のパラレル・ワールドに放り込まれたようなものだ。話す言葉は同じだが、その社会で完璧に機能する成員となるのに必要な文化的情報を、自分はまるで持ち合わせていないのだから。控え室へと案内されていく廊下を歩いていると、カナダ人にしては妙に日に焼けた誰かが突然現れて大股で過ぎ去っていく。後ろに放送作家やメイクアップ・アーティスト、助手、プロデューサーの大群をつき従えて。今通り過ぎた人物はどうやらテレビ界の著名人のようで、誰もが彼をそのように扱っているのは明らかだったが、でもそれが誰なのかあなたにはまったくわからない。実際、初めてマイク・ブラードのショーに出演したときに、ちょうどメイクを始めようとしていた僕の控え室に彼がやってきて、僕のコラムについて二、三の質問をした。僕はその質問に丁寧に答えながら、なんでまた別のプロデューサーが事前インタビューに来たんだろう、と考えていた。そして男性が部屋を出て行くと、メイクアップ・アーティストに今のは誰？と尋ねた。

「マイク・ブラードよ！」と彼女は心底驚いて叫んだ。「このショーの主役！　有名人よ！」と言ってから彼女はつけ加えた。「まあ、少なくともカナダでは」

ゲイのアメリカ人としてカナダにいることは、カナダ国内で放送されるテレビ番組に、アメリカ人のゲストとして出演することに似ている。そこは代替現実の世界、パラレル・ワールドで、あらゆるものが馴染みのあるものに見えるが、でも何かの拍子に、ああ、ここはアメリカじゃないんだと思い知らされる。十ドル札にイギリスの女王の肖像があるのを目にしたり、初対面の人のリビングで愛する男と結婚することになったとき——心の中でこうつぶやくことになる。おっと、ここはアメリカじゃなかったんだっけ？

カレンのコンドミニアムに着いたのは午後四時五十五分だった。六時からの結婚式のために美しく着飾ったカレンは、四十代くらいに見えた。夫のボブも盛装していたが、妻より少し年上に見えた。豊かな白髪とたっぷりとしたあごひげ、それに人好きのする態度の持ち主だった。テリーと僕はひどい格好だった。

結婚披露宴後の清掃を担当する二人組みたいで、結婚する本人にはとても見えない。二人ともジーンズにTシャツ姿で、野球帽をかぶり、薄汚れたジャケットを腕にかけていた。

テリーと僕は、カレンと一緒にフォルダーの中の書類をチェックし、ボブはその間によその家のドアを叩き、立会人をもう一人探してこようと飛び出した。M&Mでいっぱいのトレイルミックスで興奮気味のD・Jはじっとしていられず、そこで僕が肩車することにした。ボブは「Canada」と書かれた真っ赤なスウェット姿のにこやかな男性を連れてすぐに戻り、その男性は僕らの手を取ると、ロンドン・ドラッグスのあの職員と同じように、僕らがカナダで結婚できることを誇りに思うと言った。

準備はすっかり整った。

カレンが僕とテリーに暖炉の傍に立つように言った。ボブと隣人男性が暖炉の反対側に立ち、僕は肩車していたD・Jをソファの上に降ろした。式が始まろうというときに、D・Jがソファから床に滑り降り、天板がガラス製のコーヒーテーブルの下に潜り込んだが、テーブルの上にはすぐに壊れてしまいそうな小さな骨董品がいくつか飾られていた。僕は床に膝をつき、コーヒーテーブルの下からD・Jを引きずり出してソファに戻した。そしてもう一度始めようとしたときに、D・Jがまた床に降りた。そして今回はソファの下に潜り込んだ。僕はそのままにしておくことにした。

「今日ここにわれわれは集い、ダンとテリーの互いへの、また彼らの息子への愛と責任《コミットメント》を祝福しようとしています」。カレンはそう言うと、ソファのほうを手で示した。と、そのとき、ソファの背もたれの向こうからD・Jの片手が現れた。ソファの下で脱いだ汚れた靴下がはめられていた。D・Jは僕らが「ナンタラカンタラと誓います」とか「ではナンタラカンタラのキスを」の場面を見たくないと公言していたが、ときどき即席の靴下のパペットとなって現れるD・Jの空想上の友だち、ミスター・ゴーストは見たかったのだ。靴下のパペットはテリーから僕へ、そしてカレン、ボブ、隣人へと視線をめぐらせた。カレンは言葉を中断し、笑顔で、僕らの出方を見守った。テリーがD・Jをつかまえてソファに戻しに行こうとしたが、僕はその肩に手をかけた。

「あそこから見させてやろう」と僕は言った。「ソファの後ろにいてもらったほうが、カレンのリビングを壊す心配もないし」

「結婚は儀式や法的な書類が作り出すものではない、とわれわれは知っています」とカレンが言って結婚式を再開した。「本物の結婚は、大勢の人々の中で、お互いのことを一番に選び合った二人の心の中に生まれるものだからです。でも今日のこの日から、ダン、そしてテリー、あなたがたは心で結ばれているだけでなく、法的にも婚姻関係となります。この結婚は、ブリティッシュ・コロンビア州によって法的な結婚と認められたものであるからです」

これぞ「ここはアメリカじゃない」と気づかされる瞬間だ、と思ったとき、カレンがわたしの言うとおり復唱してくださいと言った。僕らはいよいよ合法的に結婚しようとしており、ジェームズ・ドブソンにも、ゲイリー・バウアーにもなすすべはなかった。

「わたしの後について言ってください」とカレンが僕の顔を見て言った。「わたくし、ダニエル・サヴェージがテリー・ミラーと婚姻関係に入ることを妨げる、どのような法的障害もないことを、ここに誓います」。テリーが同じ誓いを述べた後、カレンは僕たちに手を握り合うように言った。大急ぎの儀式になることはわかっていた。前日のカレンとの電話で、結婚式は全部で十分もかからないと聞いていた。もう一つわかっていたことは、絶対に泣きたくないということだった。テリーが泣いたのを見たのはこの十年間でたったの三回だが(一回は彼の父親の命日で、あとはD・Jが生まれたときに病院で、それからスティンカーが大怪我を負ったときだ)、テリーは僕が泣くところを何十回も見ている。二人の中では僕は涙もろいほうで、過去の経験から言って、結婚式の最中に僕が泣いたりしようものなら、テリーにそのことをずっと僕の弱味として握られてしまうだろうとわかっていた。

だから僕は気を引き締め、しゃんとして、結婚式が終わるまでは何としても涙を流さないつもりでいた。でもヴァンクーヴァーへの慌ただしい旅と頭痛、ドラッグストアで待たされたこと、D・Jがカレンとボブのコンドミニアムを壊滅状態にしてしまうのではとヒヤヒヤしたせいで気が抜けてしまった。そしてカレンが儀式の次の部分に移ったときには、まったく無防備な状態になっていた。

「ダン、あなたはテリーを法的に婚姻した夫とし生涯のパートナーとすることを誓いますか?」

まさか!

例の「誓います」だ。

もう?

ありえない!

心の準備が!

言葉を口に出す前に、一つ息を吸い込むことさえできぬままに、僕は感極まって喉が詰まり何も言えなくなった。テリーは笑った。「きみには耐えられないとわかってたよ」。そう言うと「お嬢ちゃん」と口の形で伝えてきた。

「黙れ」と僕も反論し、口の形で「ゲス野郎」と伝えた。

僕はカレンのほうに目をやり、涙があふれ出さないことを祈った。

「はい、誓います」と僕は答えた。それからテリーのほうに向き直り、濡れていない瞳を大きく開いて見せた。「きみを夫にする。そんなばかなまね、他の誰にできる?」

「テリー、あなたはダンを法的に結婚した夫とし生涯のパートナーとすると誓いますか?」

「はい、誓います」とテリーは手で涙を拭うまねをしながら答えた。「そんなばかなまね、他の誰にできる?」

「ダン」とカレンが呼びかけた。「わたしの後について言ってください。わたし、ダニエルは、ここにいる方々を証人とし、あなた、テリーをわたしの生涯にわたる法的に結婚した夫であり、パートナーとすると誓います。隠し立てなく共に人生を歩み、あなたを慈しみ、二人の人生のいかなる困難においても、あなたを励まし抜くことを誓います。この誓いを、わたしの友であり伴侶であるあなたに捧げ、二人が生きている限りあなたを愛し続けます」

僕は努力した、本当に頑張った。でも「あなたを慈しみ」まできたところで涙が頬を流れ落ちた。「伴侶である」と言おうとしたときにはまったく声にならず、「二人が生きている限り」をなんとか聞き取れる声で絞り出した後は、テリーと取り合っている手を片方引き抜いて涙をぬぐわなければならなかった。

テリーも同じ言葉を復唱したが、その間ずっと涙を見せなかったばかりか、最後にほぅほぅ、と嘲るようにつけ加えさえした。

「パパは泣いてるの?」とD・Jがソファの後ろから尋ねた。

「うん泣いてるよ」とテリーが答えた。

「ほぅほぅ!」とD・Jも真似してたたみかけた。

「あなたがたは今日、指輪を交換します」とカレンが続けた。「この指輪の完璧な円は、壊れることのない愛の絆の象徴です」。完璧な円? カレンには式が始まる前に指輪を見せ、D・Jがなぜ僕らのためにその指輪を選んだかも説明していたが、彼女はドクロについては触れないことにし、またその陰鬱な意味についても深く考えないことにしたのだ。「この指輪は人生の真実を表しています。与えよ、さらば与えられん、ということです。愛や共感、思いやりを互いに与え合えば、それはより高められて返ってくるのです」

「うわっ、やばい」とＤ・Ｊがソファの後ろで言った。「もうすぐキスだ！」

「Ｄ・Ｊ、静かに」とテリーが穏やかに言った。喉につかえがある気がした。テリーも胸がいっぱいになったのだろうか？

「ダン、わたしのあとについて言ってください」とカレンが言った。「この指輪をもて、わたしはあなたと結婚します」

「この指輪をもて、わたしはあなたと結婚します」と言いながら、僕はテリーの左手の薬指に銀のドクロの指輪をはめた。もう涙を隠そうともしていなかった。

「テリー、わたしのあとについて言ってください。この指輪をもて、あなたと結婚します」

「この指輪をもて、あなたと結婚します」とテリーは言い、僕の左手の薬指に銀のドクロをはめた。テリーの目にも涙が浮かんでいるのを間違いなく見たと思うが、テリーは僕の目の涙が彼の目に映りこんだんだと言い張っている。

「さて、ダンとテリー。あなたがたは今日、証人と息子さんの前で、結婚の合意に至り」――靴下のパペットの前でも――「互いへの愛を誓いました。今日のこの特別な日を境に、お二人がそれぞれの夫となり人生のパートナーとなることを宣言することは、わたしにとっても大いなる喜びです」

「キスはやめて！　キスはやめて！」Ｄ・Ｊがソファの後ろから叫んだが、もう遅かった。

はい……カット。

十年が過ぎ、家を二軒と子どもを一人手に入れた僕たちは、ようやく結婚した。でも僕らは何をしたのか？　正確には？

インターネットのサイト、www.bible.orgで入手できる慣例的な結婚の誓いを見てみると、テリーと僕は「互いを法的な夫とし、今日この日から、良いときも悪いときも、富めるときも貧しいときも、病めるときも健やかなるときも、死が二人を分かつ日まで愛し、慈しみ合うことを」誓い合ったのだ。

キリスト教のウェブサイトから引用したこの慣習的な誓いの言葉が、子どものことにまったく触れていないことに注目してほしい。近年キリスト教保守派は、結婚とは子どもを産み育てることだと主張してきた。子どもを妊娠できない同性カップルが、結婚できるなどと言い出すのは愚かなことだ。たしかに同性カップルの中にも子どもを持っている者はいるが、子どものいるゲイやレズビアンのカップルの結婚を許せば、結婚制度に致命的な傷をつけることになり異性愛者の結婚を脅かすことになる。理由はその……ちょっとはっきりしない。とにかくそうなるのだ、と。

でも異性愛者が交わす誓いの言葉を読んでみると、子どもが結婚のすべてではないのは明らかだ。かつて所有契約だった結婚が別のものに進化したときに、結婚とは愛がすべて、ベイビー愛してるよ、がすべてだと再定義された。愛し合っている人々の中にも子どもを持つ選択をする人と、そうでない人がいるが、どちらの場合でも、愛し合う二人が正式に結婚して互いを慈しみ合えば、社会の利益になる。そこで社会はそうしたカップルに権利を付与する——減税措置や社会保障の数々を——それと引き換えに、カップルはいかなる困難にも耐え抜くと約束する。

同性カップルが結婚する権利を認めないということは、ゲイやレズビアンも人を愛せると認めていないも同然だ。またゲイやレズビアンに対して、お前たちは二人でいるより一人でいたほうがマシだと言っているようなものだ。

そしてどちらも大嘘だ。

ある大統領選の年に、アイオワ州の教会で保守派のリーダーであるゲイリー・バウアーが会衆たちに向かって、同性愛者は「彼らのライフスタイルをわれわれに認めてもらいたがっており」、同性間の恋愛関係を「異性愛者の結婚の道徳的等価物」とみなすべきだと主張している、と説くのを聞いた。ああ、たしかに。僕は、自分たちの関係は異性愛者の結婚の道徳的等価物だと信じている。でも僕らは誰の許可も求めていないし、ましてやそれを待ってもいない。テリーと僕が互いを愛し慈しむと誓ったとき、僕らはそれまでずっとやってきたことをすると約束しただけだ。自分たちがボーイフレンドではなくなり、責任を持ってお互いを大切にするようになったのがいつだったのか、正確に言うことはできないが、結婚に伴う保障の数々を受けられなくても、最高に破滅的な異性愛者の関係でさえ最もうまく機能しているゲイ同士の関係より道徳的に優れていると認めている人々の承認がなくても、僕たちはそうしてきた。

ならば、カレンのリビングで僕らがしたことは何だったのか？　実際大したことじゃない。もしも結婚が相手を大切にするという約束なら、テリーと僕はずっと前から結婚してきた。彼が助けを求めれば、僕はすべてを投げうって応える。僕が病気になれば、彼が看病してくれる。僕らのお互いへの献身《コミットメント》が伝統的な結婚をどんなふうに脅かすのかはわからないが、もしもそうなら……だったら伝統的な結婚制度はそれに耐え抜けばいいだけだ。

へんてこではあったけれどそれなりに感慨深かった結婚式は別にして、僕たちのその特別な一日は、ストレスと空腹、長い行列、そして気の遠くなるような頭痛に耐えた一日だった。カレンのコンドミニアムで彼女の感じのいい夫とにこやかな隣人とともに過ごした十分間、あるいは結婚証明書を売ってくれたあの男の祝福の言葉が、不運の呪いを解いてくれたのではないかという期待は、ホテルに着いて予約していた「デラックス・スイート」が狭くて汚い部屋だとわかった途端に打ち砕かれた。通りを隔てた向かいの感じのいい寿司店に出かけたが、結婚式の夜の僕らのささやかな晩餐会は、隣のテーブルの、僕らが店にいる間じゅう妻と二人の娘たちを怒鳴りつけていた――それもロシア語で――男のせいで台無しになった。その夜遅くにホテルのプールにD・Jを連れて行ったが、ジャクージプールに二十代くらいの若者の集団がいて、つい最近のバンコク旅行での売春婦とのセックスを事細かに語るので、出てきてしまった。

テリーがケーキを食べに行こうと言い出したのは九時近くになってからだった。北米初のカップケーキしか置いていないケーキ店がヴァンクーヴァーにあって――デンマン通りの「カップケイクス」だ――二〇〇二年の開店初日に、僕らはたまたまその店を見つけた。それ以来、僕はその店を避けるようにしてきた――それほどケーキが美味しいということだ。でもその日は僕たちの結婚式の日で、カロリーなんてクソ食らえ、とそこにケーキを食べに行くことにした。「カップケイクス」はホテルから歩いてすぐの場所にあり、閉店の数分前に到着して白い砂糖ごろもをかけたチョコレート・カップケーキを三つ注文した。「なんのお祝い？」とカウンターの向こうの若い女の子が、注文したケーキを箱に詰めながらD・Jに尋ねた。「きみの誕生日かな、おチビさん？」

D・Jは答えなかった。顔を背け、ぼくの足の外側に顔をくっつけた。恥ずかしいときはいつもそうするのだ。添い寝同様、知らない人の質問を避けるためにD・Jが僕の足におでこを押しつけてきた頃を懐かしく思うときが、そのうちやってくるのだろう。

「恥ずかしがってるんだ」と僕はカウンターの向こうの女の子に説明した。

「そうなの？」と女の子は言った。「カップケーキは恥ずかしがり屋さんに効くのよ」

店内にはテーブルがなかったので、カップケーキを持って出て、店の前に置かれていた二つの小さなカフェテーブルの片方に座った。箱からカップケーキを取り出したちょうどそのとき、歩道を歩いてきた二組のティーンエイジャーの一団が、僕たちのテーブルの前で――まさに目の前で――鉢合わせした。四人の少年たちの小競り合いが始まった。テリーがD・Jを座っていた椅子から抱き上げたとき、少年の一人が後ろ向きに倒れこんできて僕たちのテーブルをひっくり返し、ケーキは砂糖ごろもの面を下にして歩道に落ちた。

落ちたカップケーキを見つめて立つ僕たちの頭には一つの問いが浮かんでいた。最初に泣き出すのは誰だ？　僕か？　D・Jか？　三つのカップケーキが逆さまになって歩道に落ちている光景は、僕には耐え難いものだったけれど、D・Jの涙のほうが一足早かった。われらがヒーローのテリーは、店員がドアの鍵を閉める寸前に店内に駆け込んで、最後に残っていた三つのカップケーキを買った。

「ほんとに散々な一日だ」とケーキ店から出てきたテリーが言った。「ちくしょう、全然ついてない！」

「とっととホテルに戻って大人しくしてよう」と僕は言った。「部屋でぶらぶらして、今日が終わるまで、あと少しじっとしていよう」

ホテルへ戻るタクシーの窓から外を眺めていたときに、あのウェディング・プランナーが電話で言っていたことを思い出した。「……こんなことをしたと同僚に知られたら殺されます」。あれがなぜ命がけのことだったのか、今になってわかった。彼女は、結婚証明書とマリッジ・コミッショナーとしてのサービス、それに証人二人を準備する代金として七百五十ドルを請求しようとしていた。ところが、自分たちでウェディング・プランナーの役割を果たすことによって（カレンとボブの手を借りて）、百ドルで結婚証明書を手に入れ、マリッジ・コミッショナーに八十ドル支払い（カレンの取り分だ）、証人二人は無料で準備することができた。つまり五百七十ドルの節約になったわけで、ホテル代と、寿司、カップケーキの代金、それにタクシー代をほぼ賄うことができた。

もちろん、ウェディング・プランナーが売っているのは専門知識で、もしもあのウェディング・プランナーがカレンの名を教えてくれなければ、パーティに間に合うように結婚することはできなかった。それにしても四一六パーセントというのはひどい割増し率だ。売っているのが専門知識であってもなくても。これほど大きな利ざやを守るためなら、結婚産業業界の命を受けたならず者が、安く結婚する方法を客に教えたすべてのウェディング・プランナーを抹殺するだろうことは疑う余地もない。

結婚の儀式（とそれによって大金を節約できたこと）以外のカナダへの旅の大きな思い出は、狭くて汚いスイートルームで過ごした結婚初夜だ。D・Jが一緒だから床入りの儀式はできなかったが、二人きりだったとしてもそんな力は残っていなかったと思う。その代わり、三人でキングサイズのベッドに座り、テレビでこともあろうに『スポンジボブ』を見ながらカップケーキを食べた。D・Jは僕とテリーの間でいつの間にか気持ちよさそうに眠ってしまい、枕に落ちたカップケーキのカスがその頭の周囲を点描画家が描く光輪みたいに囲んでいた。数分後にテリーも眠ってしまうと、僕は起き上がってテレビを消し、カップケーキの包み紙をゴミ箱に放り投げてからベッドに戻った。

僕は眠れなかった。ベッドに横になり、左手を目の前に掲げて暗闇の中で結婚指輪を見つめた。左手の親指で、薬指のドクロの指輪をくるくる回し続けた。僕はずっとアクセサリーが苦手だった。初めてカミングアウトしたときに、左耳にピアスの穴を開けて数ヶ月間ガーネットの鋲型のピアスをしていたが、ある友人に、なんか笑えると言われてやめた。僕のアクセサリー嫌いは美学的なものでもジェンダーにまつわるものでもない。男二人が社交ダンスをすることへの違和感とは違う。実際、男がアクセサリーをつけているのは好きだ。初めて会った夜、テリーは両耳に金のフープ型のイヤリングをつけ、プーカ貝のネックレスをしていた。僕はただ、自分がアクセサリーを身に着けるのが嫌いなだけだ。指輪やネックレス、時計が指や首、手首に触る感覚がなんとも不快なのだ。でもある理由で、僕はドクロの指輪を外す気になれなかった。結婚式以外のすべてがうまくいかなかったその日、もうこれ以上の不運は呼び込みたくなくて、だから結婚指輪をつけたまま眠らなくてはならなかった。

寝返りを打とうとして、テリーが起きているのに気づいた。肘をついて身体を起こし、僕が指輪をくるくる回しているのを見ていた。テリーは左手でこぶしを作ると、眠っている僕らの息子の上に突き出した。銀のドクロが暗闇にキラリと光った。僕も左手でこぶしを作り、二人でこぶしを打ち合わせた。銀のドクロがぶつかり合ってカチンと鳴った。

「ゲイの結婚、起動した」とテリーが言って眠そうに笑った。

翌日のアメリカに入国する車の列は短く、この二十四時間で初めてのちょっとした幸運だった。国境について間もなく停止信号が緑に変わり、僕たちの車は税関のブースに近づいて行った。

テリーが窓を下ろし、髭を生やした中年の白人の税関職員に三人分のパスポートを差し出した。

「で、この三人はどういう……」そこで職員は間をおき、上体を屈めてD・Jをじっくり見てから続けた。

「……知り合いですか?」

「僕たちはこの子の両親です」とテリーが答えた。

職員はテリーの顔から僕の顔へと視線を走らせた。

「なるほど」

それから聞こえるように不満の唸り声を発し――と言うか不快そうに小さく鼻を鳴らし――向きを変えて僕たちのパスポート番号をパソコンに打ち込んだ。そしてスクリーン上に文字が現れるのを待つ間、大きくため息をついた。男は同性カップルファンなどじゃなく、同性カップルが作った家族のファンでももちろんなく、そしてあらゆる手を使って僕らにそれを知らしめようとしていた――三人全員に、D・Jも含めて。

「カナダには何日間滞在していましたか？」職員がこちらを振り返って尋ねた。

「一晩だけです」とテリーが答えた。

「カナダへは仕事で？　それとも観光で？」

「観光です」とテリー。

「観光？」と税関職員が繰り返したとき、その顔にうすら笑いがよぎった。「観光旅行で何か買いましたか？」

「いいえ」とテリーが答えた。

助手席の僕は、自分たちが相当人目を引いているのを感じていた。それに無防備だとも。カナダで買った百ドルの結婚証明書を申請しなかったことを咎められるのだろうか。それなら僕のバッグの中のコデインの瓶はもっと厄介だ。それに僕たちがD・J・ピアースの両親だと証明する方法もなかった。結婚したと説明したところで、その男が祝福してくれたり、妻や子どもたちと撮った自分の写真を見せてくれるとはとても思えなかった。むしろ、僕らをからかおうとするかもしれなかった。ただ面白半分に僕らの車を調べたり、車を路肩に寄せさせ一時間も二時間も待たせるかもしれなかった。自分たちの結婚が、アメリカに密輸しようとしているB.C. bud〔ブリティッシュ・コロンビア州で作られたマリファナ。原書刊行当時、カナダでは医療用のマリファナは合法だった〕のように思えてきた。

そのとき、「良い一日を」と職員が唐突に言って、テリーにパスポートを返しながら、最後にもう一度意地悪そうな目つきをこちらに向けてから、手振りで入国を促した。僕らの国――少なくとも今のところは――への入国を。

「どうして言わなかったの？」車が走り出すと、D・Jが尋ねた。

「彼はジョージ・ブッシュのために働いているからさ」とテリーが答えた。「父さんたちは、ジョージ・ブッシュのために働いている人間を信じないんだ」

D・Jは後部座席で後ろを振り返り、ジョージ・W・ブッシュのために働いている男をよく見ようとしたが、税関のブースは見る見る遠ざかって行った。D・Jは車の窓を開けた。

そして「ジョージ・ブッシュはイタチ野郎だ！」と叫んだ。

翌日、午後六時三十分にエレベーターを降りてチャイニーズ・ルームに入っていくと、あっという間に友人や家族に取り囲まれた。静かに会場に入っていき、招待客たちと歓談して回るつもりだったが、エレベーターを降りた途端にパーティ会場の入り口にどっと人が押し寄せた。D・Jはいとこたちと遊ぼうと駆け出して行ったので、テリーと僕は、押し寄せてくる山のような客たちに歓迎の挨拶をし続けた。ゆっくり歓談するというより、もみくちゃにされる感じだった。

最後に僕とテリーは二手に分かれ、部屋の別々の端でお客の相手をした。僕はテリーの母親と義理の父親、そして叔母と叔父といとこたちに挨拶した。テリーが、僕の両親と義理の両親、兄弟たち、それにツーソンから来てくれた叔母夫妻に挨拶しているのが見えた。家族ぐるみの友人たちもはるばる飛行機で来てくれた。僕の成長を子どもの頃から見守ってきてくれた人たちだ。他には、初めて本気でつき合ったボーイフレンドのピーターや、高校時代からの親友のドナも来てくれた。シアトルとヴァション島での友人たちも加えるとかなりの人数になった。テリーと僕は、最初の一時間はただ挨拶をし、みんなにキスしてハグを受けるだけに終わった――そしてそれは僕にとっては簡単なことじゃなかった。僕はハグされるのが好きじゃない。でも、幼い頃から僕をハグし続けてきた人たちに、いまさらなんと言えるだろう？　僕らの記念パーティのために、アメリカ大陸の半分を横断してきてくれたのだ――ハグしたくないなんて、どうして言える？

僕たちはチャイニーズ・ルームの両端から中心に向かって順々に、お客と挨拶を交わして、会場の真ん中まで来たところで背中合わせになった。挨拶に忙しくて二人とも何も飲んでおらず、目ざとい僕の妹がそれを遠くから見ていた。彼女は何か取ってこようかと言いに来てくれ、一分後にワインの入ったグラスを二つ手にして戻って来た。

僕らの結婚披露宴は、祖父母の結婚披露宴ほど豪華ではなく、たぶん僕の両親のよりは少し豪華だった。でも、花嫁花婿像の代わりに、二羽の金の鶏《コックス》――雄鶏だ、おあいにく様、男根像《コックス》じゃない――を飾ったウェディングケーキを出したのは、間違いなく、両家の結婚式史上初のことだ。そしてもう一つ間違いなく言えるのは、これが両家の結婚式史上初の、招待客たちが自分たちが出席しているのが結婚式だと知らない、盛大な結婚披露宴だった、ということだ。ヴァンクーヴァーでの結婚式のことは秘密にしておくことにしたのだ。

D・Jには、パーティに来てくれたみんなにはこの間の結婚式のことは言いたくない、お祝いの品を持ってこなかったと気まずい思いをさせることになるから、と説明し、六歳のD・Jはそれを信じた。害のない、でも効果的な嘘で子どもをなだめられることもまた、D・Jが大きくなったときに懐かしく思い出すことの一つとなるだろう。本当は、一見結婚披露宴のような記念パーティで、本当の結婚披露宴じゃない、とわざわざ断って友人たちや家族を呼んでおきながら、結婚したと発表するのは滑稽な気がしたのだ。一見結婚披露宴のような記念パーティのふりをした結婚披露宴、『ヴィクター・ヴィクトリア』〔ジュリー・アンドリュース主演のミュージカル・コメディ映画〕風結婚披露宴でいい、と僕は思っていた。

それに、昨日の帰路、国境で僕たちの結婚は強奪されたのに、それでもテリーとの結婚を祝いたいのかどうかわからなくなったのだ。僕たちはカナダでは結婚しているが、パーティはシアトルで行われ、僕たちはアメリカ合衆国の市民だ――二級市民だが市民にはちがいない。僕らのパーティを結婚披露宴と呼ぶのは誠実なやり方ではないだろう。自分たちがもっているもの、誰にも奪い取れないもの――これまでの十年間――を祝うほうが、アメリカへの国境を越えた途端に奪い取られたものを祝うよりいい気がした。

そういうわけで、家族や友人たちには十周年を祝ってもらうことにした。彼らが招待されたのはそもそもそのパーティなんだし。それが、僕たちが合法的に祝えるすべてだった。

みなが夕食のテーブルについてから、テリーと二人でチャイニーズ・ルームをぐるっと取り囲むテラスに出た。僕らがいなくてもわからなかった。結婚披露宴ではないから、主賓席はなかったから。美しい夜だった。空は静かに澄み渡り、シアトルの二月にしては季節外れの暖かさで、カラッとしていた。街の灯が僕らを取り巻くように瞬き、ピュージェット湾をいくつものフェリーが行き来し、西に見えるオリンピック山の山頂の向こうの空がかすかに赤く染まっていた。

僕たちはテラスに立ち、チャイニーズ・ルームに並べられた円テーブルで、二人の世界が出会う様子をガラス越しに見ていた。友人たちが、僕らの親族と同じテーブルについていた。僕の父親と義理の母親が、テリーの母親と義理の父親と話していた。僕の兄たちが、僕らの友人で地下にプレイルーム（またの名を地下牢）を持つデイヴィッドの話に笑い興じていた。D・Jがコーディの隣に座って箸の使い方を教えていた。

バルコニーよりチャイニーズ・ルームのほうがずっと明るかったから、僕たちからは中が見えるが、中から外は見えなかった。「妙ちくりんだね」と僕は中の人たちのほうを指して言った。中国人のウェイターたちが中華料理の皿を運び、その際にサイドテーブルに並べられたフォーチュン・クッキーの鉢の横を通り、客たちが並べられた一人分の食器の中から、赤と黒の漆塗りの箸を手に取る様子が見えた。コックやバーテンダー、ウェイターたちはどう思っているだろう、と僕は考えた。チャイニーズ・ルームでの晩餐会を準備しながら、彼らはきっと記念パーティの客は中国人だと予測していたことだろう。ところが六時には、会場はほとんどすべて白人で埋め尽くされていた。そしてケーキカットの時間がやってくると——赤と黒で色づけられたケーキで、上の段からいくつもの小さな中国風のランタンがぶら下がり、二羽の金色の鶏が一番上に載っている——主役のジーンズにボタンダウンシャツ姿の男二人が進み出てくるのだ。

テリーが僕の腰に腕を回し、僕らは窓ガラスから離れた。そして二人でテラスの手すりにもたれて街を眺めた。

しばらくの沈黙の後、テリーが僕の両肩に手をかけ、大きな青い瞳で僕をじっと見つめた。

「きみと結婚する」とテリーが言った。

「きみと結婚する」と僕も返した。


数分後、僕の母がバルコニーに出てきてこちらにやってきた。D・Jとコーディも後をついてきた。

「ここだったのね！」と母は言い「中へ入って！　ケーキを切ってもらわないと」と続けた。

「もう少しあとにしようと思ったんだけど――」

「悪いんだけど、小さい子を連れてきてる人たちもいて、そろそろ帰る時間なの。あなたたちがケーキを切らないことには帰れないのよ！」

「その前に、まず母さんに話しておいたほうがよさそうなことがあって」と僕は言い、「僕たち――」

「結婚した」と母が手で僕を制するようにして割って入った。「知ってるわ。もう子どもたちをじらすのはやめてさっさとケーキを切りなさい」

「どうしてわかったんだい？」と僕は尋ねた。

「おばあちゃんに言ったのか、D・J？」とテリー。

「ダアアアアアアアッド」とD・J。「言うもんか！」

「あなたたちの息子は、六歳なのにとても立派に秘密を守ったわ」と母が言った。「キッチンのカウンターの上にパスポートが出しっぱなしだったし、二人とも指輪をしてる……」母はさらに続けた。「わたしは年寄りだけど、耄碌はしてないの」

「ケーキ食べたいよ！」。コーディがおばあちゃんのスカートを引っ張って言った。

「中へ入って。二人とも」と母が促した。「お客さんたちがお待ちかねよ」

これだけの期待を集めたにもかかわらず、またかなりの出費だったにもかかわらず、残念なことにケーキは期待はずれだった。見た目はきれいだったが生地はパサパサで、アイシングを赤と黒に色づけするのに使った食紅が、全員の舌を戦慄すべき紫色に染めてしまった。でもフォーチュン・クッキーは成功だった。クッキーに入れるおみくじに、僕は五つの引用文を選んでいた。ゲイ嫌いのおみくじも二つ作った。

女と寝るように男と寝る者は、両者ともにいとうべきことをしたのである。

——旧約聖書〔レビ記二十・十三〕

同性愛の権利を認めるなら、次はセント・バーナードと寝る権利を認めなくてはならない。

——アニタ・ブライアント

ゲイを擁護するおみくじは次の二つだ。

重要なのは愛情の対象ではなく、その情熱そのものだ。

——ゴア・ヴィダル

同性愛とは、真に才能のある者は子どもという重荷を負わなくて良い、という神の思し召しなのだ。

——サム・オースティン

そして中立的なのが一つ。

一緒に暮らせると思う人と結婚してはいけない。いなければ生きていけないと思う個人とだけ結婚しなさい。

――ジェームズ・C・ドブソン博士

父親にフォーチュン・クッキーをいくつか手渡しながら、父さんのことを思い浮かべながら考えたんだ、と僕は言った。これは、FOXニュースの宣伝文句を借りれば、「公平公正な」フォーチュン・クッキーだった。僕のお気に入りは中立のおみくじだ。ジェームズ・ドブソンはゲイ嫌いで有名な保守派リーダーだ、と以前に説明した。ジェームズ・ドブソンの口から発せられる言葉は、ほとんどすべて我慢ならないが、でも彼のこの言葉はおもしろかった。「一緒に暮らせると思う人と結婚してはいけない」とドブソンは言う。「いなければ生きていけないと思う個人とだけ結婚しなさい」。普段のドブソンは、これほど性別を限定せずに結婚を論じることはない。それなのにこの言葉は、まるで女性問題の研究者の発言みたいだ。

女友だちが、新しいボーイフレンドを紹介したいからと僕を父親のもとから連れ去った。振り向くと、父は僕らのゲイの友人たちの小さな輪の中にいて、僕の幼い頃の話を披露していた。父の言葉を聞きながら、抑圧の戦略についてのアンドリュー・サリヴァンの言葉について考えていた。社会保守主義者らは、「文化的にも社会的にも忘れ去られた場所で影のように暮らす階級の人々を作りたがっていて」、ゲイの暮らしは軽んじられ、同性愛者の恋愛は侮辱されている。「この戦略は、ゲイの人々がそれに協力的であり続ける限り効果を発するだろう――真実を隠し、うつむき、遠回しに物を言うゲームをしている限り――しかしその協力体制は終わった」

パーティを見渡すと、協力を拒否し始めたのがゲイだけではないのは明らかだった。チャイニーズ・ルームに、またその夜遅くリ・バーに集まった僕らの人生に関わりのあるゲイの人々——ゲイの友人たち、僕の昔の彼氏二人、僕の同僚のゲイたち——の五倍にのぼる数のストレートの人たちが、僕らの記念パーティを祝いに来てくれていた。僕らのストレートの友人たちや家族は、僕らが文化的、社会的に忘れ去られた場所で生きることなど望んでおらず、彼らの中の、ブッシュを支持する人たちでさえもそうで、彼らはドブソンやバウアー、フォルウェルのような人々に協力するつもりはない。

第18章
やり残したこと

予定では誓いの言葉を交わし、指輪をお互いの指にはめ、その日一日だけはめておくことになっていた。そのあとは指輪を外してどこかへしまっておく。指輪は、カナダで結婚式を挙げたあのしっちゃかめっちゃかの一日の記念となり、思い出の品となる。あの指輪は毎日つけるために買ったものじゃなかった——間違いなく。なんせドクロの指輪なんだから。マリリン・マンソンだって、あれを毎日つけはしないだろう。

なのに二人とも、外すことができなかった。「誓います」の言葉——僕らの両親が交わしたのと同じ言葉であり、祖父母が交わした言葉でもある——を口にしたあと、二人とも指輪を外す気になれなかった。テリーがきみはいつ外すの、と尋ねたら僕がきみはいつ外すんだいと尋ね返す。まるで鶏が先か卵が先かの理論。どちらが先に結婚指輪を外すのか？

二、三日が数週間になり、数週間があっという間に数ヶ月になった。指輪はそのままだった。そうか、と僕は考えた。きっと何かが変わったのだ。僕が品のない安物の指輪をつけ続けているのは、悪運を呼び込むのを恐れる気持ちからだけではなかった。それも一因ではあるだろうけど。それ以外の何らかの要因が働いていた。あの指輪をはめたとき、僕たちは、僕の祖父母が交わし、不完全な形ではあったがなんとか守り抜いたのと同じ約束《コミットメント》を誓った。それは僕の両親が交わした約束とも同じもので、両親は、マロニー葬儀社の決勝ラインにはたどり着けなかったが、その約束を守ったと僕は信じている。D・Jが僕たちのために選んだ指輪は僕たちの本気の関係《コミットメント》、つまり僕らが交わした約束の象徴で、もしも僕たちの考えがあれから少しも変わっていないのなら、変わったのはきっと指輪のほうだ。今や、指輪が何らかの意味を持ち始めていた、どういうわけか。

でも運が良ければ、二人で決勝ラインを超えるときにはドクロの指輪はしていないだろう。結婚してから三ヶ月後の戦没将兵記念日の週末に、僕はシカゴに帰っていた。ミシガン通りを歩いていたときにC・D・ピーコックの前を通りかかった。祖父母の結婚指輪とウェディング・ケーキの飾り人形を作った店だ。C・D・ピーコックは店じまいしたと思っていたが、間違いだった。パーマーハウス・ホテルの中にあった本店は閉店したが、シカゴにはまだ四つの店舗が残っていた。それから一ヶ月後、ソーガタックへ行く途中にシカゴを通ったテリーと僕は、C・D・ピーコックに立ち寄って本物の結婚指輪を買った——今回は銀ではなくプラチナの、ドクロがついてないものを。

家に帰ると、祖母の磁器製の飾り人形が入っている深緑色の箱の中に、二人で本物の結婚指輪をしまった。箱はリビングの本棚の本の後ろに隠した。僕たちが交わした結婚の約束《コミットメント》がいつかアメリカで認められることがあれば、あるいは本気でカナダへの移住を決断することがあれば、そのときは箱からプラチナの指輪を取り出して指にはめるつもりだ。その日までは、D・Jが僕らのために選んでくれたドクロの指輪をはめ続ける。二人とも外す気になれないその指輪を。

おっと、それから僕らはタトゥーも入れた。すごくいかしたやつだ。でも僕の母には内緒にしておいて。

訳者あとがき

本書は、ダンとテリーの同性カップルがオープン・アダプションで養子をもらうまでを描いた前作『キッド　僕と彼氏はいかにして赤ちゃんを授かったか』の続編である。
「悪運を呼び込みたくない」（ダン）、「ストレートのまねはしたくない／見世物じみたまねはごめんだ」（テリー）という理由で結婚はしたくないと言っていた二人が、どのような経緯で気持ちに折り合いをつけ、さらには「男の子は男の子とは結婚しないものだ」と言い張る息子D・Jの反対を乗り越えて、結婚を考えるようになったかを語るノンフィクションだ。

前作刊行当時赤ん坊だったD・Jは今や生意気ざかりの六歳に。いっぱしの口をきいてダンやテリーを困らせるけれど、寄り添って眠るときや膝に乗ってくるときの、親を信頼しきったその身体の重みを、ダンはこの上なく愛おしんでいる。前作を読んでいただいた方には、D・Jの成長ぶりやダンとテリーが立派に父親をしている様子を楽しんでいただけるのではないかと思う。また、おせっかいだが温かいダンの母親は、本作でも重要な役割を果たしている。

パパが二人いる他の子はどこにいるの？　というD・Jの癇癪をきっかけに決まったミシガン州でのダンの家族との休暇の計画。ゲイのファミリーキャンプに参加することと、重篤な病気が見つかったダンの母をD・Jや家族と過ごさせることが目的だった。ダンの母親と義父のジェリー、ダンの三人の兄弟たちとそのパートナーと子どもたちが一つ屋根の下に集まるこの夏の休暇の様子は、カップルのさまざまなあり方を展示するジオラマさながらだ。結婚しておらず子どももなく、同棲もしていない長兄のビリーとケリー。再婚同士の複合家族をつくる次兄のエディとマイキー。同棲中で子どもがいるが結婚していない妹のローラとジョー。ダンは、二人に結婚を勧める母親をはじめ、さまざまな結婚観をもつ兄弟たちと率直に語り合う。結婚について、性について、親子や兄弟がこんなにもてらいなく話し合えるものなのかと感心し、羨ましささえ感じてしまう。

休暇を過ごす彼らの愉快なやり取りを読み進めるうちに、読者もきっと「結婚とは……」と考え始めることだろう。結婚には決まった形などなく、それぞれが自分に合った形をつくっていけばよいのだとも気づかされる。そしてそのカップルが異性愛者であるか同性愛者であるかを区別する必要もないのだ、ということにも。

著者の自虐と毒舌混じりのユーモアと人物描写の素晴らしさは本作でも健在で、随所で楽しませ、笑わせてくれる。それだけでなくホロリとさせられる場面もあって、そこがまた本書の魅力ともなっている。

本書が執筆されたのは、二〇〇四年の春にサンフランシスコ市長が同性カップルへの結婚証明書の発行を命じたのをきっかけに、キリスト教保守派の人々を中心とする同性婚反対の議論がアメリカ全土に巻き起こっていた時期である。その年の十一月にブッシュ大統領が再選されると、人間らしく生きる権利を奪われる不安が同性愛者の間で高まった。同性婚が認められているカナダへの移住を本気で考える同性愛者も多かったという。

そのせいか、本書には同性愛者として虐げられてきた著者の憤りがより明確に語られている。社会が同性カップルには二重基準を設け、ストレートの人々が当たり前に享受している権利（結婚、子どもをもつこと）を同性愛者から奪っていることへの強い抗議が表明されている。その著者が終盤、彼らの記念パーティ（じつは結婚パーティ）に集まってくれた大勢のストレートを眺めながら、そうした社会の抑圧に同性愛者が協力し、黙って従っていた時代は終わった、としみじみ考える姿には、自ら行動して未来を勝ち取ろうとする人の自信と希望が感じられる。そして実際、その後の二〇一二年には二人が暮らすワシントン州でも同性婚が合法となり、二〇一五年には全米で同性婚が合法化された。

ところが、この一月にアメリカではトランプ大統領が正式に就任し、移民や女性、マイノリティに対する彼の差別的発言が人々の不安を駆り立てている。現実に、就任式当日にホワイトハウスのウェブサイトからはＬＧＢＴの人権に関するページ（whitehouse.gov/lgbt）が消えた。ダンとテリーの「It Gets Better」運動も紹介されていたページだ。これは、政権移行にともなう過渡的な措置にすぎないのかもしれず、新政権がＬＧＢＴの権利擁護にどれだけ前向きに取り組むかは、本稿執筆時点では未知数だ。しかし、一連のトランプ大統領の発言やこれまでの新政権の動きを見ていると、本書に描かれた、同性愛者らがブッシュ大統領の再選に不安を募らせていた二〇〇四年当時の状況に逆戻りしてしまうのは、じつはいとも簡単なことなのだと思えてくる。長い年月をかけ、アメリカ社会にＬＧＢＴへの理解を浸透させてきた人々の努力が水の泡になるのではととても心配だ。

訳者自身、大統領選でトランプ勝利が伝えられたときに真っ先に考えたのは、彼らは大丈夫だろうか、ということだった。本書の翻訳に関わっていなければ、ＬＧＢＴの人たちも大変になるな、と他人事のように感じただけだったかもしれない。抽象的な概念ではなく、現実に個人を知ることがいかに大切かを実感した。アメリカをはじめとするいくつかの国々が内向きになり、さまざまな分断が予想される今、自分とは異なる誰かを実際に知ることが、他者への理解を深め、差別のない協調的な世界をつくるための重要な一歩なのではないか、とつくづく思う。本書が、ささやかながらそうした役割を果たせることを願っている。

最後に、本書の翻訳にあたっては、今回もまたみすず書房編集部の市原加奈子さんに大変お世話になりました。ダンとテリーに出会わせていただいたことに心から感謝いたします。

二〇一七年一月

大沢章子

著者略歴

(Dan Savage)

1964生まれ．シアトルのローカル紙 *The Stranger* のエディトリアル・ディレクター，作家．*New York Times*, Salon.com, *Nest*, *Rolling Stone*, *The Onion* などへ論説を寄稿．彼が1991年にはじめたセックス・コラム *Savage Love*（“性愛と性癖についてのお悩み相談室”）は，アメリカ，カナダ，ヨーロッパ，アジアの紙誌で20年以上連載中．そのほか，ラジオパーソナリティ，TV コメンテイター／レポーター，シアトルの劇団「グリーク・アクティブ」の劇作家・演出家（キーナン・ホラハン名義）など，多彩な活躍をしている．ほかの著書に，*Savage Love: Straight Answers from America's Most Popular Sex Columnist*（Plume, 1998）; *The Kid: What Happened After My Boyfriend and I Decided to Go Get Pregnant*（1999, Dutton）〔『キッド――僕と彼氏はいかにして赤ちゃんを授かったか』大沢章子訳，みすず書房，2016〕; *Skipping Towards Gomorrah: The Seven Deadly Sins and the Pursuit of Happiness in America*（2002, Dutton Adult）; *It Gets Better: Coming Out, Overcoming Bullying, and Creating a Life Worth Living*（編著）（Dutton, 2011）; *American Savage: Insights, Slights, and Fights on Faith, Sex, Love, and Politics*（2013, Dutton）など．パートナーのテリー，息子のD・Jとともにシアトルに在住．

訳者略歴

大沢章子〈おおさわ・あきこ〉 翻訳家．1960年生まれ．訳書に，D・サヴェージ『キッド――僕と彼氏はいかにして赤ちゃんを授かったか』，R・M・サポルスキー『サルなりに思い出す事など――神経科学者がヒヒと暮らした奇天烈な日々』（以上，みすず書房），R・ジョージ『トイレの話をしよう――世界65億人が抱える大問題』（NHK 出版），D・コープランドほか『モテる技術　入門編』『モテる技術　実践編』（SB クリエイティブ），J・ロズモンド『家族力――「いい親」が子どもをダメにする』（主婦の友社），C・ジェームス・ジェンセン『潜在意識をとことん使いこなす』（サンマーク出版），ほか多数．

ダン・サヴェージ
誓います
結婚できない僕と彼氏が学んだ結婚の意味
大沢章子訳

2017年 3 月 31 日　印刷
2017年 4 月 17 日　発行

発行所　株式会社 みすず書房
〒113-0033 東京都文京区本郷 5 丁目 32-21
電話 03-3814-0131（営業） 03-3815-9181（編集）
http://www.msz.co.jp

本文印刷所　精文堂印刷
扉・表紙印刷所　リヒトプランニング
カバー印刷所　日光堂
製本所　東京美術紙工
装幀　有山達也
装画　ワタナベケンイチ

ISBN 978-4-622-08596-6
[ちかいます]